认识日本

·认识东北亚

黄彬华 著

新加坡华文新闻业基金赞助本书部分出版经费

序

《联合早报》评论员　杜平

世界华文媒体有很多造诣深厚的长辈，一直让我仰慕和钦佩。他们毕生勤勤恳恳，兢兢业业，为自己挚爱的事业倾注了很多精力，而且从不懈怠。我感到庆幸的是，作为一个晚辈，总有一些因缘际会让我有机会与这些学有专长之士相知相识，不仅从他们身上学到了知识，而且还在日常交往中体会到做人为文之道。在这些人当中，就有黄彬华先生。

论年龄，黄彬华先生是我的父辈；论新闻从业生涯，他是我的前辈；论日本问题研究，他是我无法望其项背的师长；论个人交往，他是一位敦厚温良的忘年之友。在这样一位长辈面前，我当然有自知之明，这就是为什么当黄先生嘱我为这本文集写序时，我感到受宠若惊。我深知，无论是学识修养还是人生体验，自己都没有这样的资格。但黄先生十分坚持，并且认真地列出了几大理由，使我拂逆不得。其为人之谦逊与真诚，由此可见一斑。

当然，我毕竟也有其他人所没有的独特条件。在过去七年里，因为主持编辑《联合早报》"天下事"评论版的缘故，我一直是黄先生评论文章的第一读者。在这本文集里，绝大多数文章在登报之前都曾由我编辑，所以现在再次拜读，许多记忆会重新勾起。可以说，在新加坡本地和海外无数读者中，我是黄先生评论文章的最早受益者。

我自认为对国际政治和外交关系充满好奇和激情，对日本内政及其外部世界的关系也很有兴趣。但由于不谙日语，加上关注的重点有限，所以认识比较肤浅,包括对战前和战后日本与东亚国家错综复杂的历史关系也是蜻蜓点水。在这种情况下,黄先生充满真知灼见的评论文章,就成了我补课的好教材。有好几次,黄先生很客气地对我说,这些年我帮他审稿,一定感到很烦,"因为我的中文烂,让你花了不少心思"。但实际上,我对日本政治、社会及其外交事务的了解若有一些长进,在很大程度上都是因为我非常用心地拜读他的每一篇文章,从中汲取了大量的知识养分,也激发了很多思考。

诚如早报的很多读者所熟知,黄先生的大多数评论都是以日本内政外交为焦点题材,但其视野绝不局限于日本,而是涵盖了整个东北亚。从日本的角度看中国,从中国的角度看日本;以历史的视角反思现实,从现实的角度审视历史,直至站在当代世界战略大格局的高度,寻找其中互为因果的规律,探讨东亚大国乃至政经发展的趋势。这种观察和评论的方式,是黄先生很多评论文章的最大特色,也是他在东北亚问题的评论中得以独辟蹊径、独树一帜的重要基础。

就我个人的了解,从事某个领域研究的国际问题学者和专家,毫无疑问都是专精而深入,但宽度和广度往往略有不足。作为长期潜心关注日本问题的学者兼评论家,黄先生对日本问题的研究同样也是深入和专注,但其不同之处,在于不被各种动态的细节所困住,不是把日本问题孤立起来研究,而是跳脱繁杂的非本质现象,把目光辐射到更大的国际格局。在经济全球化、国内和国际安全难以分割、本国利益与外国利益无法绝缘的当代世界,这一点是任何一位国际事务评论者都应该具备的基本素质。只有把握了大格局,把握了大趋势,思考才会深刻,观察才会准确,观点才会有高度,结论也才符合现实。黄先生的评论文章之所以有看头,观点之所以有很高的参考价值,就在于他把整个东北亚,包括中国和朝鲜半岛在内,都一并纳入了自己的视野之中。

在东北亚的大格局下研究日本,中日关系就是不可回避的重大课题。在这本文集中,黄先生的很多评论之所以都涉及到中日关系,原因就在于此。从平常零零星星的交谈中,我也感觉到黄先生考虑最多、也是最为用心的一个思考课题,就是中日之间的关系。作为新加坡的学者和时评家,黄先生在观察和评论中日关系时,主观上显然是力图保持平衡和超脱,这一点是无可置疑的。但是,我也觉得无需讳言的是,作为一位深受中华文化影响的老报人,他在文章的字里行间里会时常隐约透射出对本身文化的深沉情怀,对中国发展时局的关切,以及对中国崛起之未来的期盼。黄先生这一代人曾经亲眼目睹过战争所带来的屈辱,经历过民族衰亡的危机时刻，其内心深处的历史正义感以及对自身文化的荣誉感，不仅完全合情合理，而且也是令人激赏的。

我还记得，在小泉纯一郎执政那几年，黄先生有关中日关系的评论文章相当频密，既对两国交恶的现状深感担忧，同时也试图借助对事实真相的深刻分析，提出可供各方参考的中肯见解和善意建言。他在一次电话交谈中说，对中日关系的一再恶化，小泉政府的所做所为难辞其咎，但在另一方面，中国的对日政策缺乏连贯性也是值得反思的地方。这后半句结论在平常听起来似乎没有特别之处，但我很清楚地知道，若不是对中日交往进行了长期的追踪和研究，他就不可能得出这一切中要害的看法。

黄先生对日本政治和社会的深刻理解，对中日关系的独到观察，与他早年在中、日两国的生活经历也有很大关系。黄先生在少年时代从中国移民到新加坡，那时第二次世界大战才刚刚结束；接着他前往日本留学，在著名的早稻田大学和法政大学渡过了几年青春岁月，相继获得了经济学学士和硕士学位。学成归国之后不久就涉足报界，先后在《星洲日报》（早报前身之一）和《联合早报》担任社论委员兼言论版编辑。几十年脚踏实地，笔耕不辍如一日，即使在1997年退休之后依然不厌不弃，这就为他的厚积薄发开掘了一条悠长的思想之源。如此积累深厚的日本问题专家，在新加坡乃至整个东南亚都可以说是凤毛麟角。我有时候甚至会杞人忧天地感慨：像黄先生这样孜孜不倦研究日本和东北亚事务的评论家，将来在新加坡是否还会出现？

站在新加坡这个小岛上评论中日这两个大国以及朝鲜半岛的事务，指点江山，激扬文字，且能引起各方的重视，这并非是所有人都能达到的境界。这不仅需要具备不寻常的能力、视野和历练，而且还需要足够的文化自信。很显然，从这本文集的几乎每一篇文章中，我们都不难看出，黄先生的文化自信来自于他对中华文化的自豪感和坚定信念。假若没有文化的自信，任何时事评论都会缺乏灵魂。

黄先生在嘱我写序时说，这本文集可能是他此生最后一本著作。闻听此言，我心中不禁生出一阵伤感。我真希望他能继续写下去，否则至少对我来说会是一大缺憾。是为序。

序　杜平

目录

iii　序　杜平（联合早报评论员）

第一章　东亚透视
2　从东南亚看东北亚（代序）

第二章　日本研究
8　重新认识日本（JUGAS座谈会）
19　日本再现诚信危机
23　提防日本保护主义抬头
29　从海洋法看中日东海之争
32　从历史角度看钓鱼岛之争
41　日本不再是亚洲经济的"带头雁"
44　日本人暧昧的笑
49　日本政坛的世袭现象

第三章　中日关系
54　中日就不能和平合作吗？
58　未来中日关系不容乐观
62　要从新的角度观察日本
65　中日海底资源争夺战

69	东海问题是中日新燃点？	
72	神秘潜艇揭开"亚洲北约"面纱	
77	日本必须制造假想敌？	
81	日本为何对华大打ODA牌？	
85	日本为何难解中国心结	
88	中日关系影响东亚走向	
91	中日在东海到底争些什么？	
95	中日关系解冻的真相	
99	中日关系从"解冻"到"正常"	
103	中日寒冰融化了吗？	
107	中日关系"迎来春天"了吗？	

第四章　半岛风云

112	"统一朝鲜"将是日本的劲敌？
115	韩朝和解再迈进一步
118	朝韩开始共建经济特区
121	韩国为何对日态度强硬？
125	小泉走访平壤有无胜算？
129	朝鲜也要建一国两制特区
133	杨斌事件与中朝关系
136	变革之风把卢武铉送进青瓦台
140	卢武铉迁都有三大要因
143	怪党名"开放的我们党"
145	韩国首都不再叫汉城？
148	汉城变首尔，韩国称高丽？
151	韩流改变不了日韩政治现实
155	韩国人为何对日热血沸腾？
159	金正日访华"经济学习"之旅
162	长白山 vs 白头山
165	韩国首个CEO型总统

第五章　小泉现象

170	"怪人小泉"如何"怪"法？
173	小泉玩火骑虎难下

176　小泉真不搞派阀吗？
180　透视日本政坛"小泉现象"
183　小泉外交脱亚易回头难
186　小泉神话泡沫般破裂
189　靖国幽灵徘徊于小泉"花道"
192　日本政坛进入安倍时代
195　安倍访中韩亡羊补牢
198　"福田首相"呼之欲出
201　福田"背水布阵内阁"能走多远

第六章　女性天皇
206　太子妃流产的骚动
209　日本会出现女天皇吗？
212　"女帝"方案搁浅了

第七章　大国之梦
216　日本会走核武道路吗？
219　海外派兵获得三项突破
222　政客为何总是开口伤人？
226　日本为何热衷向海外派兵？
229　日本开始阶段性修宪
233　"先发制人"偷袭理论再现日本
237　防卫厅升格为修宪铺路
240　历史争论由亚洲扩展到北美

第八章　历史论争
246　良心历史学者的胜利
249　电影《自尊》是反面教材
252　"南京大屠杀"是虚构的？
256　《被遗忘的大屠杀》日文版遭封杀
259　石原慎太郎确实很狂妄
263　甲级战犯为何迁出靖国神社？
267　谁在编造"20世纪最大谎言"？
270　"东京大审判"判决：已故天皇有罪

- 273　又是历史教科书问题
- 277　一位日本报界元老的反省

第九章　神话破灭

- 282　日本官僚神话的破灭
- 285　"冲绳独立论"的背后
- 288　日本在亚洲扮演什么角色？
- 292　傅高义尴尬谈"日本名列第一"
- 295　日本进入丧失自信时代
- 299　东急关闭336年老店
- 302　"窗际族"演变成"无窗族"
- 305　日本进入大裁员时代
- 308　雪印解体：日本没落现象之一
- 311　"有你可乐"与中国制造
- 314　中国带动日本经济复苏
- 317　摸索中的日本年金制度改革
- 321　日本金融界再掀合并风潮
- 324　日本人感受不到经济增长实惠

第十章　富士山下

- 328　日本有349座富士山
- 331　来到川越市·走进古东京
- 334　从称呼看中日文化差异
- 338　日本人使筷子变小巧玲珑
- 341　外国人到日本当"就学生"
- 345　拇指文化崛起

第十一章　冲绳去来

- 350　不沉航母·基地之岛
- 354　古代琉球传统尤见中国情
- 358　琉球狮子千姿百态
- 360　随处可见大陆文化踪迹

- 363　后记

第一章 东亚透视

从东南亚看东北亚
（代序）

从东南亚看东北亚，它似乎只是一个模糊的地理名词，虽然东南亚华人的祖先都来自东北亚。但随着地缘政治的发展，世界经济重心的转移，它已经演变成为国际间一个举足轻重的区域。

进入21世纪之后，东北亚更重要了。除了区域力量的全面成长，区域经济的更均衡发展，使它在世界经济中的比重显著提高，贡献也快速增大，东北亚已经不再是个负面名词了。

亚洲的力量重心原本就在东北亚。一是亚洲两个最重要的国家，即中国和日本都在东北亚；二是两座炙热的火药库，即朝鲜半岛和台湾海峡也地处东北亚；三是中国和韩国都已崛起成为现代化的国家，这就彻底改变了过去唯独日本才是亚洲发达国家的面貌。东北亚从此进入三足鼎立而又欣欣向荣的局面，在现代史上这是个崭新的现象。

过去，东北亚与东南亚即使都在成长，其发展方向却是分道扬镳的。虽然两个区域同属一个大东亚地区，相互带动或相互交往的因素却并不强烈。明显的，随着东北亚国家的更均衡发展，加上东南亚国家也有了首个区域组织——亚细安，南北两大板块开始有更频繁的接触，有更平等的交往，甚至携手合作也变得可能，区域一体化的愿景也开始在健康成长。

大东亚能共同成长是本区域人民喜闻乐见的事，不仅庆幸两大板块能携手合作，还庆幸能从此彻底摆脱"大东亚共荣圈"的恶梦，不再需要寄人篱下，而可以仰仗区域均衡发展趋势，开辟东亚崭新的局面。

两大板块开始结合

东北亚与东南亚这两大板块的结合，这是近年才发生的事。东南亚国家因为较早组织了亚细安，区域合作的概念也较早成熟，而东北亚则因地缘政治的影响，至今仍有强烈的历史感情纠葛，所幸亚细安牵头发展了"10 + 3"的概念，两大板块的结合便成为可能，甚至产生促进东北亚关系重组的间接效应。

环球化和区域一体化是现代国际关系的基本潮流，东亚要迎头赶上欧盟或北美自由贸易区的发展势头，加速东亚南北两大板块的结合是必须的一步。从10 + 3发展成为"东亚经济共同体"是一条稳健的区域合作道路。

一体化带来的改变，首先是东北亚能够从世界瞩目的政治、军事热点，转化为一个世界耀眼的经济发展中心。而中国的崛起和韩国的独立，便是东北亚变化的最大动因。当然，日本的动向更是一个决定性因素。

所谓"中国崛起"，从东南亚的角度来看，正如人们开始时关注的焦点，只是它将在政治、军事和外交等方面带来多大的影响。不料却发现，它给东亚和世界带来的最大冲击，竟然是辉煌的经济发展贡献，东南亚和世界的关心，遂从负面转化为正面，甚至给东亚的未来带来新的理想和展望。

这些年，人们除了感叹中国突然成了国际资本的大磁场，世界的大工厂，还带来排山倒海的中国产品，不仅丰富了世界人民的物质生活，也改变了世界的大趋势。东北亚的日新月异变化，也带动东南亚的加速发展，新东亚的世纪也就开始胎动了。

朝核问题六方会谈持续在北京召开，不仅显示中国已经发展成为东北亚新的政治和外交中心，还说明东北亚问题由东亚人解决的时代已经到来。中国的崛起和韩国的觉醒是根本的原因。

朝核问题既是个区域政治和安全问题，也是世界和平与稳定发展的关键因素。六国外交精英群集北京，除了折冲樽俎朝核课题，事实上也是在寻找区域问题自主解决的方案，这也是一个划时代的变化。

韩国开始独立自主

另一方面，韩国在朝鲜半岛问题上的积极表现，也助长了东亚区域合作精神的成长；更展示了韩国的成长。这也是东北亚变化的重要特征。

由于历史的原因，韩国一向是南北对抗的前线。它与美国、日本缔结军事同盟对抗朝鲜，也是一个国际政治现实。但这次，由于韩国出现开明、以民族利益为优先的政府，即使出现朝鲜核武危机，卢武铉政府仍坚持以"阳光政策"缓和局面，不仅改变了半岛南北关系剑拔弩张的局面，也使韩国的国际地位显著飙升。

韩国，一保证不以武力侵犯北方，主动示好，缓和了南北紧张局势；二主动向北方提供援助，包括粮食、能源；三积极开展南北外交活动，设法建立彼此的互信关系。

韩国这一表现，从另外一个角度来看，确实出现了外交向中国倾斜的现象，而且有越来越远离围堵朝鲜的美日韩"铁三角"同盟的趋势，这使到日本开始感受到在东北亚日益被孤立的危机。

韩国的独立自主，除了让它恢复民族自信，也缓和了朝鲜半岛的紧张局势，这让韩国在东北亚的地位显得更重要。中韩日在东北亚三足鼎立的局面也就形成，因此又改变了东亚的势力均衡。

韩国在东北亚的地位特殊，一它是个典型的分裂国家，内外政策常受制于外来因素；二它有相对稳定的政治经济体制，通过经济发展和社会稳定，肯定它在南北竞争中已经处于绝对领先的地位，使它开始有和平统一的自信。东西德的和平统一，确也加强了韩国人的信心。韩国这次高举民族和解的旗帜，显然有效缓和了朝鲜半岛的局势；也是六方会谈能持续在北京举行的重要原因。

从经济发展的角度来看，韩国原本是亚洲四小龙之首，也曾经历严酷的经济转型的严峻考验，却由于韩国的及时修正其发展道路，加上邻国中国的经济蓬勃发展给它提供了转型的空间，包括商品输出和资本转移。韩国能够及时搭上中国发展的列车，是它经济转型成功的重要因素。这是韩国政治家和商人比日本精明的地方，既挽救了韩国经济，也助长了东北亚的成长。

首先，韩国不因中朝关系特殊而采取对抗措施；其次，韩国不走科技保护主义的道路，比日本抢先一步占领了中国市场；第三，韩国大胆与中国合作扩展政经关系，让它真正获得近水楼台先得月的利益。这也是中韩关系顺利发展的关键。

结果，在中韩建交短短几年期间，中国就已经是韩国"第一大贸易伙伴"、"第一大出口市场"、"第一大投资对象国"和"第一大旅游目的地国"。这"四个第一"不仅是中韩政经关系密切的写照,也是韩国经济再次扩展的保证。2005年,中韩的双边贸易规模已达到1000亿美元,估计到2012年再可超过2000亿美元。

日本开始迷失方向

日本曾经是亚洲唯一的工业先进国,它意外遭到经济泡沫化的打击,一蹶不振就是10年,因此有"迷失十年"的感叹。

日本泡沫经济发生于1987年,到2002年才开始出现经济复苏倾向,但宣布"摆脱不景气时代"则是2004年初的事情。因此日本失去的不仅是10年,而是15年。

明仁天皇1989年1月即位,日本从此改号"平成",而当时经济便一直处于停滞不前状况,即从平成元年到平成15年期间一直是处于"经济萧条"状态。经济学家称呼这段时间为"平成萧条15年"期间。"平成萧条"带给日本的影响,不仅是时光的消逝,信心的丧失,还有更严重的邻国超越,特别是中国的崛起,甚至改画了亚洲面貌。

日本仍然是世界第二大经济体,虽然它丧失了亚洲经济发展"带头雁"的地位,甚至也不再是亚洲唯一的经济先进国,但其经济实力,其技术积累,甚至再生能力都还是遥遥领先。日本能否再度崛起?也一直是人们关心的问题。

日本的老化已经是个现实问题。不仅"少子、老龄"已经形成严重社会问题,社会全体的老化现象,包括绝对人口、社会设施,以及思维的老化,在在显示它正削弱日本的发展优势,日本要再度成为样样"亚洲一(第一)"已经不可能,要成为样样"世界一"更加困难。

日本有学者建议,它应该放弃"脱亚入美"的传统思维,设法在区域合作方面多下功夫。一、这是环球化的时代,也是区域一体化的时刻;二、为了日本的持续发展,不仅要摆脱"脱亚入美"的桎梏,还必须与区域邻国携手合作;三、除了搞好睦邻关系,签署贸易自由化协定,组织东亚经济共同体等等,都是让日本脱出困境的再生道路。

日本传统的东南亚观,到上世纪50~60年代为止,还将东南亚视为其"后院"。即使田中(角荣)南访,引起东南亚的"抵制日货"浪潮,福田(赳夫)上台急忙改用"心连心"口号来笼络东南亚,其基本政策还是视东南亚为其禁脔,甚至是围堵中国的南海堡垒。直到亚细安成立,东南亚一直是扩大的南沙群岛。

新加坡能率先与日本签署自贸协定,一是拜亚细安团结之赐;二是日本要把新加坡模式塑造成为其自贸条约典范;三是日本根本不愿开放其国内农产品市场。即使新日达成自贸协定,日本与其他亚细安国家的自贸谈判还是原地踏步,结果又给了中国捷足先登的机会。

受到中日对抗影响

中国的崛起除了改变东北亚的势力均衡,也让日本感受到其领先地位,从北到南都受到蚕食。

当然,日本也有人客观地认为,这是大势所趋,甚至是日本乘机再次对外扩展经济实力的大好机会。但也有另一些人,就是日本新崛起的新保守主义者,却要利用日本人嫉妒又恐惧的心理,急于结束战后状态的急躁心态,要赶在中国完全崛起之前改变现状,并以此恢复日本独霸一方的地位。

这就是为何小泉首相不顾国内外的反对,也不计较外交的损失,坚持要通过参拜靖国神社等刺激性行动,制造了东北亚国家之间的紧张关系。

日本与中国韩国原本有钓鱼岛和独岛的主权之争,它也借中国开采东海的油气田资源,在日本民众跟前制造紧张的情绪,使到日本武装自卫的宣传成为理所当然的事。于是修改宪法,进一步挖空宪法第九条,也就成了日本舆论的主旋律。

战后日本保守主流主张,采用"轻武装,重经济"的国策。而小泉领导的新保守主义则主张"重武装,轻经济",因而把日本与亚洲邻国的关系拉紧到空前紧绷的状态。因此有人说,日本开始改变姿态,已经变得不再低声下气了。

日本这一动向令亚洲邻国担忧,一是冷战思维有死灰复燃之势;二是刚开始萌芽的东亚经济合作趋势,又有因政治干扰而遭遇不测的危险。依据亚细安的扩展计划,从亚细安10+1,到亚细安10+3,扩展到东亚经济峰会,再定型为"东亚经济共同体"。但是,东亚的经济火车头还是在东北亚,扮演主角的中日韩三国不能先整合,亚细安还是无能为力,这就是现实。

(2005年12月初稿,2008年2月修正)

第二章 日本研究

重新认识日本
（JUGAS座谈会）

战后新加坡人留学日本的历史是从上世纪50年代开始的。我是当时第三批新马留日学生。身历其境，我们有幸目睹日本的复兴、繁荣，以及后来挫折的过程。

现在我还看不清未来日本将是怎么一个模样。

最近国际间流行的话题是，日本能否再度崛起？

我们习惯谈勃兴与崛起，日本人只追求"一番"。就是"日本一"或"世界一"，也就是"在日本第一"或"在世界第一"。换言之，不仅要崛起，还要成为世界第一。过去证明，日本不仅有这个志向，而且还有能力实现这个"梦"，所以令人敬佩。但是，现在世界大环境变了，日本小环境也变了，日本还有能耐克服困难，再度昂首前进吗？

我们都有在日本长期生活的经验，也熟悉日本人的思维和行动，不妨从"变与不变"的角度，来重新认识日本，观察日本。

旧地重游，我发现日本的最大变化是"日本老了"。不仅人口老化，连新花样也少了。日本有强劲的生命力，是它有一股强烈的"变革和创新"本能。如果变不出新花样，不仅是危机，也是前途堪虞的征兆。

我提三个重点让大家来共同思考：

1. 人口萎缩会给日本带来多大影响？
2. "一亿总中流"崩溃之后，它会成为"下流社会"吗？

3. 勤劳富裕日本，为何也有"流浪族"？

1. 人口萎缩使日本难再崛起

> "再过100年，日本的人口要减少60%，只剩4900万人；再过900年，日本将只剩下一个人，到时不知是男还是女。"
>
> ——日本经济研究中心会长小岛明

"人口老化"在日本已经不是新闻。但当人们惊觉，它已威胁到日本的再崛起时，除了震惊，却无束手无策。

美国前助理国防部长、现哈佛大学教授约瑟夫·奈去年6月发表一篇文章，称日本已快步走上了"第三次崛起"之路。约瑟夫·奈是著名的日本问题专家，经常在国际传媒发表评论文章，包括《联合早报》，他应该不会无的放矢。但这次他似乎是选错了时间，因为从去年到现在，日本除了形式上有阵前换将，即首相接连换人之外，它面对的基本困境却不变，特别是经济依然是在"平成萧条"阴影下徘徊。与此同时，"高龄化少子化"问题日益严重，要再崛起不仅变得四肢乏力，连要长期维持现有国力也似乎力不从心，所谓第三次崛起反而是日本一个尴尬课题。

因为人口迅速高龄化，加上替代人口长期不足，人口的绝对数字开始下降，迟早会对劳动市场、消费市场、经济规模带来重大负面影响，连社会活力也会因此减退，即使有第三次崛起，也会因为人力不足而出现外强中干的危机。

高龄少子化社会

日本男子平均寿命79，女子86，已经是"世界第一"的长寿国。这原本是可喜可贺的事情，但年前爆发全国性的政府养老年金记录纷失事件，不仅暴露了日本社会福利保障制度的漏洞百出，也提醒人们，日本老人未来福利毫无保障，进一步突现了"高龄少子化"问题的严重性。

世界各国都面对人口老化问题，却不像日本有日益严重的绝对人口逐年减少现象。一、日本妇女生育率不断下降，产生了"少子化问题"；二、全国人口严重老化，产生了"高龄化问题"；三、代替人口恢复无望，最终会造成"国力萎缩"。

其中，适龄男女不婚或不育，有特殊的时代背景、社会结构、经济负担，甚至育儿环境不良等诸多原因，其结果是婴孩的出生率持续下降，新生人口远远追赶不上死亡人数的快速，加上日本又偏向民族锁国主义，并不积极吸收国外人才，绝对人口有减无加的结果，也许真的会成为学者们所说的，出现当今世界第一个因人烟绝迹而自然消亡的国家。日本有部著名小说《日本沉没》，曾被拍成触目惊心的科幻电影，难道其续集是《日本荒芜》？

根据2005年版《高龄社会白（皮）书》，2004年日本全年出生婴孩总数是11万1000人，比前年减少约1万3000人。同期日本妇女的生育率（"合计特殊出生率"，即一名妇女一生平均生育的儿女数）是1.289，比过去15年最低纪录的1.291又创新了纪录。人口专家根据这一发展趋势，推算出日本的"人口减少元年"将是在2007年到来。但后来又作出更正，宣布"元年"提早到2005年，因为该年的生育率确定为1.26。换言之，日本从2005年开始迈入了人口逐年减少的新纪元。

日本现在的人口总数是1亿2700余万。根据2006年12月发表的《将来人口推计》，日本人口30年后，即从2035年开始，将以每年少100万的速度递减，到了2046年将减破一亿人的大关，从此告别"日本总人口一亿"的老招牌。到了2055年则比现在再减少30%，减到只有8993万人。

"日本灭亡"是天方夜谭？

人口学者、经济学家根据国立人口及社会保障问题研究所的预测，作了一个更鲜明的刻划，就是日本的生育率如果维持在1.26的水平（德国为1.3，而标准的人口代替水平是2.1），到了2100年，日本的总人口将减为约4900万人，2500年又减为约30万人，3000年只剩下500人，而到了3500年则扶桑列岛将只剩下孤零零一个人而已。

这太像天方夜谭了，无法令人置信。但官方的数字，特别是厚生与劳动省专家的报告却不能视而不见。2006年版《高龄社会白（皮）书》就说，截至2005年10月，日本65岁以上高龄人士比上一年增加了72万，达到2560万人，它占日本总人口的比例首次超过20%，达到20.04%（相对于主要先进国，例如意大利是19.2%，德国18.0%，法国16.2%，美国12.4%）显示日本已率先迈入了"老龄社会"。具体说，是每五个日本人中就有一个是老年人。但这只是迈开第一步，以后老化会加速进行。

过去，日本只关注人口老化将给国家，特别是年轻一代带来多沉重的负担问题，但现在则惊觉，人口萎缩等于是国力的萎缩，也意味着"日本国"的生存将面对威胁。

人口老化有众多因素，其中"少子化"是最主要原因。以2005年为例，全年出生婴孩106万7000人，比上一年少了4万4000人；死亡人数107万7000人，比前一年又增加4万8000人，一年的人口总数便少了1万人。

人口专家说，2005年的日本生育率是1.25，照这种趋势发展下去，日本社会在2025年将出现高龄者和劳动人口2比1 的状况，那时日本社会的老龄人口约为4000万，而14岁以下的青少年则不足2000万。

日本人口减少不单纯是妇女生育率下降，适龄男女的不婚，已婚男女的不育，甚至无性夫妇的激增，这些都是造成生育率不断下降的主要原因。当然，终身雇佣制的崩溃，失业和工作职位无保障，以及生活负担加重，包括儿童养育费用的激增等等，都是造成不婚、不孕、不育的根本原因。

致命打击是国力萎缩

生育率下降既然是现代社会共同面对的问题，日本的对应方策原本有：一、可以借鉴国际经验设法改善；二、可以从生育环境，包括医疗、托儿、教育，甚至父母婚前婚后的生活环境着手加以改善；三、是开放门户，改善人口素质。

理论上是如此。但一个连国民养老问题，特别是年金保险账目都管理不好的国家，能够期待它有妙策改变现状吗？

既然无法扭转生育率下降的趋势，开放门户也是治标办法之一，除了可以即刻补充人口，改善国民素质，还可以加速国际化。但日本传统的排外思维，强调纯血统主义的单一民族主张，从结果论来看，外表是维持了日本纯洁，实际却让日本持续处于锁国状态。先进国家之中，美国不仅没有人口老化现象，还持续保持国家活力，原因就是开放门户。

日本人口减少，国力萎缩，其实早在30年前已经有人发出警告了，只是当时没有出现具体的事例，加上经济一支独秀，政府又倾全力在搞修宪和建军，一心要再度崛起，发现后门失火之后才来解决，当然是束手无策。

2．从"总中流"沦落为"下流社会"？

日本从"一亿总中流"沦落为贫富悬殊的"格差社会"，这对很多人是晴天霹雳。

日本人怀念"中流"，也不愿承认自己沉沦，唯有用"格差"这个中立词聊以自慰，甚至用"中下阶层"来掩饰窘态。

日本未来学者、经济评论家大前研一，他近年出版的畅销书《中下阶层的冲击》（台湾出版的中译本改名为《M型社会》）是其代表。但消费市场观察家三浦展则大胆承认，日本已经是《下流社会》（日文），连公营电视台日本放送协会（NHK）也以《勤劳贫困——腐蚀日本之病》作专题拍特辑、出专书，说明"格差"问题确已成了全体社会关注的课题。

"沉沦"未必就"下流"

其实早在30年前就已出现"中产阶级崩溃论"，只是经济高速增长迷醉了全日本，直到它像泡沫般破裂，形成15年的"平成萧条"，大家黄粱梦醒时，才发现日本已经成了"下流社会"。

中文"下流社会"这个词是不妥的。无奈，三浦展这本光文社新书，2005年9月初版，06年1月已再版11次，不到半年销售超过40万册，不仅成为出版界热门话题，也确实轰动了日本社会。日文书名《下流社会——新阶层集团出现》确很吸引人，所有中文译本也用《下流社会》来招徕，是够刺激，但不准确，甚至有哗众取宠，误导读者之嫌。

首先，这书是从考察"平成萧条"后的日本社会变迁，包括消费社会的改变开始的。其次，它从日本人传统的"中流"志向，实证性地描绘了一个新阶层，即"下流社会"（日文）正在扩大的过程。第三，年轻一代既然已经沦落为"下流"，既无正规的工作，又无经济能力成家，更无法传宗接代，价值观、生活态度、消费意欲也跟着起改变，整个社会开始分裂……。但它不是在论述阶级论，而是自称在开展"消费社会论"。

作者并无意要揭社会的疮疤，特别是政治无能造成的沉沦。因为他描绘的社会现象，重点还是阶层分裂后，考察和统计出一些新消费现象。真不愧是一名市场分析专家。但是，读者所以关心，是因为他们的"中产梦"破灭了，担忧自己，也担忧家人的未来。

回来谈中译本也用"下流社会"作书名，明显是把日文汉字当中文使用的诡谲。首先是台湾的中译版，接着是中国大陆的中文版，再有是英国《金融时报》中文网页的中译版，书外书内全都使用"下流社会"这个词。作为一名中文读者的第一印象，是这是一本数落日本人下流无耻，或社会败坏的专书。因为中文固然有"往下流"的状态词，却从来没有人以"下流"的形容词来描绘一个正常国家或社会。既然是翻译书，又是使用中文印刷，没有理由使用不对称的名词。唯一的解释是，在利用中文日文相通的汉字，把它当灰色地带利用：一可以附和一些人要咒骂日本的心理，将错就错地暗指日本是"下流"；二可以哗众取宠，以提高推销商品的效果。

日文确实有"上流、中流、下流"这些词，意思是处在"上游、中游、下游"的阶段，都是些位置指定词，不是道德规范词。中文称"上流"、"中流"意思明白，但称"下流"，除非真要说对方社会"下流无耻"，不然跟日文原意就牛头不对马嘴了。

虚构"M型社会"概念

日本近年出现很多流行的新词，"M型社会"是其中一个，但却是很糟的范例。

上世纪80年代，在美国和日本学术界曾流行一个社会学新词"M型社会"。原因是夏威夷出生的日裔美国学者威廉·大内，他的第二本研究日本新著《The M-Form Society, 1984》获得好评，特点是将日本商业管理模式应用到社会管理形态上去，让日本人感到光荣，美国人感到新鲜。所谓"M"就是"管理"（Managment）的简称。但大前研一2006年的新书《中下阶层的冲击》在台湾出版中译本时，出版社（商周出版）不仅将书名改为《M型社会》，而且还请作者加写一本43页的小册子《M型社会——给M型台湾的建议》，遂建立起日本海外版的M字型学说。

值得注意的是，"M型社会"这个学术概念的原创者大内，他是突出"管理型"这个特征。而大前是强调社会"M字型化"。其实他在书中着墨不多。第一章虽然以"M型社会来了"为题，具体内容只有，"在劳动人口中，占大多数的中产阶级崩溃之后，所得阶层的分布即往低层阶级和上层阶级之上下两极移动，迈向左右两端高峰、中间低落的'M型社会'。"

由于人们实际收入减少，相对购买力下降，中产阶级没落，贫富悬殊扩大，确实形成"格差社会"。但基本社会结构依然是"金字塔型"，如今标新立异说变成"M字型社会"，根本就是不可能的事情。

"一亿中流"成为梦幻

更重要的是，所谓社会学者们，他们创造了一大堆新的名词，什么飞特族（Freeter）、派遣员工、单身寄生族、流浪族、网吧难民等等，给人的印象是，他们都是天生的懒虫、自我没落的流浪汉、迷失的一代，即使形成"下流社会"也是咎由自取。也有社会学者说，这就是网络时代的社会特征。

日本人崇尚"中产阶级"，较古典的认识是以收入和财产来划分。二战以后，新的产业，比如服务业，行政人员、教师、医生、律师、技师等的增加，"中产阶级"的观念有了改变，包括"新中产阶级"也流行一时。美国著名社会学家傅高义就写过一本书《日本的新中产阶级》，对战后日本社会变化有过细致的描述。

1960年的调查是，日本56%的人喜欢用"中流"形容自己，29%选择"中产"，19%自称"中间"。80年代，日本经济蓬勃发展，当时官方的"国民舆论调查"显示，90%的人选择"中上、中中、中下"，因此有了"一亿总中流"的定义。但90年代，泡沫经济崩溃，企业破产，劳工失业，经济低迷，学界即刻又掀起"中流崩溃论"的论争。东京大学副教授佐藤俊树的学术著作《不平等社会日本：再见，全体中流》不仅成为畅销书，还引起学术界和社会各阶层的关注。

"勤劳贫困"起恶性循环

日本人虽然希望继续生活在虚构的"总中流"梦幻中，但现实的经济改革，特别是小泉政府领导的改革，首先是大企业的废弃终身雇佣制，其次是企业大量减少雇佣正式员工，即使经济情况好转也只是雇佣临时工、派遣社员、飞特族等名义下的非正式雇员。有统计说,日本企业2003年雇佣的正式员工为3500万,非正式员工则为1500万,等于每三人就有一人是非正式员工。2005年正式员工更减至3333万,非正式员工增至1591万。

统计也说,大学毕业的正式员工每小时工资平均1000日元,派遣社员只有5~600日元,正式员工有社会福利和退休金,但非正式员工则没有。总的来说,临时工的收入不到正式员工的一半。临时工收入低,就业无保障,自顾不暇,不能成家,甚至居无定所,最后沦为"网吧难民"、公园或地下道的"流浪族",不仅扩大了贫富悬殊的"格差社会",还制造了一群年轻而又摆脱不了贫穷的社会底层,日本称这种现象为"勤劳贫困"(Working Poor)。

3. 勤劳富裕日本为何有"流浪族"?

勤劳富裕的日本有个奇特景观,就是夜晚总有一批人,不论是炎热的夏天,还是严寒的冬天,都在公园、河畔、地下道露宿。不知底细的人还以为,大城市的日本人真浪漫呢。

这批"露宿者",社会学家称他们为"流浪族",官方则称他们是"Homeless",有小说曾将他们描绘为"箱男",但绝不是东京都知事石原慎太郎口中的"第三国人",也不是靠乞讨过日的乞丐。日本基本上是个没有乞丐的国家。

"流浪族"不乞讨过日

著名作家安部公房1973年完成的小说《箱男》,不仅细腻地描绘了城市流浪汉的生活实况,也深刻描绘了社会的冷酷与人性的残酷。小说中,一名30岁的摄影师由于好奇而亲自制作裹身的纸箱,进而沦为街头流浪汉。《箱男》的主角摄影师是虚构,但这类流浪汉却充斥东京、大阪等大城市,安部公房将"箱男"描绘为"自愿的流浪族",固然很富戏剧性,却冲淡了流浪者的悲哀,也许就是他的败笔。

日本绝大部分"箱男",一不是天生的懒骨头;二不是小说虚构的都市探险家;三他们不乞讨,不盗窃,也不是一般观念中的社会渣滓;四他们沦落大城市,是勤劳、生存意志强的失败者。

但近年来，这类流浪族不仅没有因为经济情况好转而减少，反而有越来越多的趋势。什么原因呢？他们不是一个特殊的部族，像欧洲的吉普赛人般世袭的流浪汉，经济不景固然是它发生的温床，更重要的还是日本的社会结构，使他们只能沉默着往下沉沦。因此，即使经济情况好转，社会也不让他们回头，所以人数有增无减，扩大了所谓"下流社会"。

关键词是"飞特族"

不谈日本的"贫困率"，也不谈衡量社会贫富悬殊的国际标准"吉尼系数"，只谈日本的流浪族，以及它的后备军——派遣社员、飞特族、网吧难民。

首先，"飞特族"是日本的新造语。Freeters是典型的"和制英语"，只用片假名书写，中文无法对译，唯有音译它为"飞特族"。词根Free是英文（自由），词尾ter取自德文的Arbeiter（工人），直译便是"自由工人"。

日本较早时流行"尼特族"（NEET）一词，是指一群"不上学，不就业，不受训"的"三不"青年。但"飞特族"并非"尼特族"的延续或成长，而是经济不景，即"平成萧条"带来的特殊产物。这个词还有严格规定，只有年龄介于15至35岁又无正规职业的青壮年才能称为"飞特族"。当初，与其说是个贬义词，毋宁说是个反映世象的流行语。但后来却证明，这是误导年轻人的陷阱，社会沉沦的过程，也是贫富悬殊的证明。

"飞特族"兴起的原因，一是日本经济进入平成萧条之后，企业大幅度削减员工人数，有人被裁，有人求职无门，形成所谓"就业冰河时期"；其二，先有"尼特族"的出现，后有"飞特族"的兴起，传媒还美化它是社会新潮流，似乎是必然的趋势。统计显示，这期间的飞特族人数，从1990年的181万人，到2001年已增加一倍到417万人，2006年以后官方统计数字虽然略有减少，却没有证据显示这些人已获得拯救，或他们已找到翻身机会。

其实，各种名堂的临时工的出现，根本原因在于企业要削减成本，不仅传统终身雇佣制度崩溃，年轻人要就职谋生的道路被切断，使越来越多刚离校的青年，唯有打临时工或当"派遣社员"挣扎求存。早期的"飞特族"，现在转眼成了"老飞特"，不仅是工作没有保障的廉价劳工，而且跟着年龄的增长加速沉沦，百川纳海，他们都成了"流浪族"的生力军。

廉价劳工"派遣社员"

"飞特族"外表潇洒自由，实际是一批在消磨青春的廉价劳工；"派遣社员"则是连基本自由都没有的另一种廉价劳工。他们向名为"派遣会社"的私人职业介绍所寻求援助，等待随时传召，无条件接受工作分配，可能是建筑工地，也可能是工厂或办公室，去填补职位空缺或做单纯的体力劳动。一没有工作保障，二没有劳工保险，三没有社会福利，四没有职业训练，他们其实是有灵有肉的现代机器人。

日本政府立法承认"派遣业"，据说原本是要让拥有特殊职业技能的人，如会计师、电脑程序员等等能发挥所长，加速IT的发展，不料却成了企业压低工资成本，不需对雇员负任何雇用关系责任的新方式。资料显示，从2001年～2006年的5年间，日本的正规员工减少了400万人，非正规员工则增加了430万人。换言之，越来越多年轻人丧失就业机会，不仅使贫困人口急速增加，而且还改变了社会结构，成为整体结婚率下降，出生率激减的主要原因。

当然，首当其冲的受害者是15至34岁的年轻人。据2006年的总务省《劳动力调查》，有27.2%的年轻人是非正规雇员。换言之，每三个人中便有一人是非正式雇员。这些人不仅没有固定的工作，将来也不会有机会回到雇用关系的正轨，因此他们肯定是日本新"格差社会"的底层成员。

不论是"飞特族"还是"派遣社员"，都不是正式雇员，基本特点是工资低，其次是解雇自由，因此成为企业对抗平成萧条的最强武器。统计显示，如果男性正式雇员的薪酬是100，女性正式员工是67.1。男性临时工只有52.5，女性临时工更少到46.3。由于70%的人成不了正规员工，年收不到200万日元的低收入户大增。根据日本国税厅的报告，2005年的全国平均年收是576万日元，却有981万人（21.8%）年收少过200万日元（约新币2万6000元），可见贫富悬殊现象显著。

"勤劳贫困"是沉沦根源

年收200万日元在日本属于贫困阶层。有人称他们为"新贫"，但社会学者和传媒却称他们为"勤劳贫困"阶层（Working Poor）。

在日本，家世好，念过名门大学，又能进入大企业或成为公务员，按部就班年薪可提升到600万日元以上，还有终身职业和福利保障，被社会评估为胜利者的"胜组"。毕业后不能即刻就业，或不久就转业，形同中途下车，只能当"飞特族"或"派遣社员"，他们不仅是竞争的失败者（"败组"），还是永远无法翻身的社会牺牲者。

在这些败组沦落为公园、地下道、河岸边露宿的流浪族之前，很多人都经历过简易宿泊所（廉价宿舍）、漫画喫茶，甚至"网吧难民"的沉沦阶段。露宿不必付房租，但一旦沦为流浪族就无法翻身。

新出现的24小时营业的茶店或网吧有几个好处：一是提供遮风挡雨之处，特别是严寒的冬季；二是有饮料、浴室等供应；三是收费比简易宿舍便宜。即使如此，这也是那些能幸运找到工作，能够从日薪6000至8000日元中拨出1500日元左右的人，才有资格当"网吧难民"。

去年，劳动省作过调查，这类网吧全国有3200家，绝大部分在东京和大阪等大城市，每天有6万9000人使用，其中5400人便是沉沦的"网吧难民"。他们还算是幸运的一群，因为能勉强维持温饱，但随着年龄的增长，体力衰弱，糊口困难的时候，他们唯有睡到公园或地下道去了。按照日本政府的规定，只有露宿者才能称Homeless，网吧难民则不能。

留日大学毕业生协会座谈会记录 3-3-2008

日本再现诚信危机

日本社会又出现严重诚信危机。过去一年，一个"伪"字已涵盖日本全年的世象，看来今年还要围绕诚信问题继续被困扰。

京都的"日本汉字能力检（监）定协会"，在2007年年底按例向全国人民募集代表一年事态的"今年汉字"，脱颖而出的是"伪"字，其他还有"谢"、"变"、"苦"、"甘"……从传统汉字来看，似乎甜酸苦辣都有，但从日本汉字来解，全都是负面的字眼，真令人同情。

中文的"伪"，可以是虚伪，也可以是伪造，但日文的"伪"（nise）就是指假冒。日文的"谢"是谢罪，毫无感恩的意思；"变"是古怪、不正常，也不是中文的变革；"苦"是痛苦、苦涩，中日文倒相通；"甘"是甜蜜、肤浅，有更强的姑息意味……一句话，一年感受全是表现愤怒、指责、痛苦的汉字。"今年汉字"确实反映了日本的世象，日本人的感情，也发挥了汉字文化的哲理和形象特征。

内部告发开始抬头

既然"伪"是2007年日本全年的世象和经验总结，2008年应该不会再重蹈覆辙了吧！很不幸，新年伊始，日本又揭发了一宗伪装"绿色产品"的大事件，违法的还不是一个企业、一个集团，而是全国的造纸企业。揭发它的也不是监管当局，而是看不下去的一般民众。"内部告发"在日本开始抬头。

日本政府为了响应环保潮流，成立了《"绿色产品"采购法》，规定部分政府部门有采购环保产品的义务。刚从国营改为民营的"日本邮政"1月16日宣布，大量发行的贺年卡明信片，今年虽然仍用再生纸印制，事实上却非使用标准的再生纸。日本国内造纸集团，包括王子、大王、三菱、北越、中越等五大企业也随即承认，由于国内废纸供应不足，不能提供足够的标准再生纸。

但这次"造假"，并不是以"次好充好"，而是将普通产品冒充环保绿色产品，既不遵守国家法律，还集体作弊，其严重性并不亚于直接破坏环保运动。再生纸贺年卡事件，进一步揭开日本制纸集团集体违规的事实，因为规定的"政府采购"产品中，标明复印纸必须使用100%废纸，但废纸率实际上只有59%；笔记本用纸必须是废纸率80%，实际上却只有35%。

日本造纸集团为何集体造假？《日本经济新闻》分析，废纸不足是主要原因，因为中国制纸公司最近前来"争夺"，旧报纸价格比六年前涨了1.8倍，旧瓦楞纸板涨了3倍，加上制作再生纸技术较困难，为了压低成本而"造假"似乎是情有可原。但更严重的是，公然为没有诚信开脱罪责，还把矛头转向中国，不是更大规模在污染"环境"吗？

揭发的造假案空前

回来检讨2007年接二连三揭发出来的造假案。

日本的经济状况是，已持续15年的"平成萧条"虽然已经到了谷底，但说全面复苏却还有待观察。具体统计说明，大企业、出口产业开始在复兴，但中小企业，特别是服务业、零售业依然在挣扎求存之中。现在有越来越多的企业在铤而走险，甚至不顾商誉，瞒上欺下，采取不法手段作商业竞争。这些企业有几个共同点：一、都是国内著名的百年老店；二、都是规模不小的饮食业或食品加工业翘楚；三、基本上经营状态已进入瓶颈，有铤而走险的必然因素。

在一般人的观念中，日本人重视传统，爱惜名誉，特别强调诚信。现在诚信破产，这些老店能否继续生存，确实令人担忧。

众多造假事件中，最令人震惊的是2000年夏季发生的食物中毒事件。当时有1万3000多人因食用雪印乳业集团的乳制品而中毒。中毒事件引发人们关注其卫生管理和生产程序。

食品中毒的原因，是雪印的工厂管理不善，不重视卫生，更缺乏基本商业道德，其中使用过期牛奶是最严重的问题。除此之外，其子公司"关西食品中心"，竟然发疯牛症的横财，令人发指。当时日本爆发疯牛病，为了拯救国内畜牧业和有关商人，政府根据商家库存牛肉，给予高额现金赔偿。"国产牛肉"的赔偿价格是进口牛肉的一倍，这样给予不法商人发疯牛症财的机会。关西食品以偷龙转凤方式，把进口自澳州牛肉冒充国产牛，结果取得暴利。

食品加工业的堕落

雪印集团虽然因此受到解体处分，但却没有阻止其他食品加工业的集体堕落。去年1月，百年老店"不二家"被发现以过期牛奶制成奶油泡芙，还发现老鼠在其厂内横行。明显是雪印事件的翻版。管理层竟然发布文书警告属下员工不得透露实情，还说"一旦被传媒发现，将成为第二个雪印。"

另一个造假案，是石屋制果公司的"白色恋人"造假案。到北海道旅行的人，几乎人人都购买商标为"白色恋人"的德式巧克力薄饼当礼物，一是形象特佳；二是名牌效应强。6月，有职员向公司网页告密：注明"赏味期限"8月的商品，中途换成9月继续在销售。该公司的巧克力薄饼、牛奶洛基、各种冰淇淋，同样被发现附有黄金葡萄球菌，即使如此，该公司还继续出货。

对传统日本人的更大冲击是，有300年历史的"赤福馒头"也有造假劣行。馒头的赏味期限被人为延长，即使过了期又被收回去再加工，而其制作过程必须经过冷冻、解冻、再冷冻，使人感到倒胃。由于"赤福"开设在三重县伊势神宫前，是神道教信者拜祭天照大神，即所谓天皇祖先的最神圣地方。"赤福馒头"的堕落，有人认为它有对皇室不敬之嫌。

一年里造假案重复发生，连日本高级料亭"船场吉兆"的牛肉也是移花接木的假货。大型居酒屋连锁店的"霜降马肉"，原来是借打针灌脂特殊技术制造的产品。再有是为学生食堂、一般餐馆供应"牛肉汉堡"的Meat Hope公司，竟然是用猪肉、猪杂、鸡肉、羊肉、鸭肉，加上化学调味料、染色料等等，调制而成的"牛肉汉堡"。什么"比内鸡"、"但马牛"、"三田牛"等名牌食品也全是冒牌货。这不单是食品安全问题，更是商业道德和诚信的问题，影响巨大。

"毒饺子"案又冲击日本

一年一度在京都清水寺前当众挥毫今年汉字"伪"的森清范住持曾经感叹:"为个人利益而欺骗他人,真是可悲的社会。"

假冒再生纸事件之后,日本突然又传来吃进口中国速冻饺子"中毒"事件。吃饺子后有人头晕,即刻被日本传媒夸张为"毒饺子",又是一轮追剿中国食品的大宣传。事态还在发展,详情容后报告。

不过,提高警惕,严格检查,加强食品卫生是好事。而日本有越来越多的人,开始摆脱日本"国产品"绝对安全的神话,敢挺身而出揭发弊端,进行所谓"内部告发",一使造假案似乎一夜激增,二使惯常的传统造假案能够浮出水面,三加强了日本人的公民意识,这些应该是一种进步表现。

《天下事》6-2-2008

提防日本
保护主义抬头

中国与日本的贸易摩擦，终于演变成一场小规模的贸易战。

从东南亚遥望，这场贸易战不只是传统的国家利益冲突，也是中日双方经济转型过程中，一场象征性的利害冲突。贸易战涉及的金额还不大，但是不能单以金钱来衡量得失，贸易保护主义的形成，民族主义的膨胀，对未来亚洲经济版图的重写，将会带来深远的影响。

令人更加担忧的是，日本虽然是世界第二大经济体，这十年来却停滞不前，目前正面对"改革开放"还是"坚守阵地"的选择，搞不好，日本还有可能成为新一轮世界经济危机的震源地，而中国却是崛起中的未来经济巨人，日本不愿接受这一现实，就有可能使摩擦升级，甚至演变成政治对抗的局面。

任何冲突，一旦划分为正反两方，双方总有说不完的道理，套用华人一句老话，就是"公说公有理，婆说婆有理"。而且，一旦成为正式的贸易战，一方坚持符合世贸（WTO）条款，另一方也称符合国家利益，不论怎样义正词严，都避免不了两败俱伤的后果。

保护主义显然就是日本经济今日停滞不前的根本原因。外表上，这是中日之间一场贸易战，事实上却是日本自己内部的战争，改革开放与固步自封之间的斗争，更是小泉政府是否真正推行"改革无禁区"政策的试金石。

日本自己惹祸上身

众所周知，日本是在森喜朗政权末期，即从2001年4月23日开始，限制中国三种农产品（大葱、鲜香菇、灯芯草）进口日本的。中国在两个月之后，即从6月22日起，才限制日本三种产品的进口，即对日本汽车、手机、冷气机加征100%报复性进口税。

日本几乎没有农产品出口到中国，对日本汽车等工业产品进行选择性报复，一是权宜之计，二也是中国开始会按WTO规则在玩大人游戏的表示。

从相互对抗的角度来看，把报复对象转移到日本工业界身上，似乎有欠公平。但是，从"礼尚往来"的角度，报复总是要瞄准对方的要害，因此中国的做法也是无可厚非的，尤其对日本的故意挑战。

何况，日本原本估计中国将无能力反抗，继三农产品之后，还打算对中国的毛巾、领带、皮鞋、自行车等一连串产品进行限制，一是针对性的，二是试探性的。中国不出奇制胜，作击中要害的反击，就会被日本解除武装，任人宰割了。更何况，日本是如此来势汹汹，得寸进尺，6月8日又宣布，全面禁止中国家禽及禽类产品的进口。虽然借口不同，保护主义的本质不变，再不制止就会升级为典型的贸易战。

中国不再诉诸政治手段，完全依据国际游戏规则与日本周旋，这还是第一遭。这显然与去年对抗韩国成功而受鼓励有密切关系。2000年6月，韩国突然宣布禁止中国大蒜（葱头）进口，给中国大蒜农民带来重大的打击。这之前，韩国大蒜歉收，曾大量从中国进口补充；后来，韩国农民不满中国廉价大蒜充斥市场，动员政府宣布禁止中国大蒜进口，中国认为不符合自由贸易原则，也对中国农民不公，遂采取非传统方法，即利用重税打击韩国的手机和聚乙烯出口业，使韩国内部阵脚大乱。韩国工业界向其政府施压，200天后韩国政府宣布取消禁令，同时政策性进口遭禁数量的大蒜，以弥补中国的损失，大蒜之战才算平息。后来，进口的大蒜没有去路，韩国政府唯有把它当援助物资转运朝鲜。这是后话。但是，你禁我农产品，我禁你工业产品的贸易战模式从此建立。现在就看日本，能否化解这一隔空战术了。

打击新兴国家新型产业

对中日贸易战的展开，亚洲其他国家并没有隔岸观火的闲情逸致，因为所有国家都清楚，日本对"自由贸易"一向有双重标准，虽然日本是个巨大的市场，同时又是个极端困难进入的市场。

经济环球化，亚洲经济发展又提高之后，日本不仅相对地位下降，也开始面对新兴亚洲的竞争。日本的工农业发达，基础稳固，但是受到国内生产成本激增的限制，目前已经开始感受到竞争的压力。工业早就开始易地生产，农业同样面对同一命运。但是，依据传统观念，农业不可能"易地生产"，再有是国家安全观念也依然支配思想，这就给日本的保守势力，特别是让以农村为基地的"农林族"议员大展拳脚的机会。日本的所谓"保护主义者"，不是农民，也不是工商界，是这些寄生政客。经济停滞，一般大众情绪浮躁，更容易被政客们煽动，新一轮保护主义也就抬头。

特别在森喜朗政权的末期，自民党原本在各级议会选举中已经节节败退，加上森喜朗内阁支持率又低到谷底，空前的危机感使森喜朗政府下决心限制中国农产品的进口。但是，这个缺口一开，除了农民、其他小生产者，甚至既得利益集团也纷纷要求限制国外"价廉物美"产品的进口日本。限制中国三农产品，既是牛刀小试，也是保护主义大显身手的前兆。

日本消费人原本也很排斥外国货，除非是"名牌货"。但近年亚洲国家的生产技术向上，加上日本商界国外"委托加工"、技术指导，又产生大量的"拟似日本产品"，就是这些产品大量进口日本，一使日本国内生产者感到威胁，而使一般消费人感到生活重担减轻。

日本基本上没有消费人运动，除了国内市场的自由选择权，根本就没有其他发言权，包括进口的限制。对生产者和消费人，这场"模拟贸易战"如果是日本胜利，市场又会回到过去生产者垄断、大企业垄断的旧秩序中去。但明显这是抗拒潮流，使日本经济退出国际竞技场的做法，不仅十年不会复苏，二十年也不会改进。

不能忽略的是，经过亚洲金融风暴的打击，一些人口多、土地广，经济相对落后的亚洲国家，如中国、韩国、泰国、马来西亚，甚至越南等，也希望在加速国家工业化的同时，也发展输出型现代农业，像中国的大量生产日本大葱、出口冷冻蔬菜，韩国栽培番茄，这些都是新型的"产业"，与日本关系密切的经济作物。日本限制中国三农产品成功，不仅其他产品也会遭殃，整个"新型产业"也可能就此中途夭折。

日本农业应寻找第二春

从"新型产业"的崛起,我们似乎看到了新一轮亚洲经济合作的曙光。中日贸易摩擦是升级还是化解,也就是这一线曙光是否幻灭的关键。从委托加工或委托栽培的增加,我们发现日本农业技术确实是领先世界,但是日本没有土地、劳动力,加上人口老化等因素,肯定日本不可能继续发展传统农业,与其让日本农业技术自然死亡,从日本的角度是必须"进口"土地和劳动力,就是将日本的农业资本、技术、研究心得和行销经验,转移到国外继续生产。过去,这也许就是殖民主义、帝国主义的诱因,但现在主权独立,确是经济合作,相互提高技术水平,带动经济发展的有效办法,也是让日本农业有第二春的办法。

虽然,中日双方都表示,无意使贸易战升级。但是,对抗一旦开始,已经有一些行业受到了波及,比如中国农民就抱怨日本商家不守诺言,日本工业界却申诉遭到池鱼之殃,显然是两败俱伤。日本财经界与舆论界的担忧是可以理解的,因为中国是个蓬勃发展中的巨大市场,又是世界经济的新竞技场,对抗的时间越拉长日本面临的损失将越大,而且将是永久的损失。换言之,这不止是日本汽车、手机等出口损失,也是品牌、市场的永久丧失,因为其他国家或中国本身的产品,将代替从日本进口的汽车、手机和冷气机。因此,一时的决策错误,不仅使日本政府骑虎难下,而且给日本经济全体带来了灾难性后果。

7月4日,中日双方在北京举行贸易战以来的首次"和谈"。会谈不欢而散是意料中的事,因为7月底的日本参议院选举才开锣,而当局限制中国农产品进口,目的就是为执政自民党应付这次参议院选举,与其说是讨好国内农民、小生产者,毋宁说是要确保农村选票不致继续大量流失,当然不能在选举结束之前打退堂鼓。向中国的反击低头,不仅会功亏一篑,还会丢失更多选票。

其实,这是日本政府自己惹的祸,解铃还需系铃人。日本政府必须寻求解决方案。

自由竞争的双重标准

自由竞争的原理远离日本,这是今日日本停滞不前的根本原因。但是,日本很多人却没有这个自觉,归根结底,是日本对自由竞争持有双重标准,对国内国外有不同标准的缘故。

但是，世界已经进入环球化时代。锁国并不能够解决问题。日本2001年5月发表《贸易白皮书》，当时已经有重要的宣示：一、日本已经不再是亚洲唯一的经济火车头（即，"雁行理论"的终焉）；二、中国已经崛起成为强力的竞争者；三、亚洲经济"大竞争时代"已经来临。

这份报告带来的重要信息是，整个东亚都在崛起，日本墨守成规不仅不能对应这一全新局面，还有被竞争加速淘汰的危险。但是，日本行政当局却采取与贸易白皮书反映的现状相反的行动，比如限制亚洲邻国的产品进口，图谋用更多泥巴高筑保护主义高墙，不仅无视现状，还以传统的思维方式，抗拒这种变化，当然会碰到焦头烂额。

近年，所以有越来越多亚洲农产品和生活必须品进口日本：一、显示亚洲其他国家的生产技术已经有显著的进步，不仅价格廉宜，品质也已能满足日本消费人的苛刻要求；二、经济环球化也是一项重要因素，日本消费人不仅对外国工业产品，农业产品需求增大，"有你可乐现象"（日本的UNIQLO公司，以日本标准，设计，并在中国监督制造，然后在日本推出价廉物美的成衣，它改变了日本人的中国商品成见）是例证之一；三、日本的人口构造、土地供应和人力资源，已经证明工业非外移不可，现在更证明，连农业要生存也非改弦更张不可；四、过去的宿命看法是，日本农业已经到了发展尽头，但从这次"中日农产品之战"，似乎又见到了曙光，就是日本农业要继续生存，其实可以转移生产基地，充分利用日本高超的农业知识，除了资本、栽培技术、经营经验，都可以助日本农业超越国界继续生存和发展。

新型农业向外扩散

亚洲近年有越来越多农产品、工业产品进口日本，一是日本的需求增大；二是亚洲的新型农业和工业正在成长。间中，日本的资本、技术、原料（包括种子），以及经营手法都发挥了重要作用，其中"委托加工"或"委托栽培"是重要形式。

亚洲国家经过这些年的工业化，经济基础和生产技术已经向上，也有足够能力，通过吸收外国的技术和经验，生产接近世界一流的产品。中国大陆、台湾、韩国、泰国等地，目前已经能够生产符合日本市场需要的工农业产品。从积极的角度来看，这给日本提供农业跨出国界，增加新经济合作领域的机会；从消极的角度来看，便是在工业出走，农业也空洞化，农民利益受到严重威胁的时代。亚洲一些国家，因为发展了新型农业，经济有了更全面的发展，成了更具吸引力的投资和销售市场，对其今后经济成长也会更健康发展。从良性竞争，相互合作的角度来看，亚洲今后有更多空间进行合作，使区域关系变得更加紧密。

持平而论，日本农业生产水平之高，产品素质之佳，确实是世界一流。但是，国土的狭小，土地资源与劳动力的缺乏，限制了农业的进一步发展，比如成本高昂就造成价格竞争力低下，这迫使日本农业作两种选择：一是高筑贸易保护主义高墙，二是利用日本的优势，积极转移到国外生产。

日本农民的勤劳、进取，以及不断改良产品的精神是值得敬佩的，同时也是应该发扬光大的。但是，日本的土地资源有限，生产成本又不断高涨，加上人口的老化，即使有温室的保护，日本农业前途还是困难重重。与此同时，物价上升，使全国人民生活难以改善，事实证明，日本农业政策已经陷入死胡同。

日本确实是到达必须"进口"土地和劳动力，才能挽救日本农业的地步了。但是，日本的政治家只看选票，特别是号称为"农林水产族"的议员们，对中国发动限制进口的所谓"临时紧急措施"，不仅引发中国的反击，又进一步破坏了日本的国际形象，特别是作为一个贸易大国。让工业出国竞争，却让农业垄断国内市场，这种贸易保护主义思维方式，显然已经过时。换言之，继续为日本农业筑起保护高墙，不是协助它延长生命，而是阻止日本农业的现代化和国际化。凡有经济学常识的人都知道，"受保护的产业是没有竞争力的"。

有一句谚语，"解铃还需系铃人"。这场贸易战是由日本开始点燃战火的，当然要由日本主动撤销进口限制。无论如何，日本的名誉已经受损，亚洲近邻国家也已加强对日本戒备，日本还需经过一番努力，才能取回已经失坠的信誉呢。保护主义是日本今天停滞不前的根本原因，思维不变，日本将很难在结构改革问题上取得成功。

东京岩波书店出版《世界》月刊（2001年9月号）

从海洋法看中日东海之争

中国在其东海大陆架成功开采"春晓油气田"的消息,使全体中国人振奋,使部分日本人感到懊恼。日本说它距离中线只有5公里,担心自己权益受到侵害,要中国提供具体资料,还派遣特别调查船到该水域勘探,结果引起了中国的抗议。

中国不承认日本片面划定的海上中间线,日本也不接受中国的大陆架理论。当然,这不是问题的全部,根源还是海洋对人类的生存与发展越来越重要,特别是海底资源的开发,新的"蓝色圈地运动"应运而生。国际海洋法也因此日趋复杂,不仅改变了地缘政治学的基本范畴,也使人不得不更重视《联合国海洋法公约》的运用。

大陆架的特殊权利

人类已经历了四次分割海洋的历史。过去是为了建立海上霸权、殖民帝国、扩展贸易,现在则是要分割可资利用的海上资源。

二战过后,发展中国家,特别是沿海国家,主张捍卫各自的海洋权益,包括捕鱼权和海底资源的开发权,因此出现形形色色的海洋资源争夺战。为了整顿日益混乱的海洋秩序,联合国从1973年起至1982年,召开连续了9年的第三次海洋法会议。会议虽然确定了划分海洋的基本原则,但依然面对复杂的具体问题。

第三次联合国海洋法会议主要是围绕领海、海峡、大陆架、专属经济区、群岛、岛屿制度等一系列问题展开讨论，也逐步制定了有关公约。通过《联合国海洋法公约》的制定，确定了"群岛国"概念，使一大片公海成为这些国家的内水；确认了宽200海里的"专属经济区"概念，规定了其水面和海底资源的使用权；又重新定义了"大陆架"概念，并规定大陆架可扩展到350海里等等。

专属经济区既不同于领海，也不同于公海。公约规定，专属经济区的宽度从领海基线量起，以不超过200海里为原则。沿海国在专属经济区内，享有勘探和开发、养护和管理海床上覆水域和海床及其底土的自然资源的权利。在专属经济区内，所有国家在有关规定的限制下享有航行和飞越的自由，铺设海底电缆和管道的自由，以及与此有关的其他合法的国际用途。

大陆架则是传统的、沿海国家视为其陆地领土在海下和向海的自然延伸，因此沿海国对其大陆架具有初始的、天然的和排他性的权利。这种权利既无需完成特别的法律程序，亦无需履行任何特定的法律行为，而被视为一种固有的权利。《联合国海洋法公约》承认，沿海国对其陆地自然延伸的大陆架，享有特殊的权利。

有争议的中间线

划分海洋在亚洲西太平洋区还是较近期的事。日本有漫长的海岸线，但四面环海，海阔天空，过去就享尽航海、捕捞等所有的利益。与日本相反，中国只有一面向海，但有水深较浅向外伸延的大陆架。从今天的角度来看，由于海底资源——石油和天然气日益重要，大陆架地位也行情看涨。不过与此同时，面对的问题也复杂起来。

钓鱼岛问题所以受到有关国家的重视，而且手尾极长。一是因为美国在交还冲绳给日本时，并未将钓鱼诸岛物归原主；二是因为钓鱼岛处于中国大陆架上。经联合国专家勘探证实，海底蕴藏非常丰富的石油和天然气。日本估计，东海蕴藏着60亿至70亿吨的石油和天然气，相当于黑海油田的储存量，简直有望成为第二个中东。而且他们还相信，大部分石油就埋藏在"中日中间线"的日本一侧。

中国根本不承认日本划定的"中日中间线"，并相信石油就埋藏在中国的东海大陆架上，要划定"中间线"也需依据海洋法的协商解决办法。东海最宽只有

360海里，中间划线必然出现一大片"重叠海域"，除了进行磋商、谈判，最终达成协议外，问题不能根本解决。

东海大陆架是一个广阔而平缓的大陆架，向东伸延到琉球海沟，即在水深2940米的断层戛然而止。历史上，琉球海沟是中国与琉球王国的天然国界，钓鱼岛在海沟的中国一方，便是钓鱼岛自古属于中国的强而有力证据。根据大陆架理论，琉球海沟就是中国与现在日本分界的最明显证据。而《联合国海洋法公约》第76条亦规定，大陆架的边缘是2500米的等深线，琉球海沟便扮演着这个角色。

除了大陆架理论，从相对的沿海国的海岸基线等距离划出中间线，也是分割海洋一个办法。日本在划分海洋之初，反对设立专属经济区，因为日本远洋渔业和航运业发达，划分海洋反而对其不利。

但是，1990年年初，全世界已经有80个国家宣布设立200海里的专属经济区，另21个国家宣布实行200海里的专属捕鱼区制。由于大势所趋，日本改变初衷，宣布设立专属经济区。

能否共同开发？

中国和日本都是《联合国海洋法公约》的参加国，但日本不能坐视中国以大陆架原则来划定排他性水域。除了钓鱼岛就在中国大陆架上的原因之外，海底资源也是重大的诱惑。同样道理，中国也不承认日本划定的中间线。

海洋法公约有规定，海洋划界不仅可按照自然呈现的界线划定管辖区域，还可通过协商方式解决问题。统计数字显示，有144个沿海国家面对380处海洋边界划定的纠纷，但圆满解决的只有三分之一左右。

1984年，美国引用大陆架公约与加拿大解决了缅因湾捕鱼权的纠纷。1969年，德国与丹麦、荷兰同样通过公平协议方式，化解了北海大陆架的油田纠纷，三国在开采和分享北海油田权益方面共同合作。

中日既然在开发东海海底资源问题上有争执，就应该仿效美洲、欧洲的先例，引用国际海洋法加以解决。而中国倡议"搁置争议，共同开发"，也是个现实的解决办法，但日本拒绝了这个建议。

《天下事》4–8–2004

从历史角度看钓鱼岛之争

一、石油资源是导火线？

　　钓鱼岛主权纷争，这些年又热闹起来了，原因是日本极端右翼分子，又在扮演急先锋和民族英雄的角色。前自民党红人、右翼理论家石原慎太郎，伙同政界默默无闻的新进党国会议员西村真悟，最近甚至表演了一场"国会议员到日本属土'尖阁列岛'视察"的闹剧。

　　日本右翼如此一再挑衅，难免又使中国人世界，特别是港台和美洲的华人社会，再度掀起一股强烈的"保钓运动"。但是，"保钓运动"又使不明就里的部分日本人，由于国内偏向舆论的误导、右翼"爱国行动"的感染，也产生一种恐惧中国强大、维护日本主权的本能反应。这种人为的危机感，会使日本人再度产生排外感情，进而使日中关系，甚至日本与亚洲国家的关系再度紧张起来。

　　日本的右翼势力，包括政界中的极右政客，就是这样利用它来谋取政治资本，左右未来日本发展方向的。利用主权纷争，煽动民族排外感情，固然是有效的政治手段，却是饮鸩止渴，也是政治玩火的行为，最终是会祸延全日本的。

大陆棚边缘的岛屿

　　中国大陆、港台、日本和本地传媒，分别以钓鱼诸岛（钓鱼岛）、钓鱼台列屿（钓鱼台）、尖阁列岛等名称，报道这批主权纷争升级的岛屿。称呼不同，其实指的是同一批岛屿，就是散布在台湾东北，总面积约6.5万平方公里的8个无人小岛。它包括赤尾礁（也称赤尾屿，日方称大正岛）、黄尾礁（也称黄尾屿，日方称久场岛）、钓鱼岛（也称钓鱼台，日方称鱼钓岛）、飞濑岛（中日名称同）、北小岛（中日同）、南小岛（中日同）、大北小岛（也称冲北岩）、大南小岛（也称冲南岩）等等。

这些岛屿的中国名称，比如钓鱼岛或钓鱼台列岛等称呼，早在14世纪半或16世纪，也就是中国的明朝和清朝，已经频繁出现于各种文献；日本人，过去基本上也跟着中国人称呼它们，直到1900年以后，才改它的统称为"尖阁列岛"。

钓鱼岛是众岛屿中面积最大的一个，大小也不过是4.5平方公里，虽略有水源，却无人居住。钓鱼诸岛位处中国大陆棚边缘，其中钓鱼岛距离台湾最北的基隆港就只有102海里，但是距离冲绳本土则超过230海里，还隔着个深2000余公尺的大海沟，跟日本本土的距离就更加遥远了。

明朝列入中国版图

中国人说，钓鱼诸岛从明朝（1368~1644）开始就已经列入中国的版图，而且在不少古籍中有这些岛屿的记载，包括日本人林子平在1785年绘制的《三国通鉴图说》，就曾引据中国的文献资料，把这批岛屿清楚划入中国的版图。地图中的钓鱼诸岛，颜色是桃红色，跟广东、福建等中国沿海省份完全一样；琉球王国以淡黄色绘制，日本则是灰绿，清楚表明钓鱼诸岛属于中国。

因此，中国人说，历史文献已经证明，钓鱼诸岛"自古以来属于中国"。

除了历史文献，他们也从地理环境、地质构造，以及它与台湾近在咫尺，中国渔民经常使用它作为捕鱼、栖息之所等，就是从"大陆棚（架）"理论、"实质先占"等理论，说明它是附属中国台湾的一群大陆性岛屿。

美国慷他人之慨

日本人却强调，钓鱼岛原本是"无主土地"，是日本人古贺辰四郎在明治17年（1884）"发现"的。琉球立法院1970年8月31日还首次公开宣布，这些岛屿是在明治28年（1896），也就是中日爆发甲午战争后的次年，由明治政府内阁会议决定将其列为日本领土的，且在第二年的4月1日正式颁布敕令，划入八重山石垣村的管辖。

回顾历史，日本在明治维新之后，不仅发生过吞并朝鲜和琉球，这两个中日"属国"的历史事件，还爆发了中日甲午战争，中国战败，签订《马关条约》，割让台湾和周围岛屿的天翻地覆变化。日本也从此趾高气扬，自由"进出"中国，再演变成太平洋战争的全面爆发。战后，美国继续占领琉球，中国又忙于国共内战，钓鱼诸岛不仅未依据《波茨坦宣言》归还中国，还在1972年美国将琉球"归还"日本时，将它与琉球一并交给了日本。

美国占领琉球期间，将钓鱼岛当军事演习场使用；在归还琉球时，美国又糊里糊涂，把钓鱼诸岛当琉球一个部分交给日本，这是今日钓鱼岛主权纷争的根源。中国抗议、海外华人展开保钓运动追讨，美国政府才发表声明推诿责任："当时只是把钓鱼岛行政权移交日本而已，无关主权的判断，纷争应由双方谈判解决。"

1968年，美国以"联合国亚洲经济委员会"名义，在台湾海峡以北进行海底资源勘测，发现在钓鱼诸岛一带50万平方英里的海底下隐藏着丰富的石油，这对完全缺乏石油资源的日本是个极大的冲击。在69年5月至7月间，日本曾偷偷派勘测船到钓鱼诸岛水域再作调查，并采取一连串行动，制造钓鱼岛附属琉球的理论，这对后来美国将钓鱼诸岛"行政权"移交日本，不能说没有重大的影响。

中日关系的温度计

70年12月，日本乘着中国分裂、美国统治冲绳、韩国依然与台湾关系紧密之际，与台湾、韩国达成日、韩、台合作开发大陆礁层的协议，目标就是要抽取钓鱼诸岛水域的石油。当时日本的主张便是，"冻结主权问题，先谈合作开发"。北京新华社和《人民日报》，曾发表文章大肆抨击，日、韩、台合作开发计划也就胎死腹中。

美国部署将钓鱼诸岛移交日本的行动，不仅引起中台两政府的严重抗议，也激发海外华人，特别是留美华人的激烈抗议，终于形成轰轰烈烈的环球华人"保钓运动"。

70年代，中日建交谈判裹足不前，中国领袖邓小平建议以"搁置争端，共同开发"打破谈判僵局。72年建交后，钓鱼岛主权纠纷也从此冷却下来。但后来，随着政治气候的变化、美国对华政策变迁，日本国内极端右翼组织，又周期性地借钓鱼岛问题制造事端，而日本政府和国内政党，也对主权争执态度起伏变化。

"钓鱼岛主权纷争"遂成了中日关系的温度计,也成了阻碍中日关系全面好转的重要因素。

二、日本的"无主先占"理论

钓鱼岛主权到底谁属?除了应从历史的角度,也必须从国际法,甚至从国际关系、有关国家的政治经济背景来探讨和分析。钓鱼岛主权之争,已经超越了海洋资源(包括石油)的争夺、专属经济水域的划分,也发展成为中日未来关系,甚至是影响未来两国发展方向的关键性问题。

日本政府1970年7月公开宣布,尖阁列岛是冲绳的一部分,将随冲绳归还日本。同年12月,日本外相爱知揆一又在众议院"冲绳和北方领土问题特别委员会"上表明:尖阁列岛是日本"固有领土",虽然台湾政府提出抗议,日本也不会与它进行协商。又说,美国与日本都认为,归还冲绳协定已解决了列岛的主权问题。

国际法的先占原则

归纳日本一向的主张,它拥有这些岛屿的理论根据,主要有以下几点:

一、日人古贺辰四郎自明治17年(1884)发现该岛,到大正中期为止,在岛上建立鲣鱼工场,并收集海鸟羽毛和海产。

二、明治28年(1895)1月14日,内阁会议决定,并于翌年4月1日颁布敕令,将它列入日本领土,隶属八重山石垣村。

三、美日和约生效,冲绳与日本分离,美行政官署根据美日协定颁布布告第27条〈冲绳之地理环境〉中第一条规定,该列岛乃在冲绳之地理范围内。

日本的最重要理论根据是,尖阁列岛在1895年将它划归日本之前,是个"无主土地",因此日本的占有,完全符合现代国际法的"先占"原则;其次,战后美国将它并入冲绳行政管区,因此,日本对它已经拥有"潜在主权",后来美国将它与冲绳一并交给日本,更构成了日本对它至今的"有效统治"。

"尖阁列岛"名称由来

日本使用的"尖阁列岛",根据日本著名历史学家井上清的调查研究,是冲绳县师范学校教师黑岩恒在明治33年(1900)发表《尖阁列岛探险记事》时,主张使用的名称。不过,"尖阁"这个概念却不是出自黑岩,而是1845年6月在钓鱼岛水域进行海洋测量的英国军舰"萨马兰号"(Samarang)舰长巴尔彻(Sir Edward Balcher)的创作。

井上教授说,根据"萨马兰号"的航海日记,"船14日朝海图上的Hoapin-San群岛进发,翌日测量Pinnacle Islands,16日测量Tiau-Su",再从翌年绘制的航海图看来,Pinnacle Islands显然就是指钓鱼岛(洋人显然将航海图上的台湾附近的花瓶屿Hoapin-San或Su,误认为是钓鱼岛而将它张冠李戴,日本海军省也一度跟着把它直译为和平山岛)。钓鱼岛高1181英尺,东面悬崖垂直而下,其他部分左右倾斜,型如歌德式教堂的尖塔(pinnacle),相信是因此命名。

井上教授在《"尖阁"列岛/钓鱼诸岛史的解明》(72年初版,96年再版)一书上说,明治维新后日本人拥有的有关钓鱼诸岛的科学知识,几乎全都是来自英国海军书籍和地图。即使是日本海军出版物的资料,也是直接抄译自英国。比如,日本海军省水路局编撰,明治19年(1886)刊行的《寰瀛水路志》,就将pinnacle Islands译成"尖阁群岛",并注上英文的片假名。《日本海军水路志》1894年版,以片假名写成"PINNAGURU诸岛",1908年版则写成"尖头诸屿"。

但是,将钓鱼岛、尖阁群岛(尖头诸屿)和黄尾屿统称为"尖阁列岛"的人,则是1900年的黑岩恒。他1898年在《地质学杂志》第5卷发表〈尖阁群岛〉这篇文章,又在1900年的《尖阁列岛探险记事》中,写下以下一段说明:"此列岛至今未有统称,于地理学上有诸多不便,余窃自新设尖阁列岛之名称。"

依据这一经过,"尖阁群岛"不等于"尖阁列岛"。近年,却有日本政府和政党文告,将代表不同区域的"群岛"与"列岛"混同,依据1881年出版的《大日本府县分割图》冲绳县地图中有"尖阁群岛",便号称当时已经拥有"尖阁列岛",不仅是错误的引用,更是严重的误导。

往返琉球的重要航标

钓鱼诸岛的日本名称"尖阁列岛",在1900年之前,确实未在日本或琉球文献中出现过。相反，钓鱼岛等名称却在中国古籍中频繁出现。比如，中国明朝永乐年间（1403~1424）出版的航海记《顺风相送》、1534年明朝册封使陈侃的《使琉球录》、1562年明册封使郭汝霖的《重编使琉球录》、明朝抗寇名将胡宗宪1581年编写的《筹海图编》，以及一些航海地图，都详细记载了钓鱼诸岛。这跟所谓古贺辰四郎在1884年"发现"钓鱼岛，平均都早了400余年。

钓鱼诸岛所以在明清时代，就已经出现中国古籍并受到重视，原因是它位处"琉球册封使"航线往来必经路上，是重要的航路指标，航海者和册封使已知道它们的名称是：钓鱼岛（＝钓鱼屿）、黄毛屿（＝黄毛山、后来的黄尾屿）、赤屿（后来的赤尾屿）等等。其次是，15、16世纪的中国沿海地区，屡遭日本海盗掠夺，为抗拒倭寇的侵扰，有必要加强海防，彻底理清东海地理环境，划清疆界，因而绘制了详细的海防图。

这些文献清楚记录了钓鱼屿、黄毛屿、赤屿等的所在。尤其重要的是，陈侃说：久米岛"乃属琉球者"；郭汝霖说：赤屿为"界琉球地方山也"，而两岛之间是水深2000公尺左右的大海沟，没有其他任何岛屿。因此，陈郭两人的经验是，离开福州，抵达那霸之前，他们见到的第一个琉球岛屿是久米岛，之前，钓鱼诸岛不仅是航标，还是告别中国的"界山"。

钓鱼岛不属于琉球

琉球，就是今日的冲绳，在明治12年（1879）被日本正式吞并之前，原本是个独立王国，且一直受到中国朝廷的册封。从1372年到1874年的400余年间，琉球国王平均每两年向中国朝廷进贡一次，新王即位，中国朝廷又派遣册封使到琉球颁发册封诏书，因此，不仅来往频繁，更因地理位置优越，琉球一直是中琉、琉日海上三角贸易的重要据点。但日本明治维新成功，开始对外实施扩张政策，琉球王国很快便成了它第一个吞并对象，接着便是朝鲜、台湾、中国东北（满洲）……的相继并入日本版图。

日本吞并琉球，包括将"琉球王国"改为"琉球藩"，国王尚泰变成琉球藩王，切断500年与中国的臣属关系，成为日本殖民地再废藩置县，到1879年完全并入日本版图，前后花了9年漫长的时间。这段历史称为"琉球处分"。

钓鱼岛虽然跟琉球关系密切，却没有任何证据证明，在1895年之前曾附属琉球。伊地知贞馨在明治10年（1977）刊行的《琉球志》，并没有将钓鱼诸岛列入宫岛或八重山两群岛中。西村舍三在明治19年（1886）刊行的《南岛纪事外篇》，不论是在书中，还是在附带的《琉球三十六岛之图》和《内外冲绳支那朝鲜》地图，都未提到钓鱼诸岛属于琉球。

甚至，日本在吞并琉球过程中，清政府提出"三分琉球案"（北部奄美群岛归日本，中部冲绳本岛和附属岛屿归还琉球王国，南部宫古与八重山群岛的先岛划归中国），以保留琉球王国免于灭亡；日本提出"二分案"（即将琉球南部宫古与八重山群岛划归中国）的反建议，以换取清政府承认日本的吞并琉球和通商权利。整个过程也没有提到钓鱼诸岛，说明当时日本也不认为它属于琉球。

三、重复对外扩张道路

日本成功吞并琉球之后，接着又把目标锁定在钓鱼诸岛上。照日本历史学家井上清的分析，更大的目标是侵略朝鲜、中国。钓鱼诸岛与琉球只隔一条"黑水"（琉球海沟），跟台湾又仅是一箭之遥，按部就班将它并入日本版图，就成了当时天皇政府的第二阶段任务。

不过，从日本开始经营它，就是从古贺辰四郎申请"租地"，到批准所请，将它并入日本版图，前后也经过9年时间。由于在这9年期间采取"伺机行事"的策略，使日本得以静悄悄据有钓鱼诸岛，却无法证明它符合国际法上的"无主先占"原则。

日本势力南下通道

冒险资本家古贺辰四郎，跟着日本的势力南下，也从九州南下琉球，再向尚未开发的钓鱼诸岛发展，如此亦步亦趋，证明他对明治政府的对外扩张政策了如指掌。古贺是在1879年，即琉球被废藩置县那年，南下冲绳首府那霸，先是经营海产的收集和输出的业务，1884年到钓鱼岛一带，发现有大批信天翁在那里产卵，认为收集羽毛也是一门生意，遂向冲绳县厅申请在岛上借地建立作业场，不准，又向中央政府陈情，也不成功。直到甲午战争结束，台湾划归日本版图，天皇政府颁发敕令将钓鱼诸岛并入日本版图，古贺再向县知事请愿，他的租地申请才如愿以偿。（这个始末刊登于1910年1月的《冲绳每日新闻》，也收录进《那霸市史》资料篇。）

上述资料显示，古贺1885年向冲绳县申请开拓钓鱼岛的许可，当时县厅以"该岛的归属还不明确是否帝国之领土"为由而拒绝。这说明，当时他们仍担忧清政府抗议而不敢宣布它为日本领土，但中国在甲午战争战败，情况全面改观，既然台湾都已割让日本，宣布钓鱼岛为日本领土，并许可古贺前往开拓，对日本来说也就不必再犹疑了。

古贺辰四郎的开拓钓鱼岛，似乎是促使明治政府决心占据钓鱼诸岛的重要原因。其实，从日本吞并琉球、小笠原群岛、台湾和朝鲜等周围地区的经过来看，把日本海面周围的岛屿加以清理，原本是个迟早的问题。

原本就不是无主土地

日本强调，它在明治28年（1895），将"尖阁列岛"并入日本版图之前，即从明治18年开始，曾进行过多次实地调查，确认它"不属于清国或其他国家，也没有这些国家统治的痕迹"之后，才在1月的内阁会议上决定将它列入日本领土的。目的在告诉世人，日本是依据国际法理的"无主先占"原则，宣布将钓鱼诸岛并入日本的。

日本历史学家井上清却说，虽然日本采取国际法上"无主先占"的理论，历史事实却表明，特别是16世纪以来的中国文献经已证明，钓鱼诸岛属于中国，原本就不是什么"无主土地"。

"无主先占"虽然是现代国际法上的主要法理，甚至是西方殖民帝国利用来开拓殖民地，就是无视原有的土地主人（土人），硬称是"无主土地"而加以占领，但以这样的法理来解析封建时代的中国拥有的领土范围，显然是不合逻辑的。

日本有人就因为无法否定古籍上，钓鱼诸岛与中国的紧密关系，便以"现代"国际关系来解析当时的情况，说这些古籍并没有清楚说明钓鱼诸岛属于中国，因此还是"无主土地"。他们甚至说，日本兰学者林子平绘的《三国通览图说》，把钓鱼诸岛涂上与广东、福建相同的颜色，只能说是抄袭中国人的资料（清册封使徐葆光的《中山传信录》）所使然，不能因此证明，钓鱼诸岛的主权早已归属中国。

历史学家打破沉默

高龄83的日本著名历史学家井上清教授,1996年10月间再度打破沉默,将他一本在24年前出版,在日本已经成了绝版书的《'尖阁'列岛/钓鱼诸岛史的解明》加以重印出版。

井上清教授是研究明治维新后日本对外扩张史的权威,他先后出版过《条约改正》、《日本的历史》、《日本现代史/明治维新》、《日本军国主义》、《日本女性史》、《日本帝国主义的形成》以及《战后日本的历史》等等。70年代中日发生钓鱼岛主权之争,他亲赴冲绳、欧洲遍查资料,他的最终目的不在分辨钓鱼岛主权谁属,而是实现其一贯目标——防止日本再度走上帝国主义对外扩张的道路。

井上教授71年的冲绳之行,72年的欧洲之旅,特别是访问英国海军史料馆,得出的基本结论是:

一、所谓"尖阁列岛",没有任何资料可资证明,有任何岛屿曾附属琉球王国,不仅如此,琉球人似乎也早已认识到,这些岛屿原本属于中国;

二、日本是在1895年日清战争(中日甲午战争)胜利之后,才领有这些岛屿的;

三、日本称这些岛屿为"尖阁列岛",那是1900年(明治33年)冲绳县师范学校教师黑岩恒替它取名之后。

依《波茨坦宣言》物归原主

井上教授确认的事实是,钓鱼诸岛不仅不是"无主土地",正如众多史籍所记载,是中国"固有领土"。他也从日本领有钓鱼诸岛的过程,确认日本是趁着甲午战争战胜中国,抢夺钓鱼诸岛主权的。既然是强夺窃取的土地,就不论后来经过多长时间,有过什么经过,都必须依据《波茨坦宣言》物归原主。

日本在钓鱼岛主权之争中所持立场,不仅说明它没有从历史经验中获得教训,而且还企图沿着历史老路,重演一次对外扩张的历史。

新日文化协会"日本讲座"讲稿1997年6月

日本不再是亚洲经济的"带头雁"

日本经济衰退十多年还不见有复苏的迹象，确实使人不得不对日本作重新的评估。有研究机构开始预测，今后研究世界经济动向的重点，将不再是日本经济何时复苏，而是亚洲新崛起的经济强国中国，将在什么时候取代日本，成为亚洲经济发展的新火车头？

2001年5月18日，日本政府发表其2001年版题名《面对21世纪对外经济政策挑战》的贸易白皮书。这份日本官方文件首次承认，日本充当亚洲经济发展领头羊的"雁行结构"已经崩溃，取而代之的是急速成长的中国，并预言亚洲从此将进入真正的"大竞争时代"。

日本贸易白皮书详尽分析日本经贸现状是理所当然的事，今年却把重点设置在日本中长期对外经贸活动的检讨和展望上，比如，中国经济的迅速崛起、东亚经济结构的重大变化、"雁行经济发展结构"的崩溃，以及日本经济"自我革新能力"的丧失等等。显然，日本这次采取了比较积极又认真的态度认识自己和周围国家。

日本已经认识到，由于它已经丧失自我革新的能力，而近邻中国经济又已迅速崛起，日本已不再是亚洲经济发展的所谓"带头雁"。

经济再生的源泉在中国

日本官方文件承认这一变化还是第一遭，而日本权威财经报章《日本经济新闻》却呼吁：日本不仅应重视如何与"世界工厂"中国相处的问题，还应活用中国经济带来的活力，使它成为日本经济再生的源泉。

亚洲经济发展的"雁行结构论"，是日本朝野经济学者，过去给20世纪70年代以来的亚洲经济发展，所作的评价和分析架构。

亚洲经济的蓬勃发展，是有层次的，有阶段性的，那就是在先进工业国日本的领导之下，就像天空列队飞行的雁群，总有一头领头雁在前，一群小雁跟随在后，这就是日本人说的"雁行构造论"。过去，日本确实是亚洲唯一的工业先进国；后来，出现了"亚洲四小龙"（台湾、香港、韩国、新加坡）；再后来，泰国、大马等东南亚国家，以及中国也跟着经济起飞，从这个表面现象来看，它确实像一群在天空列队飞行的雁群。而在这个过程中，日本的纺织、化工、机械等产业也从成熟到衰退，最后不得不转移到了其他亚洲国家继续其生产活动，并因此带动了其他国家的经济发展。其实，这是经济环球化的必然结果，也是发展阶段不同的必然现象。

称呼这样的发展模式为"雁行结构"，虽然很形象，但它给人的最大印象是，没有日本的领导、援助，亚洲国家不可能有今天的繁荣和希望。

"雁行理论"破绽百出

"雁行理论"的最大缺陷是，一、雁群总是集体飞行的，而且是先后有序的；二、它必须有一只带头雁，而日本是亚洲发展的领导者、原动力。

事实上，不论是先行的亚洲四小龙、后起的东南亚其他国家，还是后来居上的中国，经济起飞虽然有先后之分，却不一定彼此有因果关系。换言之，工业先进国日本的存在虽然是事实，却不一定需要仰赖日本的资本、技术、市场，更说不上是日本领导的结果，因为外资的绝大部分，技术的迅速转移，甚至主要的销售市场，亚洲国家经历的过程，一是美国；二是西欧；三才是日本。在东南亚、在中国发展初期，华人资本和华人的牵线搭桥，甚至都有相当的贡献。

中国的经济发展过程尤其明显。而2001年版日本贸易白皮书，在分析中国经济高速发展背景时客观承认说："中国是依靠丰富、优质，又廉价的劳动力和广大的市场吸引了众多的国外投资，加工业和零部件制造业相互促进，形成众多产业集散地，如纺织服装业、电子产业等等，加强了国际竞争力的。"

白皮书说，中国的迅速成长，最大的动力来源，便是年400亿美元的海外直接投资，即来自美国、欧洲和东亚国家的直接投资。一方面是中国的崛起，另一方面是日本的没落，用白皮书的语言，就是"日本经济失去了自我革新的能力，无法适应市场成熟化、国际化、信息化之后的激烈竞争"。

白皮书也说，日本IT（信息科技）革命相对滞后。企业生产活动中IT技术的利用率，不仅落后于欧美国家，甚至赶不上一些亚洲新兴国家，因此白皮书要求日本企业要充分利用IT技术，促进产业的结构改革。

"大竞争时代"已到来

日本在亚洲的"领导地位"，即"雁行理论"标榜的领头雁不在之后，面对的竞争对象不仅有中国，还有众多其他亚洲国家，因此日本说这是"大竞争时代"的开始。

另一方面，日本国内的贸易保护主义也开始抬头，先是以进口农产品充斥日本为借口，影响日本农民生计为理由，要求限制中国新型农产品的进口。紧接着，中国的纺织品，还有其他初级工业产品也成了日本要限制进口的对象。但是，东亚的产业构造已经起了重大变化，正如日本贸易白皮书所说，很多国家都可能成为日本的竞争者，而日本又没有进行自由竞争的自信的话，日本贸易保护主义风潮便会跟着政治风向的转移而形成野火燎原的现象。但是，日本的竞争对手不是只有中国、韩国、东南亚，再加上美国，它们即使不连成一气，对日本进行报复而还与颜色，日本遭受的经济损失必然会更大。

《日本经济新闻》5月19日社论就提醒日本各界，日本的国际竞争力衰退已经是个事实，而中国又已经崛起成为一个新"世界工厂"，接下来要面对的问题就是如何与中国携手合作。

日经社论强调，环球经济绝不是一个零和的游戏，通过竞争和改革，特别是中国成长带动东亚经济的快速发展，善加利用会给日本提供经济再生的机会。

《朝日新闻》专栏作家船桥洋一也撰文表示，不要把"中国制造"当威胁看待，活用它反而能给日本经济带来再生，提供极为有利的发展空间。

日本贸易白皮书只要不再吹高筑保护主义高墙的号角，就能为停滞不前的日本经济提供再生的指引，也有可能成为催生东亚经济大合作的进军号角。

《天下事》30-5-2001

日本人 暧昧的笑

日本人感情丰富，不是哭，就是笑。但他们表达感情的方式却与众不同，比如，悲伤时刻不会高声哭泣，欢乐时却眼泪鼻涕直流。换言之，是应该哭的时候笑，应该笑的时候哭，简直是颠三倒四。有人因此说，这证明日本人不善表达感情。也有人说，日本人有笑癖，连悲伤的时刻也脸上挂着笑容。

由于日本人哭笑的表情奇特，尤其是他们脸上展现的那种笑很暧昧，使外国人感到莫名其妙，甚至误解日本人，说他们不近人情。

该笑时哭　该哭时笑

1997年6月间，《朝日新闻》刊登一则新闻，标题是"第一名女性事务次官在劳动省诞生"，还附有一幅新次官松原亘子露齿微笑的人头照。所谓"劳动省事务次官"，就是劳工部常任秘书，属于该部门的最高官职。事后，该报《学艺》版还郑重其事，刊登一篇检讨传媒动向的文章，主题便是报章刊登侧脸露齿新闻人物照片，是否符合传统惯例的问题。作者认为，该报"大胆"使用松原亘子侧面又微笑的照片，不仅增添女性攀登公务员最高阶梯的喜悦，也是打破日本传媒保守传统的革命性行为。这是不是小题大作呢？

在日本，凡申请护照、驾驶执照、办理入学、就职登记、甚至政治家的竞选海报、杂志报章刊登的运动员照片，必须使用正襟危坐，满脸严肃的照片。政府部长的照片不用说，一般官员拍照更必须正经儿八百，才能显得严肃认真。皇室颁发勋章、新内阁宣布成立，上报上电视的照片，画面总是一堆穿黑色大礼服，双脸沉着毫无喜悦表情的老者，不看说明还真搞不清楚，他们到底是在出席喜筵还是葬礼。

日本人在葬礼上是不能流泪，更不能嚎啕痛哭的。丧失至亲的男女老幼，反而要对前来追悼的人绽露笑容，才合乎传统礼教。他们不是在强颜欢笑，而是展现一种礼貌的笑，这种笑无以名之，就称它为"暧昧的笑"吧。这是世界其他民族没有的表情。有人用"面具论"作注解，说这时的日本人像戴上了面具，把当事人后面的真正感情加以完全遮掩，把感情和表情严格加以区分。实际上，他们是在克制自我情感，效果就像脸上戴上面具，目的是要避免把自己不愉快的情感透过自然表情传染给别人。这是传统日本人处事待人的一种礼仪。

笑得暧昧　世界闻名

日本人在悲伤时展现的笑，不仅奇特，也违反人类内心感情与肌肉表情一致，哭笑自然的原理，而且在其他民族看来笑得暧昧，因此吸引了世界旅行家的兴趣及社会人类学者的研究。特别是在二次世界大战期间，日本人列队"欢送"亲人入伍，群众夹道"欢迎"军人出征，甚至亲人阵亡，家属还脸带笑容前去聆听噩耗。这些非人的表情，残酷的画面，不仅震惊了世人，还使日本这种"暧昧的笑"进一步闻名世界。当初人们还以为，这就是所谓"武士道"的精神，军国主义的实质表现。

但是，《武士道》一书的作者，战前日本思想家兼著名教育学者新渡户稻作（1862–1933）却说，与其说这是"武士道"精神，毋宁说是日本旧礼教禁止人们流露真正感情的结果。他向外国人解释说，传统日本人认为，"流露自己的悲哀或痛苦，会伤害他人的快乐或宁静"。

新渡户在《武士道》书中举例说：在中日甲午战争期间，许多人聚集在车站为军人送别，虽然群众的情绪激昂，却没有任何士兵的父母、妻子、情人，在现场痛哭流涕。"数千人只是沉默地脱下帽子，恭敬地低下头来告别，既没有挥动手帕的人，也没有唠叨说话的人，只有在深沉的寂静中侧耳倾听，才听得到细微的唏嘘呜咽之声。"外国人对新渡户的说明感到新奇，也对日本人这时的"笑"留下深刻的印象。

日本人不论是在战争时期，还是在和平时期，都没有在亲人的葬礼上嚎啕大哭。而痛哭流泪，原本是人类悲伤激动时的自然反应，日本人却能加以完全克制，甚至还脸挂笑容面对他人，确实使人侧目。由于传统礼教的限制，加上"哭"的形式被日本人从葬礼仪式中加以排除，以后人们便见不到日本人在葬礼上哭泣了。没有哭声，没有喧哗，更没有锣鼓喧腾，跟中国人热闹造作的葬礼相比，确实显得肃穆和庄严。

一团手绢　显露真情

其实，日本人同样有哭和笑的情感。只是，传统祭祀既然屏弃了"哭"的仪式，便只能把"笑"吸收过来，以填补表情的真空，这就使日本人的葬礼显得与众不同。同样是受儒家熏陶，佛教影响，中国人与日本人的葬礼，却有完全不同的氛围。日本人似乎更接近佛教起源的西方。不过，这时日本人的笑，既不是宗教信仰的感恩之笑，也不是对死亡超然感觉的笑，更不是无拘无束的开怀畅笑，或者，内心痛苦外表安祥的惨笑，而是居于"喜怒不形于色"的礼教，不把本身的痛苦影响别人的安宁的纯礼貌的笑。但是，在外国人看来，这是非常"暧昧的笑"。

日本大文豪芥川龙之介（1892–1927）有篇著名小说《手绢》，就对日本人这种思维举止，有过非常细腻的描述。故事说：一位在东京大学执教的美国人教授，接见一名来访的妇人。她是一名自杀身亡学生的母亲。会见的场面使他感到困惑，因为妇人在叙述儿子死亡悲剧时，脸上一直都挂着笑容，一点都不像是在讲述自己遭遇的变故。妇人走后，教授却在桌下发现一条揉成一团的手绢，才恍然大悟，原来那母亲面带笑容，内心却跟所有正常人一样，在悲伤哭泣，在作激烈的感情挣扎。

研究日本的外国人也发现，日本人确实喜欢作一种奇特的笑，悲伤时笑，感到抱歉时笑，甚至连听不懂外国人讲的外语、无法回答陌生人的询问时，也会绽出一种古怪的笑。例如，《日本的微笑》的作者拉夫卡狄奥·霍恩（1850–1904），在他书中也举过这样的事例。他说，一名受雇于美国人家庭的日本女用，未经许可旷工了几天，回到主人家后却面带笑容告诉其女主人，说她这几天是去安葬丈夫。这使这对美国夫妇百思莫解，为何日本妇人遭遇丧夫之痛，尚能脸挂笑容频频向他人表示道歉。

霍恩当时的分析是，日本人脸带微笑，只是对人表示礼貌和客气。他们甚至从小受到教育，不要以个人悲痛去使别人难过。这也印证了《武士道》一书的作者新渡户的解释，这纯粹是一种礼仪，日本人的处世之道。

笑肌不全　技术笨拙

不过，现代日本历史学者、民俗学家樋口清之却说，"日本人表现感情的方式和技术都非常笨拙。"又说，"感情表现笨拙的日本人，为了表达自己的感情，只能非哭即笑。在这点上，就像一个婴孩。"

樋口在《日本人的可能性》一书中说，"这是由于日本人的精神结构和面部表情肌肉不发达，这两因素所决定的。"他还举例说，日本传统戏剧演员，是通过眉宇间的皱纹和眼睛下的两条笑肌来表达感情；日本歌舞伎演员，不过是在这一基础上，多了个眼睛的动作而已。而西方演员，却是运用全身和面部所有的肌肉来表现情感。

樋口除了从精神结构、面部肌肉等生理因素，说明大和民族不善于表达感情之外，也从文学作品，就是日本的传统文学，一向缺乏笑的内容，说明日本人原本就不善于表达笑这种感情。

他说，婴孩出世便会用哭来表达自己的感情，稍大又学会了笑。日本人一样，不过表达感情的技术，却似乎还停留在婴孩初期阶段，只是"非哭即笑"。

日本的文学作品、表演艺术，不是完全没有笑的素材，不过跟世界其他民族相比，却相对极少笑的内容。能剧是最典型的日本"面具文化"的表演艺术。滑稽剧《狂言》则安排在能剧之后上演，据说目的就是协助观众在观看《能》之后，暂时放松紧张的神经。战国时代，有专门讲滑稽故事让诸侯开心的职业艺人。后来，日本的演艺人员还创造了"落语"，这种类似中国相声的表演艺术。

樋口清之对这一连串的"日本人笑的系谱"的评价，很使人感到意外。他说，350年前，滑稽故事就被编撰成一本书（落语），世界上确实没有先例，但与其说这是日本人喜欢笑的表现，倒不如说证明了日本人是如何不爱笑。换言之，是由于日本人原本不懂得笑，才需要人为地制造一连串笑的工具，或借助这些专门性的、职业性的笑，以松懈身心。

笑有驱魔　赎罪作用

除了感到滑稽时笑，日本人还把笑当成咒术。古代，日本有某些农村信仰"笑祭"。到了祭日，村里人会聚集在一起，放声大笑，据说这样这年的稻米就能够丰收。笑在这里，有驱魔，有增加植物生命力的作用。而被人笑，则是做错了事，向众人道歉的一种方法，也是赎罪的一种表现。古代日本农村，谁违背了农村共同体的习俗或规矩，就得拿出酒类和糕饼来向众人谢罪，高声当面要求大家："各位乡亲，请尽情地笑吧！"说罢，大家哈哈大笑，缠绕他的妖魔就会被驱逐，他也就此获得赎罪。

其实，日本人哭和笑的原理，跟他们讲究"表和里"或"内和外"，是一脉相传的。被自己人笑，可以解释是协助他摆脱魔鬼的缠身，错误的深陷；被局外人笑，却使他感受到耻辱，而无地自容。一般的笑，一旦转化为耻笑，尤其是被外人耻笑，便会触动日本人的忌讳神经——"耻文化"效应，而作出强烈的反应。他可能发奋图强，以争回颜面；也可能不惜一切代价，进行报复。日本很多悲喜剧，包括战争，就是在这种情况下发生的。

但是，善意的笑和恶意的笑，原本就只有一纸之隔，因此，笑在日本是个敏感的课题，也是个微妙的事情。当然，时代在变迁，环境在改变，日本人又是最不认输的民族，追赶超越一向是他们的共同信仰，发现大和民族的笑与众不同，会先联想到与世界相比是否已经落伍，是否追赶不上西方的潮流，因此会改变对应的态度。报刊开始刊登露齿的照片，也有行业开始开班授徒教人怎么笑，特别是新娘新郎怎么放松肌肉拍结婚纪念照片。这些都是日本人在改变笑的观念，笑的礼仪的证明。

笑的观念开始改变

美国社会人类学家鲁思·本尼迪克特将日本人归类为"耻文化"信仰者，说日本人最忌被人耻笑。她在其名著《菊与刀》中说，"名誉是日本人永恒不变的目标，博得他人的尊敬是不可或缺的条件。至于达到这个目标的手段，却只是可视环境而取舍的工具。事态变化时，日本人是可以改变态度和他们前进路线的。"

日本人确实很现实，又有随机应变的习性，当他们发现传统的观念，旧的礼教不符合现实要求，特别是不能适应现代国际化世界时，他们便会开始改变自己。如今日本人，就不愿别人耻笑他不懂得怎么哭和笑，为了跟上国际社会潮流，舆论界正鼓励国人，以后应效仿西方社会作大胆的笑和哭。

早报副刊 14-10-1997

日本政坛的世袭现象

日本本届大选又有150名"世袭"候选人参选，其中四人中便有三人是自民党人。世袭候选人所以特别受人关注，一是政治专业化，二是政治垄断化。

世袭候选人特别多，不是这次才出现的特殊现象。解散前的众议院，就有40%的自民党人是世袭议员。现在的党和政府最高领导人之中，从首相兼党总裁的小泉纯一郎，到党干事长安倍晋三、内阁官房长官福田康夫、总务相麻生太郎、财务相谷垣祯一、国土交通相石原伸晃等等，他们就是世袭的"二世"或"三世"（第二或第三代），可见世袭现象的恒常化。

因此有人说，自民党是个"世袭党"。

自民党如此，其他政党又如何呢？最大反对党的民主党，这次也有25名候选人是出身政治世家。现役民主党议员之中，也有一批人是世袭议员。而且认真调查，民主党的世袭议员，绝大部分还是来自自民党的跳槽人士。因此，自民党不仅是"世袭党"，还是世袭政治的发源地。

政坛像是几家人的天下

刚并入民主党的自由党，其前党魁小泽一郎就是世袭"二世"。他父亲小泽佐重喜曾经是吉田茂内阁的运输和建设大臣，而小泽一郎也曾经在自民党内呼风唤雨，当过党干事长。

民主党前任党魁鸠山由纪夫更是世袭"四世"。他父亲鸠山威一郎是自民党福田内阁的外相；祖父鸠山一郎更是自民党创始人之一，曾三次组阁当首相的响当当人物；曾祖父鸠山和夫更在战前当过众议院议长。

鸠山家族四代从政，就累积了巨额的财富、显赫的名声，还有稠密的人脉。民主党建党之初，财政拮据，鸠山由纪夫个人出手就是2亿加17亿日元，让他被推举为党代表之一。鸠山由纪夫兄弟继承的资产，据说是80亿日元。其弟鸠山邦夫从政更早，目前还逗留在自民党内，担任过自民党政府的文部和劳动大臣。

首相小泉纯一郎本身也是一个典型的世袭政治家。祖父小泉又次郎，从1908年起连任12次众议院议员，曾任递信大臣、众议院议长。父亲小泉纯也，从1937年起担任众议院议员，战后还担任池田内阁和佐藤内阁的防卫厅长官。

单看他们的姓氏，比如小泉纯一郎、福田康夫、桥本龙太郎、安倍晋三、中川昭一、河野洋平、鸠山由纪夫、田中真纪子等等，会产生一种错觉，以为日本政坛中枢其实是这些政治世家的天下。

家族门第观念根深蒂固

日本政坛出现如此严重的"世袭"现象，其实有其历史背景和现实原因。或者说，它是日本政治风土产生的特殊产物，日本的政治特色之一。

首先，强烈的家族观念，依然是日本的社会关系基础。长子继承，门第观念，日本这些传统思想，在现代社会依然有其强大的生命力。搞政治对这些人来说，以其说是要实现某种政治理念、对国家社会作出一定奉献，毋宁说是把它当成一种职业、一种事业更为准确。换言之，政治再也不是什么抽象的事物，而是具体的一个行业。

此外，搞政治事业到底不同于经营一般生意，必须有人脉、钱脉，还必须有一定的经验，因此世袭最常见的形态是，先让子女担任自己的秘书，让他们熟悉自己的地盘、开阔眼界，从而累积起政治生活经验。

世袭议员即使有搞政治的父亲、兄弟，或前辈，他还需要有当政治家秘书的经验。政治秘书可以是受薪的国家雇员，也可以是私人雇用的人员，因此，这个行业也可以超越血缘关系，有着极大的发展空间。

小泉纯一郎从政之初，虽然有父亲的遗荫，也有固定的地盘，却因为其父死得突然，使他必须匆匆从英国赶回来继承，缺乏当政治秘书的阶段，结果第一次参选竟败下阵来。后来，有幸自民党大老福田赳夫拉他一把，让他当自己的秘书，悉心栽培，三年后终于如愿以偿。小泉从此跟福田派、安倍派、森派结下不解之缘。

小泉的恩师福田赳夫，他继承岸信介的政治财产——岸派。福田报恩栽培岸信介的女婿安倍晋太郎，甚至后来把福田派托付安倍。安倍又提拔小泉，照顾福田康夫。现在小泉把内阁秘书长职位交给福田康夫，又委派年轻的安倍晋三当党干事长，互相栽培，互相照顾，这就是日本的世袭政治、派阀政治。

进入政坛必须三件神器

日本的选举制度和选区规划，也有利于世袭政治的发展。过去，日本实施中型选举区制，现在是小选区制，加上稳定的选区划分，这让传统政客可以在地方上长期经营其势力范围，将地方党支部变成其个人的后援会。

田中角荣当首相期间，他利用国库为地方大兴土木，甚至修建铁路新干线从东京直通其偏远的家乡，乡民不仅感恩，还变家乡为其铁票区。即使田中因洛希特飞机贪污案首相被罢黜、中风又不能动弹，直到病逝他都牢固控制着其选区。不仅如此，其女儿田中真纪子还不费吹灰之力继承了这份丰厚的政治遗产。

日本有个经典说法，是要成功进入政坛，必须要拥有三件"神器"。它是"地盘"（jiban）、"招牌"（看板 kanban）、"皮包"（kaban）。世袭政治基本就提供了"3 ban"的全部。

地盘、招牌、皮包既然是现成的，要"继承父业"当然是易如反掌。不过，世袭议员不懂平民百姓的生活，思想自然偏向保守，而世袭又堵塞了有抱负者的进入，而使政界变得空气极不流通，这些都是今日日本固步自封的根源。政治变质成为发财的职业，也就难怪要贪污舞弊横行，政治方向不明了。

《天下事》8–11–2003

第三章 中日关系

中日就不能和平合作吗？

　　中国总理朱镕基在（2000年）10月12日至17日之间到日本作为期六天的官方访问，这不仅是他就任总理以来的第一次涉足日本，也是他在中日关系备受考验时刻的访日，舆论焦点对准这名一向风流倜傥的中国总理，应是理所当然的事。

　　中日双方政府总会说，朱总理的日本之行，是一次成功的访问。从政府的角度，双方都不能承认自己的失败。事实上，朱镕基的快人快语，加上立场一贯，反而澄清了中国的立场，虽然日本一些人感到失望，这依然是值得重视的一次交往。

　　朱镕基此次日本之行，从某种意义上来说，确实有别于1998年中国国家主席江泽民的访日之行。江泽民当时要求日本对二战和侵略中国，明确作出书面道歉，两国历史争端也就可作个了断。不料，日本坚持不再作书面道歉，显然还打算离间中国与韩国的关系，江泽民唯有自己来当历史教师，友好访问也就变质为"历史说教"之旅了。

　　虽然，江泽民还是与小渊惠三首相签署了联合宣言，又宣布建立"和平友好战略伙伴关系"，但从事后的发展来看，中日关系还是猜疑多过信任，龃龉多于合作。朱镕基此行，有人说是修补中日关系之旅，甚至有人说是应日本要求进行"感谢外交"。

从要求"道歉",一百八十度转变为派总理去"道谢",是否意味着中日关系已经逆转?或是中国已经沦为为三斗米折腰的三流国家呢?

日本右翼报章添油加醋

这些年来,虽然中日政府没有直接对抗,但是双方通过舆论进行的较量却是层出不穷。比如,日本防卫白皮书指中国导弹对准日本、中国调查船频繁在日本海域出现,明显暗示中国已经对日本的安全构成威胁;中国官方报章,特别是军方出版物,则指日本扩张军备早已超出自卫范围,甚至与美国联手搞"战区导弹防御体系"(TMD),将严重破坏本区域的和平与稳定。

中国强烈反对美日搞TMD,主要是担忧台湾从此被划入美日TMD保护伞之下,使台独成为不能改变的事实。日本却对此作歪曲宣传,中国自己扩军则不允许日本自卫。中国为实现中台统一,特别为防止美日军事干预而结盟,同样被宣传为对日本的"军事威胁",甚至加上利用日本经援进行扩军的罪名。

日本右翼报章不仅在这些问题上添油加醋,还公开指责中国政府,利用日本提供的经济援助(主要指"ODA",即日本政府提供的官方经济开发援助资金)扩张军备,而日本政坛右翼势力更乘机响应,恫言要日本政府停止给中国提供ODA经援,日本政府对中国打"ODA牌"的政策也就因此形成。

在这一背景下,朱镕基形容他此次日本行,"希望能够做一些增信释疑,推动合作的工作。"朱镕基一向以勇敢、坚毅、机智、幽默著称,这次访日虽然责任重大,但他还是不改其谈笑风生作风,因此被一些人歪曲为"微笑外交",甚至说他公开说"不是要日本人民道歉",是在推行对日"软弱外交"。

其实,朱镕基在日本并没有特别放低身段,也没有改变中国要"以史为鉴,面向未来"的国策,尤其在回答日本各阶层民众参与的现场电视提问时,充分展示他的立场坚定、机智和坦率。有人问,对东京都知事石原慎太郎的"三国人"言论有何意见。他语重心长地说,"中日关系目前的主流是好的,但是也确实存在一些言论伤害了中国人民的感情,我们希望所有日本国内舆论都应考虑维护中日友好的大局,不要做刺激、伤害中国人民感情的事情。"

对横亘在中日间的历史问题,朱镕基可以说回答得得体、又直接。他说,"任何人都不应忘记历史,忘记历史就是背叛。"又说,"大家应该正视历史,也应该面向未来,汲取历史的教训,避免错误重犯,这对中日两国人民尤其重要。隐瞒、淡化,甚至篡改历史是不正确的,一点都没有好处。"其实,这不单是中日的问题,也是日本与东南亚、日本与亚洲、日本与世界的问题,不是中国领导人改变口气,历史事实就会改变的问题。

日本右翼利用民族感情,指中国对日本打"历史牌",藉历史问题干预日本内政,企图对日本作无止境的政治和经济勒索。日本年轻一代,自称新知识分子的一群,受到这类宣传的长期渲染,近年他们反而变得"理直气壮",说中国人总是"没完没了"重提历史,使他们变得"嫌中"(讨厌中国),因此发出不平之鸣,"到底要日本道歉到什么时候?"

朱镕基并不回避这个问题,他告诉提问的观众:"我想提醒一点,在日本所有的正式文件中,从来没有向中国人民道歉过,在1995年村山首相向亚洲人民表示歉意,但是在所有的正式文件中都没有向中国人民道过歉,因此不能说中国没完没了要日本道歉,道歉不道歉是你们自己的事情,但我们希望你们考虑这个问题。"

两年前,江泽民访问日本时,日本已经断然拒绝中国的要求,像韩国那样就二战和日本侵略中国作出书面道歉。其实,强迫对方道歉,而不是心甘情愿要洗心革面,也是于事无补。韩国接受了日本名义上的道歉之后,日本还不是继续阳奉阴违,甚至变本加厉歪曲历史,韩国还不是被封了手和口?日本感觉韩国总统金大中比中国主席江泽民好商量,是前者答应从此闭口不再谈历史的,而中国人则总是"没完没了",妨碍了日本以"皇国史观"重新编撰历史、结束战后状态的既定政策。

没有实际利益当然失望

日本传媒显然对朱镕基抵日之后再谈历史,而且把军国主义者和一般日本人民分别看待的说法,不仅厌倦还极端不满。右翼喉舌《产经新闻》尤其急不及待地再开反华机器,来访的中国总理滞留日本期间它已刊登破坏中国形象的评论,暗示中国在干预日本的内政,驱使日本"亲华"外交官和政治家,左右日本历史教科书的编写。还刊登社论,直接对朱镕基的所谓"日本从未对中国道歉"的发言进行口诛笔伐,难怪法新社引用《产经新闻》社论,称朱镕基此行是否成功"非常令人怀疑"。

依据日本右翼的标准，中国总理来访，一没有闭口不再谈历史，证明中国人总是"没完没了"；二没有大声感谢日本提供ODA援助，证明中国人不懂得知恩图报；三没有具体承诺让日本敷设京沪铁路新干线工程，使日本大失所望。

日本经济依然处于低迷状态，不仅国内投资萎靡不振，对外投资也是心有余而力不足，对中国规模空前庞大的西部开发大计划，一是经济效益前途未卜；二是日本本身资金有限；三则认为目前投资中国西部还不是时候。但规模庞大的北京上海新干线却不同，既能为日本经济即刻注入一剂兴奋针，又能为它带来长远的利益，而来访的朱镕基总理却闭口不谈此事，说明期待再度落空，日本当然深感失望。

日本财经界更担忧的是，中日关系不佳，日本还在历史问题上咄咄逼人，又对中国打"ODA牌"，无疑是乘人之危，只有使彼此的猜疑和不信扩大。日本有识之士原本感叹，由于政治领导无方，日本已经丧失了宝贵的发展10年，如今政府仍继续在中日关系问题上举棋不定，不仅会使日本在中国市场面对更不利的环境，在国际政治方面，特别是区域政治、朝鲜半岛的未来发展，使日本更难沾上边。日本这时候对中国打"ODA牌"，不仅是在开历史的倒车，也不利中日的和平合作，日本始终要自食其果。

《天下事》23-10-2000

未来中日关系
不容乐观

在中国人的记忆里，20世纪是被欺压、被侵略、被蹂躏，最痛苦的百年，尤其是被强邻日本欺凌。21世纪，中国应该复兴，日本也应该再生，东亚将出现两强的局面。但是，东亚两强今后将如何相处，将以什么姿态共存共荣，无疑是个值得人们深思和忧虑的问题。

就在2000年结束前夕，中国一批顶尖国际问题专家，在北京清华大学举行一场座谈会，专题是"未来东亚的区域合作"。强调区域合作，从整个讨论过程来看，其实就是担忧未来中日关系不稳，必须通过某种具体合作方式，比如仿效组织欧盟缓和德法关系那样，在亚洲也组织以中、日、韩为中心，用"三架马车"方式运营的区域联盟。这联盟，一可以避免两强领导权之争，二可以减少摩擦，防患中日关系恶化。

先缓和关系，再考虑互利互惠，说明学者们对未来中日关系，确实很不乐观。中国要稳定成长，要全面复兴，这是客观的现实。但是，既得利益集团却不愿意看到这种局面，特别是百年来主张"脱亚入欧"成功的日本，就不愿如此轻易让出其"领导"地位，何况还有"国益"正受威胁的危机感，矛盾对立也是必然的。中国专家建议，通过发展区域合作，把中日两强结合到一块，加个韩国作为平衡，不啻是避免冲突，面对现实，解决地缘政治冲突的一个具体办法。

缺乏信赖的精神构造

亚洲国家有共同的文化基础，却缺乏相互信赖的精神构造，因此即使组织区域联盟，道路也比欧盟更加崎岖。欧盟所以能合作无间，主要是法德能真诚合作，虽然他们曾经是世仇。反观东亚两个大国，一方不愿承认战争罪责，另一方又感到受骗上当，要谈国家间的合作，虽不是完全不可能的事，却是个庞大的历史工程。21世纪能否实现这项工程，就要看亚洲国家的智慧，尤其日本的真诚。

对中国人来说，战争的伤疤确实是深760难以磨灭。但中国人也不是一个睚眦必报的民族，战后中国，不论是国民党还是共产党政府，不是先后都放弃了对日本索取战争赔偿的权利？不然，日本战后能如此迅速重建，能有今日经济大国地位吗？中国政府不仅把3500万军民的伤亡、5000亿美元的财物损失，就此一笔勾销，还把战败的日军、军人眷属、日本侨民，统统安全送回日本。说中国人总要翻战争旧帐，总不忘用历史来教训日本，但到底是谁造成今日这种"没完没了"的局面呢？

在日本经济重建、国力恢复之后，日本政府又对中国主动做出过什么亲善表示呢？连一声道歉都还吞吞吐吐，语焉不详；对历史的认知，也以"自由史观"来模糊，这些表现跟它的战时盟友德国相比，日本明显是无气魄、无诚意、无反省。

右翼点燃"嫌中"情绪

不过，却有不少日本人依然在心里嘀咕：日本不能跟德国相比，一、日皇裕仁绝不像希特勒残暴；二、日本皇军绝不像纳粹军队残忍；三、日本发动战争是不得已，对历史还有贡献呢。"自由史观"的提倡者还说，不同国家、不同民族、不同时代，人们对历史有不同的认识。日本有自己的历史观，不要外国人来说三道四，尤其反对把"南京大屠杀"、"从军慰安妇"等，对日本"没有确实证据"的指责，列入日本历史教科书，破坏日本年轻一代的民族自尊和自信。

中国国家主席江泽民访日，对总是在"道歉"问题上闪烁其辞，不得不强调"以史为鉴"来提醒它，日本极端右翼势力便趁机宣传，中国人"没完没了"，意图在向日本进行"勒索"，还到处点燃"嫌中"（讨厌中国）的火焰。

战后中国对日本一直采取低姿态，一是本身国家分裂，二是日本一直有美国撑腰，中国唯有采取"友好外交"战略，希望能触动日本人的良知，认清睦邻关系的重要。过去，"战中派"是日本社会的主流，也是政坛的主流，共同的战争记忆，使他们很难昧着良心说话，何况日本的文化源头就在中国，一般日本人确实很难抗拒"友好"的招手。但是，战后出生的世代，他们没有直接的战争体验，又没有正确的历史教育，加上西化思潮的影响，他们抗拒纠缠不清的感情论，斩钉截铁要寻求"实用主义"的现实利益，因此便出现了要对中国"有什么就说什么"，或者主张公然"对中国说不"的声浪。中日关系确实到达一个新的转折点。

右翼左右舆论方向

众议员田中真纪子，是前首相田中角荣的女儿，不仅口直心快，也是个典型战后派政坛人物。她最近就对传媒说，"对中国该说什么就坚决说什么"、"中国问题如果成为日本的威胁，日本应该对中国表现出坚决的态度"。有人说，这是民族主义的抬头，也有人说是功利主义的表现。但很明显，除了功利主义，还掺杂传统国粹主义，就是受到石原慎太郎之流，日本所谓新右翼宣扬的"国益主义"的强烈影响，这样才显得"爱国"，才会受舆论和年轻选民的喝采。

对中国"说不"，拒绝"道歉"，对日本新右翼来说，确实有增加"国益"的现实意义，因为不认帐就没有义务要赔偿，甚至可以把答应中国的日元贷款（ODA），不是停放，就是削减，使他们显得特别照顾国家利益。

日元贷款，不是无偿援助，是要还本息的借款，原本是日本给中国提供的变相的战争赔偿，也是日本开拓中国市场，开启中国门户的有力工具。近年日本却反客为主，一要中国公开感谢日本曾提供"经济援助"；二将贷款转化为"有条件援助"的手段；三利用舆论向中国施压，要贷款就要接受日本的条件，停止扩充军备。日本除了以援助者自居，还企图通过金钱借贷，牵制中国的内外政策。一般日本人不清楚日元贷款的来龙去脉，能节省国家开支，当然拍手称快，右翼势力又达到抬高自己，贬低中国的战略目标。中日关系就在右翼舆论的强烈主导下日益显得紧张。

可能插手中台统一

展望未来的中日关系，除了意识形态之争，日本又把中国的统一、中国的崛起，全看成是对日本的安全威胁、利益侵蚀。李登辉的亲日情结，正被利用为"殖民台湾"有功的实证宣传。但是，两雄相争必然带来东亚的局势动荡。

近年日本扩充军备，已经从跟随冷战转移到追求国益，也就是维护日本利益的方向。但是，美国既是防止怪物出栅的"瓶盖"，又是日本不断扩军的保护伞，加上宪法的限制，事实上已经是世界上成长最为快速的军队，却依然用"自卫队"这个名不副实的称号，因而又带来挂羊头卖狗肉，甚至是欺瞒世界的问题。

冷战结束，日本背道而驰，一跟美国更新军事同盟关系，二不断把海空部队大型化、远洋化。分析家都认为，这是日本突破宪法限制，准备派兵海外的部署，也是矛头对准中国，准备在中台统一问题上，必要时插上一脚的表示。日本宣称，要跟美国共同研制战区导弹防御系统（TMD），从地理位置和日美台关系特殊等因素来看，台湾才是这个保护网真正要遮盖的对象。

另一方面，日本大型驱逐舰已经配置直升机，成了变相的航空母舰，更大型的准航空母舰又已计划建造，首要战略目标应是加强海军的反潜能力，加上日本有延续自战前旧日本海军的一流扫雷与布雷部队，一旦台湾海峡风声鹤唳，日军可能与驻日美军联手，也可能以这些军事实力警告中国：日本的国益、日本的生命线不容侵犯。中国当然不希望这种局面的出现，何况，军事对立的部署一旦形成，政治、经济、外交的对抗也就成形，而且会互为因果成为恶性循环，东亚局势将会变得不可收拾。

《天下事》1-1-2001

要从新的角度观察日本

2001年结束前夕的12月22日，在日本与中国大陆之间的公海上，发生一宗日本巡逻艇集体击沉一艘"形迹可疑"船只的事件。

可疑船只上的15人，无一生还。更重要的是，日本出动25艘巡逻艇、14架飞机，还有宙斯盾级驱逐舰坐镇，从日本专属经济区追踪到中国专属经济区，最终将这艘排水量仅100吨、最高时速15公里的"渔船"加以击沉。中国宣称，可疑船只与中国无关。日本报道，从捞获尸体救生衣上发现朝鲜文字。

真相肯定是扑朔迷离，不过，在公海上击沉一艘可疑船只，事态的严重性已不容忽视，还是战后日本56年来第一次击沉一艘外国船只，是否标志一个"新时代"已经开始？它背后的政治意义，甚至历史意义，岂不是更耐人寻味？

普通国家论的真相

近年，日本不断在扩张军备，提升自卫队火力，也为摆脱宪法枷锁、派兵出国绞尽脑汁。《周边事态法》的成立、"反恐三法案"的通过，以及"有事立法"的即将出台，"和平宪法"已经被架空了。"专守防卫"的幌子也已经除下，自卫队出国不携带武器、不在战争状态下参与的招牌也已经消失。现在不仅自卫队公然出国自卫，武装舰艇还在公海击沉了可疑船只，自卫队已经不再是豢养在笼子里的大狼狗了。

小泉纯一郎当上首相之后，日本不仅加速派兵出国的步伐，更借九一一事件军事支援美国的机会，全面展开立法和具体行动，已不必再拘泥于非战的宪法精神，摆脱了自卫队不出国活动的誓言，已经越来越接近其"普通国家化"目标了。

率先使用"普通国家"一词的日本政治人物，是前自民党干事长、现自由党党魁小泽一郎。在1993年出版的《日本改造计划》中，小泽一郎主张日本应恢复其"普通国家"地位：一否定传统的协调型政治，建立两大保守政党体制；二否定重经济轻军事的"吉田茂路线"，通过修改宪法和防务政策，提供与国力相称的"国际贡献"。

其实，主张"战后历史总结算"的前首相中曾根康弘，以及主张日本对外说"不"的现东京都知事石原慎太郎，都是日本"普通国家化"的积极鼓吹者。现任首相小泉纯一郎，虽然没有把"普通国家"论常挂嘴上，在他上台执政8个月里，从批准歪曲历史的教科书、坚持参拜靖国神社，到加速海外派兵程序、参与美国的反恐军事行动，都说明他是个不折不扣的"普通国家"论者。

不正常的高支持率

小泉首相所以人气一直旺而不衰，即使上台已快一年，经济更加萧条，失业人数有增无减，唯有他的民调支持率却依然保持在70~80%的高水平，显然这不是正常的现象。除了选民的偶像心态，小泉善于抓住主流民意，敢于掌握时机正面出击，不得已时又能适当妥协，再等待适当时机二度出击，这些都是小泉的成功因素。小泉的首相宝座是这样得来的，民调支持率也是这样掌握的。最近，日本逮捕"朝鲜总联"（亲平壤的在日朝鲜侨民组织）前财政，甚至击沉"形迹可疑"的船只（日本传媒称它为"朝鲜谍报船"）都会使小泉成为民族英雄，使支持率更居高不下。这是排外的新民族主义已在日本抬头的证明。

有人把日本当今高涨的国粹主义、新右翼思潮，形容为新保守主义。这种负面的民族主义，即使不一定是军国主义的借尸还魂，却肯定是一种危险趋势。过去，日本人以战后拥有一套"和平宪法"为荣，世界也有部分人因此对日本的整军经武不太介意，而近期的日本事态发展却证明，这种民族主义抬头是一种新的危险讯号。

日本的所谓新保守主义，其特质除了排外、内聚和反历史思维，还有民族优越感、现代思潮转化的自信与独立诉求，因此并不完全等同于昔日的军国主义。他们不屑别人的批评，更反感别人称他们为军国主义者。虽然至今，他们还没有强大的组织，或者说，他们不太重视传统的组织形态，事实上却已经在日本的政党、学界、舆论界，各党派，不分左右，占据相当大的地盘和影响。小泉与石原的高票当选，而且是获得超越政党的支持，掌权后虽然没有具体的建树，上台前的口号，上台后的氛围，却依然掌控着广大的民心，这是他们的共同点，也就是新保守主义抬头的证明。小林善纪的《战争论》与《台湾论》畅销，同样象征这股思潮的兴起。

新保守主义者借九一一事件，让日本的自卫队能够堂而皇之出国，这样便满足了"普通国家"论者的诉求，而世界各国如果又"默认"日本在公海击沉他国船只为合法，日本肯定会得寸进尺，新保守主义会在日本更迅速滋长。

种种事态发展说明，日本久困思变，可能铤而走险，这是不能忽视，不能掉以轻心的现实。传统观念已经不能解读日本，必须从新的角度来观察未来日本。

《天下事》1-1-2002

中日海底资源争夺战

中、日、韩三国虽然没有在陆地上接壤,却有一衣带水把它们相互连接起来——就是共同围绕着一个"东海"。由于三国的环绕,东海成了半封闭的海域,既是个富饶的渔场,又是个海底资源丰富的宝藏。

过去它还是个自然屏障,如今由于各国日益重视海底资源,又相互具备挑战深海的能力,在浩瀚海洋中也就争先恐后开展了蓝色的"圈地运动",形成了一场没有硝烟的能源争夺之战。

根据日本传媒报道,2004年5月下旬日本发现,中国在东海建设的"春晓"油气田开始开采天然气了。日本认为,"春晓"汽油田距离中日海岸中间线只有5公里,而天然气和石油等海底资源可能横跨中间线,因此中方的采掘"极有可能损害到日本的权益",有人甚至高嚷:"中国企图独占东海海底资源"。

接着,日本政府出面宣布,除了成立"海洋权益相关阁僚会议",还将出动调查船到相关海域进行反勘探的活动。中日海底资源争夺战于是揭开帷幕。

日本是个"消耗能源大国",同时又是个"生产能源小国",原本就对能源问题极为神经敏感,一旦中国在东海采掘天然气的新闻曝了光,加上日本传媒的大肆炒作,日本人心底的"中国威胁论"再度膨胀起来,各种极端言论、对抗措施,也就纷纷出台。

东海三国的另一近邻韩国,它与日本的摩拳擦掌相反,却不动声色在远离朝鲜半岛西部海岸的中国大陆架开始了它自己的勘探石油活动。

正如韩国人称黄海为"西海"一样，它并不认为在中国大陆架勘探石油是违法，因为他们称那是他们的"西海"。韩国显然是趁着中国与日本，全神贯注在争论"中间线"，设法扩张各自的"蓝色国土"当儿，不仅是在"混水摸鱼"，而且还要参与这场东海海底资源争夺战的宣示。

谁的海洋专属经济区？

从中国的角度来看，东海是中国的东部近海。因为在浩瀚的太平洋之西，北有黄海，南有南海，而且从地形和地貌构造来看，明显是中国大陆领土的自然伸延部分，就是中国的大陆架。

东海由于有朝鲜半岛和日本列岛的围绕，形成一个半封闭的海域，但基本上也就是国际海洋法定义的中国大陆架伸延部分。

由于东海最宽处仅为360海里，中、日、韩三国都不能以200海里方式来划分"海洋专属经济区"（EEZ）。虽然日本曾经提议以彼此海岸线来划分"中间线"，中国则坚持应根据《联合国海洋法公约》的"大陆架自然伸延"原则，将中日分界线划在琉球海沟之上，因此日本片面主张的"中间线"是无效的。

依据日本的"中间线"划分法，与依据中国主张的"大陆架自然伸延"原则，彼此划定的专属经济区的海洋面积相差30万平方公里，相当于中国三个浙江省的总面积。因此，中国要守住其海洋权益，而日本则不仅要借"中间线"原则扩大其专属经济区，还要借此机会与中国分享东海的石油和天然气资源。

中国在东海开发春晓等油气田，并非是一朝一夕能成功的事业。从1980年代开始，中国便在东海勘探石油，先后发现平湖、春晓等七个油气田和一批含油气地层构造。

春晓油气田位于中国浙江宁波东南350公里的东海西湖凹陷区域，由春晓、残雪、断桥、天外天四个油气田组成，总面积是2万2000平方公里。

春晓开采设施建成后，通过海底管道，估计每年可向浙江和上海输送25亿立方米的天然气，对石油与天然气需求日益紧张的中国来说，这是一项重要的能源事业成就。

2003年8月，中国海洋石油总公司、中国石化集团与美国优尼克公司、英荷壳牌石油公司签署了共同勘探、开发和销售东海天然气和石油的协议。这意味着

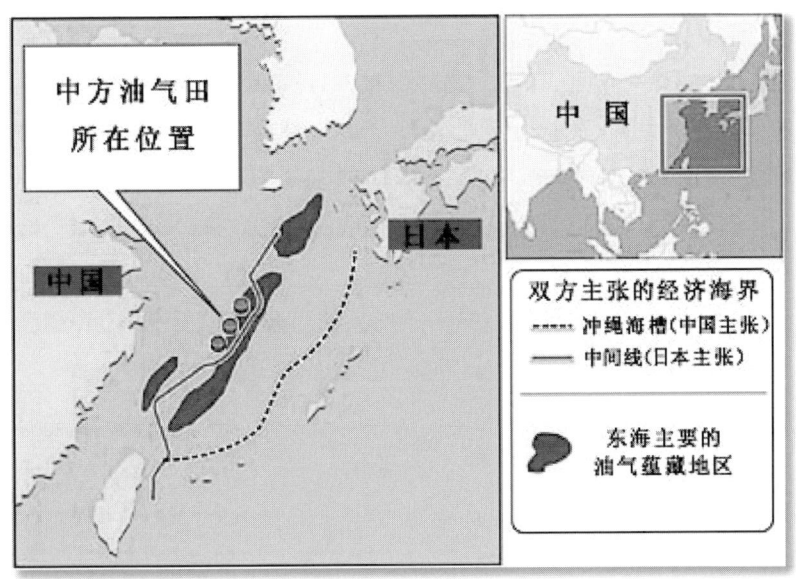

东海资源开拓的成功,也是中外合作开采海底资源的开始,预期到了2005年中期便可实现向华东地区供应天然气的目标。

日本设法迎头赶上

中国开采东海天然气计划的节节胜利,终于惊醒了半梦半醒中的日本。

首先是日本的"中国问题专家"平林茂雄(杏林大学教授)强烈指责中国;接着是日本传媒,特别是《东京新闻》专机运载平林教授于5月27日飞到日本所谓的"中间线"和中国东海天然气开采设施上空,直接进行调查和采访,之后发表了《中国在日中边界海域建设天然气开采设施》、《日中两国间新的悬案》等报道和评述。

日本传媒几乎一致疾呼:"中国在向东海扩张"、"中国企图独占东海海底资源"。新闻的炒作不仅惊动了日本民众,也促使执政自民党提出《维护海洋权益报告书》,鼓励了小泉政府采取一连串的对抗措施。

6月11日,小泉政府根据自民党的建议,正式成立"海洋权益相关阁僚会议",开始制定其所谓"战略性海洋资源保护政策",并采取具体步骤,包括租用最先进的挪威探测船,开始在东海春晓油气田附近进行海底地质结构的立体调查。一是要具体摸清该海域的天然资源蕴藏;二是要以具体行动宣示日本拥有该区域的主权。

6月21日，"守卫日本领土行动议员联盟"14名成员，亲自乘坐海上保安厅的巡逻机到钓鱼岛上空巡视。与此同时，经济产业大臣中川昭一又在亚细安＋3能源部长会议上，指责中国"侵犯了日本海洋权益"。

外务大臣川口顺子甚至在亚洲合作对话青岛会议上，就此事要求中国外长作出解释。

中日海底资源争夺战，就这样从东海伸延到了两国的外交舞台。不过，这仅仅是开始，更大规模的论争，必将使中日关系的紧张加剧。

《天下事》27-7-2004

东海问题是中日新燃点？

2004年10月25日，中日两国就"东海油气开发问题"首次举行谈判。这次事务性会谈，地点在北京。中国代表是外交部亚洲司司长崔天凯，日本代表则是外务省亚州大洋洲局长薮中三十二，以及日本资源能源厅长官小平信因。谈判虽只进行一天，时间则长达10个小时。

谈判集中在阐述各自在东海划界问题上的立场，没有就实质性问题达成任何协议，因此，争执仍处于平行线上。但同时却总算开启了谈判之门，多少有助缓和两国目前的紧张气氛。

谈判前，日本《朝日新闻》曾呼吁，日中双方应尽快通过会谈，解开油气田开发引发的紧张。而半官方的共同通讯社亦发出警告：东海油气开发问题很可能成为继靖国神社问题之后，引发日中关系不睦的新燃点。

中国在东海开发油气田，引起日本大声鼓噪。

一、显示中日为确保各自的能源供应，不仅在世界范围内展开了激烈的采购竞争，而且还在共同拥有的东海范围内开展新的"圈地"活动；

二、东海油气田开发问题，不仅触动东海海底资源谁属的问题，也牵涉到排他性专属经济区如何具体划分的问题；

三、日本主张根据基线划分，而中国则坚持依据海洋法的大陆架原则，其结果不仅会大大影响彼此拥有的权益，也将间接左右钓鱼岛的归属问题；

第三章 中日关系

四、除了海底资源、钓鱼岛主权，还有中国远洋舰队能否安全出海的军事问题。因此，这不是单纯资源争夺，也是安全部署问题，中日双方不是以睦邻心态，而是以对抗姿态君临的话，情况可能还会进一步恶化。特别是日本传媒近期的煽动鼓噪，不仅会模糊双方的眼睛，而且还可能阻碍双方通过谈判解决问题的正常程序。

划界方式决定管辖范围

东海大部分是中国陆地的伸延部分，也就是地理学上的大陆架，海床上有丰富的天然气和石油资源，不仅经过联合国的调查已经推论出来，而事实也证明，中国已经有深海勘探和采掘的能力，海底宝藏现在已经是具体事务了。日本要后来居上，要求分享权益，可以理解。但是，日本要求的分享，不是共同合作开发，而是要根据它自己的主张，在两国海岸线之间重新划上等距离的界线，中国当然不愿意。

东海是中国与日本等沿岸国家共同拥有的海洋，海洋法会议已经规定：

一、有关国家可根据大陆架原则划定排他性的200海里至350海里的专属经济区；

二、或根据海岸基线向外划定200海里"专属经济区"；

三、如果彼此的专属经济区相互重叠，便得通过谈判，公平合理地重新划定分界线或中线加以解决。

中国是大陆型国家，海岸线很长，向外伸延的大陆架也宽，从国家利益的立场来看，采用大陆架原则来划定专属经济区，是理所当然的。何况，中国大陆架向东伸延，最远距离325海里，恰巧又出现水深2940米的琉球海沟（也称"黑水沟"），自古就是中国与琉球王国的自然分界线。自古以来，中国不仅把琉球海沟视为海界，大陆架以内海域为海疆，所有岛屿也就是中国的领土。所以中国说，"钓鱼岛自古就属于中国"。略懂历史的人都知道，琉球王国本来是个独立国家，一度还是中国的属国，后来被日本吞并，才成为现在的冲绳县。

日本是海洋型国家，海岸线短，大陆架也不宽，从扩张"蓝色领土"，扩大管辖面积的角度来看，它坚持要以中线方式划定专属经济区，也不是不能理解。而采用大陆架方式或中线方式划分，面积相差是30万平方公里，相当于三个中国浙江省的总面积，日本当然不会放弃这一扩张机会。

日本传媒背后不断煽动

国际海洋法会议曾经详细讨论过类似问题，建议有利益冲突的国家，"通过友好协商予以公平合理解决"，因此，日本与中国迟早要通过协商解决争端。过去也有先例，就是把问题提交海牙国际法庭处理，但必须获得有关国家事前同意，裁决才能生效。中国显然不会同意放弃既得权益，而诉诸后来的国际法。

春晓油气田，距离中国有关领海基点约150海里，也远离中国主张的大陆架抵及的琉球海沟中心线有175海里，显然处于中国大陆架的范围内。即使日本宣称，它以"中间线"划分东海，春晓油气田也还在日本承认的中国一方。

但是，日本传媒则不断叫嚣，"春晓油气田虽然在中国海域一方，距离中间线却只有5公里，存在于日本海域的天然气有被中国吸干的危险"（《读卖新闻》10月27日社论），因此要求中国停止开采，而且断然拒绝中国提出的"共同开发"建议。

日本制造的理论，让人想起伊拉克独裁者萨达姆第一次入侵科威特的借口，当时指责科威特在边界地区开采石油，等同是从地下盗取了伊拉克的石油。日本传媒也如法炮制，说中国在日中"中间线"附近开采天然气，是先下手为强，在盗取日本的海底资源。《产经新闻》因此公开呼吁其政府，"即使与中国发生摩擦，也应当清楚表明立场，捍卫日本权益。"在日本传媒的炒作下，日本人产生了兵临城下的恐惧。

《天下事》10-11-2004

神秘潜艇揭开
"亚洲北约"面纱

2004年11月10日，一艘被认为是中国的核动力攻击型潜艇，从西太平洋回返东海时，使用了日本冲绳石垣岛和多良间岛之间的水道穿过，在日本掀起了轩然大波。

根据日本传媒报道，神秘潜艇在日本领海潜行约两个小时，并未依据海洋法惯例浮出水面，挂上国旗，表明其为"无害通航"，难怪日本朝野哗然。但是，也有可能是误闯日本水道，更有可能是技术故障，甚至有可能是大国间在玩战略游戏，并非什么擦枪走火事件。

无论如何，神秘潜艇的出现，既考验了日本的海防能力，也试探了日本的舆论反应，特别是日本政府处理问题的成熟程度。

日本虽然出动了飞机战舰，包括P3C反潜机、E767最新型预警机，以及两艘护卫舰，加上四架舰载直升机，一路上追踪并投下音响探测器等，企图迫使该潜艇现身，但由始至终它一直没有浮出水面。能够长期在水底潜行的潜艇，必然是核能动力潜艇。日本一方面表示，拥有核潜艇的国家屈指可数，另一方面又拒绝说明潜艇国籍，显然有政治的顾虑，甚至在作舆论操作，潜艇事件又演变成政治事件。

令人关注的是，日方的海空包抄，并未在潜艇离开日本领海之后停止，宣称要继续追踪。日方飞机、战舰因此也跟它在东海蛇行北上，直到远离日本"航空识别圈"。日方的辩解是，一要证实潜艇的国籍；二要防止潜艇回头再入其领海。

其实，这里有个重要的原因。根据《朝日新闻》11月25日的报道，潜艇从石垣岛东侧水道北上，直航就是中日主权纷争的钓鱼岛水域。到时，如果潜艇浮出水面又挂上五星红旗，中国可以反指日本战舰入侵中国领海。一旦出现这种短兵相接局面，就有可能演变成一触即发的危机。因此，日本想方设法，力图阻止神秘潜艇北上钓鱼岛水域的同时，也乘机展示日本的海空军事实力，特别是先进的反潜能力，这就是这次潜艇事件被强力炒作的原因。

潜艇事件换来首脑会谈

日方处理潜艇事件，表面上非常谨慎，即使已清楚潜艇国籍，它也故意不在第一时间内公布，但又充分利用这次事件，大肆宣传中国的军事威胁，宣称要依据国际法向中国抗议，并要求中国"谢罪"（道歉）。日本显然在外交战线上，获得了一次罕见的胜利。

而中国也为了息事宁人，更为了制造沟通的机会，在六天之后终于通知日本驻华大使阿南惟茂，承认有关潜艇是中国的核动力潜艇，而且是在例常训练期间出现技术失误，深表"遗憾"。

日本接受中国的"道歉"，并要求在即将举行的第12届亚太经合组织峰会期间，举行两国首脑会谈。国际会议期间，出席会议的首脑乘机举行双边会谈，原本是现今国际外交舞台流行的惯例。但是，自日本首相小泉参拜靖国神社使双方关系闹僵之后，中日首脑互访外交已经停顿了三年。即使是在国际会议期间，中国也对日本采取了消极杯葛的态度。特别是今年10月在河内举行第五届亚欧首脑会议期间，由于小泉又在去年10月第四次参拜靖国神社，中国总理温家宝就拒绝与小泉举行峰会。

但这次，一是日本新外长町村信孝上台，他一再向中国示好；二是前自民党干事长，现任小泉政治顾问的山崎拓亲自飞往北京活动；加上日本要求就潜艇事件等与中国领导人直接会谈，中国国家主席胡锦涛才改变初衷，终于答应与他举行峰会。

11月21日，中日首脑会谈终于在圣地亚哥举行。日本在国内的解释是，潜艇事件发生，中国不得不作出退让。但从峰会的内容来看，虽然小泉以各自表述方式重提了潜艇问题，却未获得中方任何的回应。不仅如此，胡锦涛还一反常态提醒小泉，"日本政治领导人参拜靖国神社，是中日关系紧张的问题症结"，而且,明年是中国抗战和反法西斯战争胜利60周年,民族情绪会更高涨,"希望日方妥善处理"。

会后,小泉不像过去那么继续逞强说,他会坚持参拜其靖国神社。因此,在日本的政治分析家中,出现了两种解读:一是小泉将强硬到底,不顾国内外日益增大的反对声,他会一如既往坚持参拜供奉战犯的靖国神社;二是从这次小泉态度变得暧昧来看,他会设法再改变参拜形式,中日紧张关系也许会有转机。但也有第三种意见认为,小泉参拜靖国神社目前陷入了困境,特别是财经界已开始向他施加压力,他要在不再对抗中国和亚洲国家,又不让其极右支持者极端失望的情况下停止参拜,确实不是一件容易的事。无论如何,中国国家主席胡锦涛已经说了重话,中日关系能否改善,球是在小泉自己的手上。

替日本扩军推波助澜

但是,日本政治评论家本泽二郎却对香港的《亚洲周刊》说,"中国核潜艇在最不恰当的敏感时期和最不恰当的场合,潜水作了最不恰当的推波助澜。"表面上看,这个分析中肯而又中的。因为,目前不仅是中日关系最敏感的时节,而且是日本开始将中国公开宣传为"假想敌国"的时候。

日本的一贯战略是,利用假想敌,制造危机感,再一步一步实现其整军经武的国策。冷战时代,日本比美国还大声喊"苏联威胁";冷战结束,日本又称朝鲜的间谍船、导弹、核武,代替苏联成为最大威胁;中国崛起,日本又把"尖阁列岛"(钓鱼岛)、东海油气田、甚至中国核潜艇问题,直接带到报章和电视荧光屏上,让日本人自然又沸腾起来。

本泽二郎说,"最不恰当的敏感时期",就是指日本要把海外派兵恒常化,废除和平宪法现实化,使日本成为政治与军事大国的历史性时刻。日本宣传"中国威胁论",过去还有很多日本人半信半疑,现在却有更多日本人开始深信不疑了。

但是,也有人分析说,日本的和平宪法空洞化,朝向政治和军事大国目标"蛇行",所谓"温水煮蛙"策略原本就是日本的国策,无关乎中国是和平崛起,还是迅速膨胀,日本就是不愿意面对现实,不愿承认亚洲已经出现另一个强国。

日本扩军的"新防卫计划大纲",公开将台海危机、东海油气田争议,以及钓鱼岛纠纷,罗列为威胁日本安全的三大要素,因而把中国规定为日本的新"假想敌"。这个"机密"当初还是有意识地"泄漏"的,发生潜艇入侵事件之后,日本就名正言顺,准备要把它提交国会通过了。本泽等人因此说,潜艇事件成了"推波助澜",加速日本军事大国化的工具。

潜艇事件不仅成了日本国会通过《新防卫计划大纲》的加速器,而且被日本传媒利用为宣传"中国威胁论"的现实教材。甚至连华裔军事评论家平可夫也认为,中国这次出动老旧的"汉"级核动力潜艇,确有很多"不可解"之处。他说,如果中国是刻意挑衅,出动这类汉级核动力攻击潜艇,实为不智之举。因为它噪音大,如此"敲锣打鼓"进入日本领海,而日本又是世界反潜艇能力最强的国家,战略上的"失"肯定会比"得"来得大。

有何军事和政治意图?

日本军事分析家却认为,通过冲绳石垣岛水道北上,是精心策划的行动,因为该水道水深少过100米,还有30至50米高的海底山丘,它却能进出自由,显示该潜艇非常熟悉这一地区的水文状况。

如果排除了"误闯"的可能,汉级潜艇突然出现这一地区,到底有什么政治或军事意图呢?平可夫说:

一、首先潜艇出现台湾东北地区,显示北京战时有意以潜艇切断美日与台湾的海上联系,强化对台湾东岸的封锁。

二、同时告诫日本不要介入台湾问题,警告美国不要在战时把日本拖下水。

三、也是对东海主权、钓鱼岛周边领海主权的宣示。

四、技术上进一步试探美日的反潜技术。

五、针对日本防卫厅近期发表的防卫计划大纲,三种对中国作战假设作出反应。

六、显示中国潜艇部队已经可以进出所谓"第一岛链"地区,即使是台湾东岸也不再是中国海军的禁足之地。

其实,人们忽略的是,中国军方这次出动汉级潜艇,似乎是它从开始就不打算蹑手蹑脚,进出美日台联合部署的所谓第一岛链。因为,汉级核动力潜艇虽具有长期水底潜行能力，却是中国潜艇中噪音最大，最易被人跟踪和监视的旧式潜艇。使用它，就不能像其他类型潜艇，能静悄悄通过日本领海北上，"敲锣打鼓"通过石垣岛水道，目的很可能就是在向日本示威，警告有关国家不要插手中国内政，同时又对外传递另一讯息，就是中国海军已经有能力进出太平洋。

中国海军突破第一岛链

所谓第一岛链，就是相传美国、日本和台湾秘密在台湾东北角往冲绳宫古岛方向，以及台湾南方往菲律宾方向，建立一条海底监听系统，搜集中国水面和水底舰艇的活动情报，全面掌握中国海军在这一区域的动向。汉级潜艇曝光的过程，因此也成了揭开"亚洲北约"面纱的过程。

台湾《中国时报》曾报道，台湾的陈水扁总统最近会见日台交流协会会长，即日本驻台代表服部礼次郎时透露，这次中国大陆核动力潜艇的行踪情报，是台湾把它提供给美国和日本的。由于国际政治和外交限制，日本不仅不能公开承认，还必须否认这是事实。更由于陈水扁在国际间是个缺乏公信力的人，即使它是铁一般的事实，他的说词也不会引起重视。台湾参加第一岛链包围中国，目的是要拉美国和日本下水，而汉级潜艇事件的发生，正好离间中日，因此陈水扁也插上了一脚。

相反，日本却不否认美国有向它提供情报，虽然它也不能公开情报的详情。美国太平洋舰队密切关注中国潜艇的动向，这是公开的秘密。这次汉级潜艇也许在离开它的基地时，已经被美国锁定跟踪，而它从西太平洋通过日本水道回返东海的行动，也许早已在美国的掌控之中。它在通知日本的同时，本身也继续在追踪，不过却让日本在台前当主角。无论如何，美日台连成一气的防潜体系，由于这次追踪汉级潜艇，反而提早曝了光。

汉级潜艇的出现，如果是刻意的，那它不仅是要对美国和日本发出警告，也是要让美国和日本三思其台海政策。中国国家主席胡锦涛，在智利举行的中日首脑会议上，没有就潜艇"误入"日本领海事件，作出任何"不再重复"的保证，也许就是要提醒日本，如果它插手台海纠纷，自愿被拖下水，往后麻烦可就会更多。

《天下事》2-12-2004

日本必须制造假想敌？

日本把中国当假想敌并非始自今天，但日本官方文件，特别是防卫厅2004年就有多份报告，包括《防卫白皮书》、《未来安全保障和防卫视野》报告，以及最新发表的《防卫计划大纲》，都称中国为日本的安全威胁，这还是第一遭。加上2004年日本军事动作频繁，除了显示日本正准备抛弃和平宪法，大幅度修改防卫政策，说明日本就快到要挣脱头上的和平紧箍咒了。

7月6日，内阁会议批准本年度的《防卫白皮书》，就强调要对中国的安全威胁更加关注，并透露出自卫队要被改造成"自卫军"的基本计划。

10月4日，小泉首相委任的防卫咨询机构发表《未来的安全保障和防卫视野》报告，已经为年底确立的防卫大纲制定了基本蓝图。

12月10日，内阁会议终于通过今后十年要执行的《防卫计划大纲》，以及未来五年要扩充的军备和预算金额的《中期防卫力整备计划》。这些不仅是自卫队成立50年来的里程碑，也是日本未来走向的分水岭。

从专守防卫到先发制人

一年一度的《防卫白皮书》，一般上只对日本所处国际安全环境进行年度评估，但不定期制订的《防卫计划大纲》就不只是纸上谈兵，而是具体的扩军备战的指导纲领。

50年来，日本只制订了三份防卫计划大纲，第一份在冷战期间的1976年，当时还强调要实现"基础防卫力量构想"；第二份是1995年的防卫大纲，不止没有停止扩军，反而从"专守防卫"扩展为海外派兵的准备；第三份在中国经济崛起之后，强调"建设一支能发挥多种作用且灵活又有实效"的防卫力量，"防止威胁直接波及日本"。日本的先发制人态势凸显出来。

从专守防卫，到先发制人，是一个重大政策转变。而日本从冷战时期的防止苏联从北部南下，改变为应付西部朝鲜、中国，似乎又回返到了战前要"北进"还是"南进"的迷思。

在非冷战时期，日本明确公布中朝为假想敌，在军事、政治、外交上，都是大胆的举措。小泉坚持参拜靖国神社，威胁要停止对华经援（ODA），一再玩弄李登辉牌，使中日关系日益紧绷，他却在国内受到舆论的支持。这也许可以解释，为何他不担忧中日关系最终有破裂的危险。除了政治的考量，选票的计算，还有更基本的国策，那就是制造危机感，激发爱国感情，以此治疗极右人士所谓的"一国和平主义"的战争恐惧症。

为插手台海铺路

新防卫大纲有两大防卫政策目标，一是发展弹道导弹防御系统；二是建立"中央快速反应部队"。

过去，日本有不少学者专家，特别是护宪和平人士，他们以"集体防卫"违宪作理论根据，反对海外派兵，反对参与美国构筑的区域弹道导弹防御系统。除此之外，日本参与美国的反弹道导弹系统，不仅耗资庞大，实效受置疑，更严重的是，日本会被美国的台海政策所捆绑。

但是，自朝鲜导弹飞越日本上空并发生朝核危机之后，一般日本人早就把朝鲜视为第一假想敌。但很多日本人也清楚，朝鲜根本就不是日本的对手，即使朝鲜铤而走险，在安全问题上所谓对日本构成威胁，根本是不可能的事。

事实上，日本参与美国的导弹防御体系，也不是为了应付朝鲜的威胁。一是美国对日本施加"外压"，使日本不得不出钱"参股"；二是日本要通过日美合作，既可以吸取美国的军事科技，特别是遥控技术，还可以发展日本自己的军工产业，而这次宣布放松禁止武器出口政策，就有这个预谋；三是日本要在台海问题上增加发言权，因为军事上日本已经改变了"专守防卫"的政策。

政治上，日本一旦成了"普通国家"，增加了军事实力，它就可以宣布，"台海有事"也就是"日本有事"，整个远东战略均衡就会产生根本性变化。

日本官方文件直指中国对日本国家安全构成威胁，这是中日建交以来的第一次，不仅说明日本防卫政策已经有了根本性的改变，而且也说明日本新保守主义已经控制了整个政局。可以预想，它对中日关系的负面影响必将加剧，对亚洲的经济发展和政治合作也必带来负面影响。

利用中国掩盖扩军

有人问，难道日本不担忧中日关系恶化，会引起中国的军事对抗吗？按照传统，日本政治家是不会如此冒进的，但像小泉坚持参拜靖国神社那样，日本新一代保守政客信奉的是弱肉强食的达尔文主义，他们看中的也是眼前的利益而已，不仅不担忧中日关系恶化，而且还发现越宣传中国威胁，就越能激发大和民族的排外主义。

曾经是日本政坛少壮派的新保守主义者，还发现"偷袭"是反守为攻的最好战略。何况，现在有美国作后盾，甚至可以利用美国来实现其重建日本的目标，因此要为历史翻案，绝不在历史教科书、南京大屠杀、靖国神社等问题上后退一步。他们相信，只要这次能够突破，日本便能从此摆脱战败的耻辱。

日本资深评论家本泽二郎曾经客观地指出，日本新保守主义领导人的高姿态如果得逞，中国和亚洲无疑便被迫吞下一颗毒丸子，后果是永远地中毒。

朝鲜问题不足以拿来在日本长期制造紧张空气，但幅员广袤、人口众多，正在崛起的中国，却成了日本人的假想敌。何况，眼前就有钓鱼岛之争、东海划界和资源之争，再渲染中国海军的快速成长，日本人首先是不安，接着是感到恐惧，再想到日本作为"亚洲唯一先进国"的地位已经动摇，无论是出于爱国感情，还是本能反应，都容易陷入反华宣传的陷阱里。日本首相府的最新舆论调查显示，认为中国可亲近的日本人已减少到37.6%，而对中国不感亲近的人则上升到58.2%，说明反华政策宣传的成功，反过来又让反华政策受到激励而变本加厉。

日本外交进入冬眠

日本把中国当假想敌还有一个理由，就是日本朝野都把"嫌中"（讨厌中国）当时髦。舆论调查反映到官场，外务省现在不是没有了"知华派"（日本极右报章称他们为"亲华派"），就是"知华派"被迫靠边站。新保守主义垄断中央政坛，传统的睦邻外交显得过时。换言之，总理府已取代外务省执行日常外交事务，日本外交进入了冬眠期。

但是，中日是亚洲两个最重要的国家，也是今后亚洲经济发展和政治合作的火车头，中日对抗必然会影响整个亚洲未来的合作关系。当然，日本不是为反华而反华，而是要让日本最终成为"普通国家"，从而实现其成为军事、政治大国之梦。

日本百年来的发展轨迹是，先追赶，后超越。日本追赶基本上没问题，而且还能够青出于蓝，但企图超越却经常会出乱子，总是形势判断错误，或是急功近利，像南进政策、偷袭珍珠港事件等等，都是值得记忆的历史教训。

再有，日本总要制造假想敌，制造危机感，让国人生活在紧张的氛围里，如此动员也经常奏效，但到了后期却会骑虎难下，最后被迫作孤注一掷，结果还是自食其果。

日本新防卫大纲的诉求，是要在中国、朝鲜威胁的借口下，先全面武装起来，同时又借联合国安理会常任理事国席位的诱惑，以作出国际贡献为借口，建立全天候的海外派兵体制。这些发展已经是自卫队成立50年来大变脸了，但依然不能满足极右势力的要求。比如，《产经新闻》12月11日社论就说，防卫大纲未能跟"一国和平主义"完全决裂，而且对日本要扮演的"东洋英国"的角色又不够明确，说明日本下一个政治议题就是抛弃和平宪法。

《天下事》24-12-2004

日本为何对华大打ODA牌?

最近,日本首相小泉纯一郎接连在两个国际会议上与中国领导人,即国家主席胡锦涛和总理温家宝会面,并成功恢复在第三国举行双边首脑峰会惯例。这似乎显示,紧张的中日关系已经出现转机。

首先,日相小泉这次不敢再逞强,见面说一套,会后又做一套。他虽然没有对外公开承诺不再以首相身份参拜靖国神社,但也没有像过去那样,为了讨好日本传媒,而说他会坚持去参拜。

其次,在峰会前夕,刚上任的外长町村信孝和小泉首相本人都曾公开说,日本即将终止对华提供政府开发援助(ODA);峰会过后,内阁官房长官细田博之却说,中日还会协商,不会即刻终止。

所谓政府开发援助,是日本政府的对外经济援助项目,也就是经援的官方称呼。日本一般都以它的英文简称,即ODA直接称呼。其实,ODA并非全部是无偿的经济援助,它的基本构成是,部分为低息长期贷款,部分为无偿的资金和技术援助。过去,中国直接称它为"日元贷款",后来才依据日本方式,称它为"政府开发援助"。

成为外交战略工具

ODA当初确实是日本对外提供的纯经济援助,条件不苛刻,对象也不只限于中国;但后来,日本公开将它纳入外交战略体系,日元贷款或经济援助便不尽能概括其涵义了。因此，笔者认为，还是使用日本官方的简称ODA，也许更能全面表达其特殊内容。

日本一度被世界公认为经济动物，后来发现必须重视国家形象，因此初期强调ODA是无条件的援助，但泡沫经济破灭之后，大和民族的精打细算特质又显现，甚至公开主张要与日本的国家利益、外交战略相互挂钩，日本的ODA与传统的政策性经援没有重大差别了。

2001年，日本提出新的对华经济协力计划，开始缩减对华贷款规模，严格限制经援项目，利用ODA左右受援国政策的倾向日益显著，而中日之间围绕ODA的争论、谈判也就加剧。近期，ODA更成为中日之间暗中较劲的热门课题，但争论的焦点不是经济，而主要是政治问题，特别是历史问题。

虽然，外表是受到中国崛起的影响，甚至是"中国威胁论"的炒作，助长了日本国内"终止对华提供ODA"的论调。这次日本显然是在对华打ODA牌，企图以此扭转外交劣势，附和日本极端右翼的反华主张，对华摆出"隐性经济制裁"的姿态，希望以此软化中国的对日政策。

小泉一再参拜靖国神社，确实激怒了中国。虽然，中国政府领导人会在第三国与小泉会晤，也偶尔会应日本政府要求与小泉举行非正式峰会，但中国至今依然拒绝邀请小泉访华，还公开表示目前还不是中国领导人访日的适当时机。

近期，胡锦涛在圣地亚哥、温家宝在永珍会见小泉，相信是一种试探性的外交接触，而小泉政府的内阁官房长官细田博之改口说，日本不会即刻终止对华提供ODA，又进一步证明，ODA已经政治化，而且公然成为外交战略工具。其次，细田说，ODA延续还是终止，双方可以谈判，这也证明，日本国内被炒作得火红的，"ODA助长中国的崛起"、"威胁到日本经济发展和国家安全"等论调，其实是可以调节的。

实际代替战争赔偿

小泉说，"中国经济发展顺畅，已经到该从ODA中毕业的时候了。"在某种程度上这是事实，但ODA不是纯粹的国与国的经济援助，而是有一定历史背景的产物，即使中国成长了，日本的ODA还是不能单方面喊终止就可以取消的。何况，中国距离经济发达，技术先进，发展均衡，人民生活富裕的小康状态，还有一段很遥远的道路。

战后日本对部分国家支付了战争赔偿，过后就视赔偿为"对外经济援助"的变种，因它使日本能重返东南亚市场。1954年10月，日本参加援助发展中国家的"科伦坡计划"，更给它创造全面重返资本和商品市场的先机。

　　1972年中日邦交正常化。当时，中国政府宣布，为了中日两国人民的友好，放弃日本的战争赔偿。1978年中国确立改革开放的方针，为实现"四个现代化"目标，急需外汇资金和先进技术，而日本也刚经历石油危机的打击，对中国的石油和煤炭等能源垂涎，藉着1978年8月中日缔结和平友好条约，加上邓小平11月访日，中日经济合作的框架遂建立起来。1979年12月，日本首相大平正芳访华，为支持中国的改革开放和现代化建设，公开宣布向中国提供日元贷款和技术合作。1980年，中日双方签署第一批日元贷款协议，也为日本企业向中国出口大型成套设备和进口能源创造了条件。

　　从1979年至2004年3月，日本政府与中国政府签署的ODA协议累计金额为3万2272亿日元（约300亿美元），其中，贷款为2万9505亿日元，无偿资金援助1364亿6900万日元，技术援助1402亿4900万日元，利民工程41亿日元。中方实际使用的日元贷款为1万9400亿日元，偿还期30年，年利率平均3%。

促进基础设备建设

　　80年代开始的两批日元贷款项目都集中使用于港口、铁路、能源、环境设施等的建设。90年代，港口、铁路、能源建设之余，也投资农业、通讯和交通等事业。2001年以后，多集中环境、电力、公路、教育等项目，而且改变为单年度申请，逐年递减的方式。

　　中国改革开放以来，日元贷款是中国获得外国政府资金的主要渠道，最多时占中国吸取官方资金的半数以上。日元贷款有力地促进了中国的基础设备建设，也为日本进口中国能源和资源创造了条件。据日方统计，中国总长13000公里电气化铁路中利用日元贷款的占34.5%；在约470个港口的大型泊位中利用日元贷款的占12.2%。北京机场和地铁扩建工程也都曾得益于日元贷款。

　　中国基础设施的改善，间接也为日本的进口中国石油、煤炭等创造了有利条件，也为日本企业投资中国创造良好条件，并带动日本成套设备的出口中国。从日本角度来看，日本虽然也对其他国家提供ODA援助，但对华日元贷款的成效却最好，甚至在国内实施零利率政策期间，还为日本创造了跨国存款的利益。

由于日本使用"援助"一词，使很多人误以为ODA是日本单方面在给中国提供经济和技术援助。日方的统计数字却表明，援助总额3万2192亿日元（2002年度的累计），其中有偿资金援助占91.65%（实际金额2万9505亿日元），无偿资金援助占4.24%（1365亿日元），技术援助4.11%（1322亿日元）。不用偿还的无偿援助只占一小部分，超过90%却是最终要连本带利偿还的。

无视当初的本意

不可否认，日本在中国急需资金时刻提供巨额日元贷款，对中国的经济建设确实有积极的贡献。事实也证明，相互合作，便能创造双赢的局面。但部分人却不这样看，特别是随着中国经济的迅速成长，"中国威胁论"也就应运而生。

有人说日本提供资金间助长了中国军力的增长，甚至威胁到日本的国家安全。有人看到中国成功发射"神州"飞船上天，就说中国已经走到日本前面了，应该削减ODA份额。有人利用中国球迷在亚洲杯期间对日本喝倒彩，就说中国人对日本"毫无感激之心"，应该即刻终止。

日本人不能接受中国崛起的事实也许情有可愿，但是无视中国人不要求赔偿，对日以德报怨的胸襟，甚至无视70年代日本政府领导人主动以ODA代替赔偿，以毫不痛苦的形式重建中日经济合作关系，结果只能使这苦心付诸东流。

日本对华的ODA政策，自2001年10月提出新的《对华经济协力政策》以来，不仅金额连续三年大幅度削减，附带条件也日益苛刻。比如，去年比上一年度减少20%，比2000年则减少一半以上，只剩下967亿日元了。分析家说，削减自中国的份额，转移给了印度。日本的战略，明显是要利用印度来牵制中国。

日本将ODA政治化、外交战略工具化，使用不当的话，首当其冲受损的还是25年辛劳的功亏一篑；其次是，日本以为可利用ODA牌实现其外交目标，包括联合国安理会常任理事国席位之争，事实证明还是扑了个空。一个东方国家，不采用东方传统手法，显得它不讲求信义，是很难争取到真正友情的。

《天下事》15–12–2004

日本为何难解中国心结

回顾去年的中日两国关系，中国一度盛行所谓"对日新思维"的思想活动，认为在历史课题上与日本纠缠不清，无助于长远改善东亚两个大国之间的关系，不如各退一步，采取更加务实的政策。

积极推动这"对日新思维"的代表人物、《人民日报》前高级评论员马立诚，2004年初在日本出版其专著，书名就定为《日本不必向中国谢罪》。日文版的出版社是文艺春秋社。

书出版后，日本极端右翼表示欢迎，新保守主义份子也对其推崇备至，但却在中国国内遭到舆论强烈抨击，特别是遭到网民的围攻，指马立诚是向日本发出错误的投降讯号。

"新思维"原本是个中立名词，却被马立诚强调为，要"从反日退却"；而日本的理解是，中国不再要求日本"谢罪"，浪涛一波高过一波。

9月，中国外交部的日本通、负责朝核问题北京六方会谈的副外长王毅，再度出使日本。前驻日大使武大伟则调回北京当副外长。

这个人事安排，令几乎所有日本观察家都认为，中日关系会开始有所松动。同时，日本新外长町村信孝也刚走马上任。虽然町村是个著名的"亲台派"，但却有迹象显示，他也有意改变双方僵持的局面。中日关系似乎已经出现了转机。

自民党高层访华的频率增加了。再者，国内舆论"嫌中"的论调减少。各种迹象显示，水面下的中日外交活动已经活跃起来。其中最明显的迹象是，日本倾全力在为小泉安排中日首脑峰会。即使访中受到拒绝,能够在第三国为他安排首脑峰会,就已算是外交有所突破。

但10月河内举行亚欧峰会,中国总理温家宝还是不见小泉首相。11月智利举行亚太经合非正式峰会,小泉总算见到了胡锦涛主席。接着,小泉又在亚细安+3峰会期间,与温家宝总理举行了会谈。中日关系总算再现曙光。

但就在双方关系逐步和缓过程中,日本新防卫大纲,突然又杀出视中国为假想敌的宣言,接着还宣布批准李登辉到日本"家庭旅行"的重大决策。在中国看来,这些不仅是出尔反尔,背后捅刀的非信义行为,而且是从正面挑战中国,根本无意与中国和解的表示。

小泉如此一再重复使用两面政策,再度激怒了中国,特别是在关键性时刻使用"李登辉牌"的做法,只有把冷淡的中日关系推向冰冷的状态。

小泉摆脱了财界左右

小泉纯一郎如何如此翻云覆雨,其中一个可能性是在过去一年,日本政坛的特征是小泉政权依然"稳如泰山"。

小泉曾巧妙宣布,他2006年任满将不再竞选连任,这使得所有渴望坐上首相宝座的人都在养精蓄锐,静观其变,而且在某种程度上,期待小泉能把权力禅让给自己,或自己所属的派阀,因此没有人愿意此时挑战小泉的施政,更没有人企图迫使小泉提早下台。

于是,小泉代表的新保守主义势力便可以为所欲为,甚至不顾后果,以国家民族利益捍卫者的姿态,与新崛起的中国针锋相对。除了钓鱼岛主权纷争,参拜靖国神社、停止ODA(政府开发援助)、争夺俄罗斯输油管,以及东海油气田和主权划分等等,全都是在小泉执政期间激化的。

日本财界与执政自民党原本是共生关系,但近期两者却有分道扬镳的倾向。首先,泡沫经济破灭,财界元气大损。其次,小泉上台,自民党的传统派阀政治受到干扰,政官商关系也起变化。

第三,财界本身也正处于新旧交替,青黄不接时代,显得群龙无首。这些变化让小泉政府得以我行我素,即使中日关系变成"政冷经冷",利益攸关的财界也只能保持沉默。

从另一个角度来看,日本财界也确实到了应摆脱政治襁褓的时代。他们接受官僚恩惠,又与政客勾结,再组成政官商联盟的铁三角。

有些大企业径自往国外投资设厂，甚至将经营总部搬迁到国外，包括中国的情况越来越多，这也冲淡了政官商的模式。当然，它也冲淡了财界影响政策，左右政局的能耐。

换言之，小泉是历届保守政权中，与财界关系最薄，也最不受财界左右的政治人物。

"中国人脉"不如前任

现代国际政治，政府的功能不仅是保护国民，维护国家利益，还应协助商家开拓市场。但日本的官僚政客至今还埋头于分配财富，而不是创造财富。官僚的特长是"行政指导"，而政客扮演的主要角色，则是协助瓜分利益。

小泉以前的政府都曾建立起"中国人脉"关系，像竹下登、桥本龙太郎、野中广务等，这由于他们与北京建立了互信关系。另一方面是除了政务之外，也曾替大企业在中国推展商务。

中国正在提升铁路交通系统，日本就渴望能通过参与京沪高速铁路等工程，左右中国未来的铁路交通技术。现在，不仅中日政界的"人脉"中断，更因为小泉政府与中国的对抗，日本明显丧失近水楼台的优势。

法国、德国等政府高官接连访华，加上中国民间舆论压力，高速铁路十之八九不会让日本坐享其成。

目前，中日关系"政冷经热"，即使政府高层关系冷淡，甚至ODA削减或取消，日本在华的投资和贸易等商业活动还是欣欣向荣。这点是日本商界感到庆幸的。

但是，这种反常状态能够维持多久？明显的，即使正常商务会不受非经济因素的干预，额外的、庞大的、国家规模的商机，就不会再让日本鱼与熊掌兼得。

因此"政冷"也"经冷"，反而是今后发展的常态。除了"经冷"，日本在朝鲜半岛问题上的发言权，联合国安理会常任理的议席、东亚地区的合作问题，难免也会受到影响。这就是个人顽固或一国独善必然要付出的代价。

《天下事》5-1-2005

中日关系影响东亚走向

美国乔治敦大学外交学院的罗伯特·萨特教授,不久前在评论中日关系发展趋势时曾强调:东亚地区未来稳定与否,将取决于作为地区主要强国的中国和日本之间的关系。

日本、中国、韩国不仅是东北亚三个最主要的国家,也是近期带动亚洲经济发展最重要的成员。亚细安+3体制的形成,所以被视为2004年出现的亚洲曙光。

其一,这是东南亚与东北亚史无前例的结合;其二、,这是"东亚共同体"时代的终于到来。东亚共同体绝对不是"大东亚共荣圈"的翻版,因为东南亚与东北亚成了共同主人。

但是,在庆幸与喜悦的同时,目睹东北亚国家关系日益复杂和矛盾,如果摩擦扩大,东亚共同体的实现将更为渺茫。

不论怎么说,目前东北亚的政经核心,还是中国和日本这两个大国。但2004年的中日关系,用一句话来总结,是它正从"政冷经热"转向为"政冷经冷"的恶化过程。

中日关系恶化,表现在相互指责,互挖墙角,但东南亚并不能从这场鹬蚌相争中,获得所谓的渔人之利。亚细安国家与日本谈判自由贸易协定,虽然除了没有农业包袱的新加坡已经完成谈判,但其他国家却感到了厌烦。

不过，自去年11月中国率先与亚细安签署《全面经济合作框架协议》，并承诺在2010年之前实现建立中国–亚细安自由贸易区计划之后，日本开始焦虑，也表示要加速谈判进程。

显然这是竞争带来的好处，原因是日本不愿中国独占鳌头，而不是日本已经改弦更张，更加重视区域合作的缘故。

"政冷"影响"经热"？

日本对签订自贸区协定的举棋不定，一是日本只习惯到别人市场打拼，却不习惯开放市场作自由竞争；

二是日本只有"大东亚共荣圈"的概念，却无建立"东亚共同体"的思想准备；

三是日本愿意应酬亚细安，却对亚细安+3存有疑虑。换言之，对中国与韩国的共同参与，日本感到不舒服。

也有人说，东北亚三国首先要携手合作。不论从经济结构、经济规模，还是地缘政治的角度，三国合作才是最有前途。不幸，三国至今还是貌合神离，一是中日未能摆脱历史的纠缠；二是韩国习惯于在中日两个大国之间游移。

近期的中日关系，流行一种说法，就是"政冷经热"。因为自小泉首相四次参拜靖国神社之后，两国政府首脑的互访外交活动已被迫停顿，而且出现一连串明争暗斗的纠纷，比如石油资源的争夺、东海油气田开采与专属经济区划分的龃龉。

加上日本公开抗议中国舰船入侵，以及日本悯言要片面终止中日ODA（政府开发援助）协议等等，使两国关系从冷淡越来越接近冰冻。虽然如此，扩展中的经贸活动却未因此萎缩，这是奇迹，也是未来关系改善的基础。

从经济基础决定上层建筑的理论来看，"政冷经热"的现象是迟早会起质变的，不是变成"政热"，就是变成"经冷"。

中日关系复杂，只能用冰冻三尺，非一日之寒来形容。最根本的问题是，日本既不愿面对历史，又不接受中国崛起的事实，反而夸大中国的威胁，还制造了参拜靖国神社原为大和民族传统信仰的神话。虽然这些都是问题的表象，但中日关系已经到了谷底，这已经是不容否认的事实。

所谓"经热",是相对于冷却状态的外交关系而言的。中日贸易往来依然活跃,日本对华投资也还在增加,特别是在2003年,日本首次成了中国最大的贸易伙伴。

2003年全年的中日贸易总额,也打破记录而达到1335亿美元以上。进入2004年之后,经贸关系继续突飞猛进。一般估计,2004年的贸易总额将达到1600亿美元以上,将再创历史新高。

日本经济开始复苏,主力是输出贸易激增,而成长中的中国却是主要动力。因此客观分析都说,日本的经济复苏是托中国经济高速增长之福,而"中国特需"遂成了日本不胫而走的流行语。

2004年第三季度的中日贸易统计,虽然增长速度转趋和缓,但绝对数额依然在攀升,只是上升势头已相对不能与欧盟和美国相比而已。

日本也开始丧失其中国第一大贸易伙伴的头衔。欧盟与美国所以迎头赶上,一是中欧、中美首脑外交活动频繁;二是欧美都在加强中国投资。相比之下,日本就不能在中国再独占鳌头了。而且,日本的外交无策,又使岌岌可危的"政冷经热"状态加速质变。

看起来,中日之间的"政冷"而且"经冷",还会持续一段时日。而如此的关系低潮,也会在可预见的将来影响着东亚共同体的走向。

《天下事》6-1-2005

中日在东海到底争些什么？

东京举行的中日东海油气田争端会谈刚在月初结束，日本又建议月底继续在北京举行，显示日本对会谈的兴趣在加浓。前三轮会谈，其实没有取得任何成果，也未松弛紧绷的中日关系，但日本仍是锲而不舍，包括建议将它提升为部长级会谈，有人怀疑它可能暗藏玄机。

从总体层面来看，中国在上世纪60年代就已建议，中日共同开发东海的油气田，日本却一直嗤之以鼻。到2004年举行"10＋3能源部长会议"期间，日本依然拒绝，反要求中国提供"春晓"油气田等的开采数据。今年5月，中国再次提出共同开发建议，日本仍未接受。但这次东京会谈，日本却突然提出自己的"共同开发方案"，而且附带条件，要求中国必须停止春晓油气田等的开发行动，并且向日本通报所有已勘探的资料。

日本从态度强硬转化为姿态柔软，不仅显示战略在改变，而且内心似乎有某一程度的焦虑，因为中国的试掘工作取得了出乎日本意料的成功。

两国边界再度"接壤"

中日关系是在猜疑和对抗中摸索的历史。战前，日本把边界扩张到中国大陆边缘，在中国土地上建立所谓"满洲国"，第一次"接壤"便带来烽火连天。日本战败后，被迫退回到海洋彼岸，不料海洋分割之风又起，彼此边界再度通过海疆又"接壤"，龃龉再度发生。

开始时，中日只有钓鱼岛主权之争，后来即使有捕渔权之争也快化解，但更根本的权益纷争，如海底资源的开发、海洋疆界的划分，又恢复到了类似战前的状况。

中国说，东海是中国的近海，大陆架又是中国大陆的伸延，中国维护海洋权益是国家的义务。日本却认为，中国的崛起已对它构成威胁，特别是中国发展远洋舰队必须加以遏止，而东海争端也就日益频繁和激烈。如今发展成日本制订军事"防卫警备计划"，直接把中国当假想敌了。

东海之争，外表上是石油之争、海洋资源之争，甚至只是专属海洋经济区具体划分的纠纷。事实上，除了经济利益，还有国家安全、国家主权等极其错综复杂的关系。加上两个宿敌再度在海洋上"接壤"，所以就是解决了油气田争端也不能化解整个纷争。历史家常说：历史不一定会重演，但历史经验却提醒人们，提高警觉是有必要的。

目的是重划"中间线"

东海的权益之争，外表上是两个"石油消费大国"明争暗斗的表面化，但实质上却有着比石油资源争夺更为严峻的背景。日本要求在东海重新划一条"中间线"，其后果，首先是否定中国以大陆架理论为依据，拥有整个东海大陆架，包括钓鱼岛主权的主张；其次是日本得以名正言顺与中国分割东海，借以扩大自己控制的海域，囊括海底和海面资源，并可继续占领钓鱼岛；第三是从更长远来看，日本通过太平洋第一岛链的明确建立，可以把刚崛起的中国，特别是中国的远洋舰队堵死在东海的浅滩上。

石油是当前中国迅速成长的重要动力源。专家查明，东海拥有比沙地阿拉伯多八倍的天然气，以及比美国多五倍的石油蕴藏。日本见猎心喜，认为可以把它变成"国内最大也是最后的石油宝库"。不过，即使撇开主权争端，以日本所处地理位置来看，除了距离较远之外，还有深陷的海沟，这些都不宜它铺设输油管，不符合商业开采的经济原则，因此日本一直迟迟没有动工。

然而，中国的成功勘探和开采改变了现状，日本不仅必须急起直追，还要针锋相对，因此东海石油问题便成了中日纷争新的焦点。

石油和天然气蕴藏丰富的地区，基本分布于东海三大块海域，即大陆架的中央，它靠近中国；第二块在钓鱼岛周围；第三块则靠近琉球海沟，只要冲绳地位不变，日本较有条件进行开采。

中国目前已经勘探了七个有望的油气田，其中"春晓"、"断桥"、"天外天"和"冷泉"，全都在中国的大陆架范围之内。日本也承认，它们在"中日中间线"的西侧，即靠近中国大陆的一侧。但却仿效伊拉克当年针对科威特所提出的"吸管效应"理论，指中国企图先下手为强，要盗取日本的资源，因为它靠近"中间线"，可能会把另一端日本的原油吸光。

日方提"吸管效应论"

"天外天"油气田距离日本的所谓"中间线"有五公里，所以"吸管效应"不能成立，这是第一点。所谓"中间线"，是日本单方面提出的，未经两国协商，也未获世界海洋法机构认可，因此中国不会承认。何况，中国的一贯主张是依据海洋法第一项原则（即大陆架原则），来分割专属经济区。

暂且撇开"中间线"问题，所谓"吸管效应"其实也不存在。日本有能源专家猪间明俊，曾在日本的《军缩问题资料》杂志上撰文指出，世界石油探矿界的常识是，两个矿区的标准距离是100公尺。换言之，只有在100公尺之内才有可能产生所谓"吸管效应"。但是，日本传媒只报道官方指责中国的言论，不报道石油勘探专家的分析。

据报道，日本军事当局已假设，如果中日对钓鱼岛和海洋资源的争夺激化，日本有可能出动陆海空军反击中国。因此，有关形势是令人担忧的。

普通人都知道，钓鱼岛之争是由石油资源的争夺所引发。钓鱼岛本身虽然不适合人类居住，周遭海域却是天然气和石油资源集中的海域。

但是，除了石油资源，依据世界海洋法，其周围200海里又可被划为专属经济区，借此扩大自己支配的海洋面积。

东海为中国大陆架的伸延部分，按照大陆架理论，中国可单独拥有东海的支配权。对日本而言，引用"中间线"原则，可以把钓鱼岛周围海域宣布为其专属经济区，以此打破中国引用的拥有整个大陆架的理论。

马里亚纳海沟才是终点

在东海纠纷中，日本的基本战略包括：一、否定中国的大陆架理论，即从中国伸延到琉球海沟是一块大陆架，这海域属于中国专属经济区；二、建立新的大陆架范围，即设法向世界海洋法机构证明，日本东面的马里亚纳海沟才是大陆架的终点,以此来与中国分享东海的权益;三、在否定了大陆架理论之后,迫使中国接受重新划分"中间线"的办法。

如果日本重新划分"中间线"的计划成功,钓鱼岛就在其"中间线"以东的日本一方,而蕴藏天然气和石油资源的三大海床,全都分布在"中间线"的周围。这样,日本提出的"共同开发方案",它就有了立足的基础。

"共同开发"的建议虽然是由中方面最先倡议,但日本不同意在"中间线"以东共同开发的条件。日本现在改变初衷,建议举行部长级会议来讨论,目的不在"共同开发",而是要推动其"中间线"计划。而中方虽然愿意跟日本磋商共同开发海底资源,但不愿放弃大陆架的既得权益。

以"白桦"对抗中国"春晓"

日本从反对"共同开发",到积极提出"共同开发",这种突然改变使中国感到疑惑。因为,日本主张共同开发的对象,不仅包括中国已经成功勘探的七个油气田,而且还包括给日本提供全部勘探所得资料和数据。

有石油专家指出,数据是商业机密,也是开采石油的指针。日本不仅希望获得这些资料,而且还准备使用这些资料,向联合国申请修改现行大陆架范围,即把东海大陆架伸延到马里亚纳海沟,而不是琉球海沟。

联合国大陆架界限委员会在1999年5月制定一项新的申请标准,规定有关国家申请大陆架界限的伸延必须有完备的调查数据,而且规定最后的申请期限是2009年。日本打算通过大陆架界限伸延办法,为其划定"中间线"作理论根据。但是,由于起步迟,它要靠本身力量在期限内完成勘测,显然已经太迟了。这就是它提出"共同开发"的原因。

开采东海的天然气或石油,从地理位置、开采技术和资金等方面来看,中国似乎没有太多难题。但日本需要在海底敷设导管,把天然气或石油输送回本土,成本会很高,甚至不符合商业原则,因此受到局限。

中国为东海新建的油气田,取了很富诗意的名称,如"春晓"、"断桥"、"天外天"和"冷泉"等。日本为了宣传的需要,也在中国油气田同一位置上,为它们取了日本式名称,如"春晓"变"白桦"、"断桥"变"楠"、"天外天"变"樫"、"冷泉"变"桔梗"。可见,东海资源之争是激烈的,精神占领也是战略之一。

中日关系解冻的真相

冷却的中日关系近来有逐渐和暖的迹象。2006年5月23日,睽违一整年的中日外长,终于在卡塔尔首次碰了头;6月6日,日本政府宣布恢复对华提供日元贷款。但中日关系是否就此柳暗花明?相信大部分观察家还是存疑的。

中日关系之所以跌入谷底,一是日相小泉纯一郎坚持朝拜供奉二战甲级战犯的靖国神社;二是中日有东海主权等的争执;三是日本极力宣传中国威胁论,让政府本身陷入了作茧自缚的困境。

另一方面,中日经贸关系却又发展到了空前紧密的阶段,形成"经热政冷"的局面。由于中日是紧邻,两国关系紧绷不仅影响东亚国家的政经合作,也破坏了区域合作发展的进程。有人甚至担忧,"有一天中日难免将一战"。

首相换代提供转机

中日关系所以又出现松动,原因有三。一是国际现实和力量对比的改变,迫使日本认真思考其国家定位和未来走向,即使战略目标不改,也必须修改当前的战术;二是适逢日本的首相换代期,双方都有了调整战术的下台阶;三是中国的崛起,特别是经济崛起,已经成为一个国际现实,选择合作还是对抗,现在成了日本必须明智抉择的课题。

五年来,小泉不惜一切坚持参拜靖国神社,不论借口是祈求和平,还是为兑现其竞选承诺,真正的政治意图,则是要重建日本的政治体制,让国家神道东山再起。

日本历届保守政权，一直是采取渐进方式，即通过篡改历史，架空宪法等行动，让它逐步恢复其"普通国家"地位。而小泉则采用直接冲撞的方式，包括一、打破国家领导人不得参拜靖国神社的战后禁忌；二、让参拜靖国神社转化为日本民族和国家的"内政"；三、外国人越发反对就越能突出小泉成为"民族英雄"的形象。

小泉这一单刀直入策略，迫使日本的亚洲邻国，像中国韩国等曾长期被日本军国主义欺凌和蹂躏的大国，明显地就陷入了进退两难的局面：保持沉默变成无视历史责任，公然违背国家民族的意旨；直接反对又会被蒙住双眼的日本人反指为"干涉内政"，致使更多人因此加入保守民族主义的行列。目前日本人的"嫌华情绪"高涨，就是小泉政府煽动"嫌华"，使中日关系更加紧张的结果。

从小泉"人气"居高不下的结果来看，他的煽情又激进的政策是成功的。日本舆论界称他的政治手法是"剧场政治"。但从日本"入常"惨败，亚洲外交四处碰壁等状态来看，又说明玩火已经带来了引火自焚的效应。

日本国内，特别是财经界，目前最担忧的事情，就是日本经历了"十年停滞"的痛苦，现在好不容易才赶搭上中国高速经济成长的列车，如果两国关系又从"政冷"发展到"经冷"的话，不仅日本的经济复苏可能再度泡汤，也会对日本的未来经济发展产生不知何去何从的影响。

日本财经界这些年来变得很"乖"，一方面是对日本经济泡沫化存有内疚；另方面是财经界也已改朝换代，没有了强力班底；再者是日本政坛自民党一党独大，旧的派阀政治又已经被小泉搅乱，让"小泉独裁"得以在政坛横行霸道。

但经济复苏让财界重拾信心，首相换代也带来政坛的异动，检讨过去，展望未来，"后小泉时代"遂成了新的政治焦点。

稳健派开始抬头

4月底，日本的财经界重镇"经济同友会"酝酿通过议案，要小泉修正其对华政策。5月9日它公开声明，既要小泉及其继承人不再参拜靖国神社，又要政府积极改善日中关系。日本政商原本是一家，但近年干预政治的实力已经下降，如今财界再度作出"政治建言"，不是他们觉得情况严重，相信他们是不会作此下策的。

中韩两国没有因小泉表面一再示好，而改变其对日政策。一是他们认为，小泉是个不讲信义的政客，既不期待他会改弦更张，也不再相信他能及时补救；再来是只要小泉的接班人，能从当前剑拔弩张的形势中，认识到参拜靖国神社带来的严重后果，承诺不再走小泉的对抗道路，中日关系就有可能恢复正常。

因此，中韩已经把外交战略重心转移到"后小泉时代"去了。换言之，当前已把小泉"冷处理"，直到他9月下台。与此同时，却对可能的自民党新领袖伸出双手，对日展开了一轮新的外交攻势。

中国拒绝与小泉或其外相麻生举行高峰会谈，却在2月份开始大量邀请执政党高层访华，包括前自治大臣野田毅、自民党政调会长中川秀直、公明党政调会长井上义久、产业大臣二阶俊博、前首相桥本龙太郎，以及中日友好七团体的领导人。连小泉指名的首相候选人之一的经济财务大臣谷垣祯一，也访问了中国。

日本政要如此蜂拥到中国去，不仅是近年罕见的现象，就是在中日关系融洽时期也少见，这说明日本政坛有异变，而中国对小泉政权展开的分化战略取得成果。

日本保守派报刊形容这些访华人士为自民党的"亲华派"，甚至有行动右翼恫言，要置二阶俊博等人于死地。说他们是"亲华派"，其实是言过其实，更重要的是他们较实事求是，甚至比小泉更"爱国"，因为他们更关注日本的长远国家利益，要为日本能重回亚洲大家庭作出贡献。像福田康夫主张"亚洲融洽外交"，二阶俊博倡议与中国谈判共同开发东海石油资源，最终目的还是为日本解开外交死结，为国家争取现实的利益。称他们为稳健派才较为恰当。

自民党这批稳健派之中，前内阁官房长官、小泉政府第一任发言人福田康夫，他的举手投足最引人注目。虽然，福田至今未公开表明，他将参选下任首相，但人们早就把他当成是小泉嫡系候选人安倍晋三的最大劲敌。小泉目前担心，由于福田的民调支持率一再攀升，福田与安倍难免会有一场直接的比拼，而党内稳健派的再集结，又支持福田的亚洲和睦政策，不仅会破坏小泉建立的党内既存秩序，也会让他的再建国家神道计划变成功亏一篑。

福田不是什么鸽派，也不可能是什么鸽派，但他行事稳重，主张与亚洲邻国和睦相处。这样的政治家，是目前最能缓和日本与中韩紧张关系，也是最适当的能修正小泉路线的保守主流政治人物。

日本等待别人认同

中国的日本战略是，一方面将小泉"冷处理"，另一方面广泛接触日本的稳健势力，因此才出现了两国关系改善的迹象。

但是，中韩应否坚持反对日本领导人参拜靖国神社的政策呢？

日本的右翼一再强调，参拜靖国神社是日本人的信仰，是他们精神生活的一部分，近邻国家不得干涉其"内政"。但形势改变之后，就是外交被孤立，国家利益受到严重威胁之后，反对"干涉内政"的声音已经由强转弱，甚至连小泉的钦定候选人安倍晋三也说，不应把参拜靖国神社当作候选人的考核标准，说明越接近"后小泉时代"，要跟小泉划清界线的人就会越多。

然而，在日本国外却依然有人主张，中韩应放弃僵硬的对日政策，就是不应继续在历史问题上打转，不应把反对日本首相参拜靖国神社再当作战略目标。换言之，忘记历史，脚踏实地吧！

其实，不纠缠于过去的历史，尽量往前看，才能改善亚洲国家之间的关系，这正是日本的一贯主张。甚至有人坚信，只要日本坚持其立场，谁也奈何不了日本，甚至世界最终还会认同日本。不应再纠缠于过去历史的理论，不仅正中小泉的下怀，也给了他实现"有终之美"的希望，因此他还在处心积虑安排，要在今年的"终战纪念日"（8月15日），作他任内的最后一次参拜。

中国没有在历史问题上作出任何妥协，日本却取消了不给中国日元贷款（ODA）的威胁。但这应该是策略改变的第一步，就是在投石问路，看他能否因此实现下台前能与中国国家主席胡锦涛举行"首脑会谈"的愿望。因为，八大工业国首脑峰会7月份将在俄罗斯举行，到时中国国家主席将受邀出席。

日本外长麻生，在出席卡塔尔第五次亚洲合作对话会期间，终于见到了中国外长李肇星，并举行了他期待已久的"中日外长会谈"。这是中日两国外长一年多来的首次会晤，更是麻生当上外相以来的首次，说明中日关系是何等的不正常。

对麻生来说，这是他个人外交生涯的转机，也可能是中日外交和缓的契机。因此他要求，亚细安区域论坛7月在马来西亚集会时，第二轮中日外长会议能够再举行。

即使中日外长能够会晤，并不表示中日首脑会谈已经铺平了道路。因为小泉至今还没有对参拜靖国战神问题作进一步的澄清或保证，至少要像访问东南亚的日本天皇，应公开劝告日本人不要忘记历史，更不要重蹈战争的覆辙，不然与亚洲和解的道路很遥远很遥远。

《天下事》13-6-2006

中日关系从"解冻"到"正常"

一个多月前,中日关系还处于"解冻"初期,现在似乎已进入"春暖花开"的阶段了。事态的发展,确实给人以瞬息万变的感触。韩国《朝鲜日报》甚至以《中日关系拨开云雾见月明》为题,来形容当前的中日关系变化。作为现状分析,它有一定的准确性,但作为长期观察标准,则有过度乐观的危险。

中日关系为何会起如此峰回路转的变化呢?

一、是日本新首相安倍晋三,他上台选择第一个出访国为中国,以言行一致来证明他重视日中关系,也证明他有改善双方关系的"诚意"。

二、是安倍不像其前任小泉首相总采取过桥抽板策略,不仅再三邀请中国国家主席胡锦涛访问日本,还充分利用国际外交舞台,各种的首脑峰会,设法与中国首脑进行直接会谈,既巩固了中日首脑外交体制,也弥补和深化了中日关系的修补工作。

三、是安倍将靖国神社问题"暧昧化"加以搁置,就是不继续执行小泉制定的恢复国家神道地位的政策,从而摆脱了日本的外交困境。

由于安倍采取了权宜之计,隐藏了极右的政治特质,使他能够对亚洲施展"战略外交"。正如他的"破冰之旅"带来的效果,不仅修补了濒临破裂的中日关系,也恢复了日韩的正常外交往来。

首脑外交是日本外交战略的重心,而自10月8日中日首脑恢复会晤以来,接着又在11月18日越南河内举行的亚太经合组织(APEC)领导人非正式会议上进行了会晤。两国首脑如此频繁会晤，跟小泉时代的"拒绝往来"情况相比，确实有天渊之别。何况，中日外交当局正在具体安排明年春天胡锦涛的访日行程。12月，东亚峰会在菲律宾宿务举行时，安倍同样可以会见中国总理温家宝，显示中日首脑外交不仅已全面恢复，中日外交关系也已经步入了正常化轨道。

防止中日关系再被破坏

中日关系的正常化，不仅为安倍政权的成立和发展确立了良好基础，也为日本的亚洲外交重新注入了活力。《朝日新闻》11月21日以《重视日中关系改善的潮流》为题发表社论说，10月北京会谈同意以大局为重，确立朝向互利的"战略互惠关系"，而河内会晤又同意，设立有关经济发展和能源合作的部长级会议，这便是其具体成就之一。

社论说，中国是日本的最大贸易伙伴，重要的投资对象国。作为两个石油消费大国，不能只着眼于摩擦而忘记相互合作。在能源分野的合作，无疑是构筑互惠关系的第一步。既然两国外长已同意，要将象征两国对立的东海油田问题，朝向共同开发的方向转化，这是个值得期待的发展。曾经引发严重对立的历史认识问题，也决定通过有识者的共同研究来加深理解。甚至陷入停顿的日中防卫交流，也将重新出发。安倍首相对参拜靖国神社问题采取了慎重的态度，更是彼此关系好转的主要原因。在北京会谈期间，安倍说"此问题会变成外交、政治问题，因而将不明言是否前往参拜"。承认它会影响外交关系，这是他与前首相小泉的不同之处。

《每日新闻》则报道，在改善日中关系的基础上，中国还会阻止采取"暧昧战略"的安倍参拜靖国神社。因为，胡锦涛主席在18日的日中首脑会谈中强调，两国领导人有责任从战略和全局高度牢牢把握两国关系发展的正确方向。

《读卖新闻》则从另一个角度来分析说，中国的最大不安，还是担忧安倍首相会参拜靖国神社。为了避免出现这种事态，中方的策略是，除了首脑的交流，还将通过各领域的磋商，制造出参拜变得更加困难的氛围。

从日本的角度来看，这就是安倍寻求的"实利外交"、"互利战略"。

安倍11月15日在东京首相官邸接受新华社记者采访时曾说，"我不久前访问中国时，在首脑会谈中表示，应将两国关系变成战略性互惠关系，从单纯的友好阶段，构筑立足于面向未来、互利的战略关系。"

摆脱中日友好"旧思维"

过去的中日关系，特别是前首相田中与中国重建邦交，签署友好合作协议之后，在很长一段时间是合唱"中日友好"的。一是日本年老一代有历史负债感；二是中国以民族世代友好为目标放弃战争赔偿；三是中国无条件将千万名战争俘虏和侨民送还日本。因此，"中日友好"一词不单纯是外交辞令，也不纯粹是政治口号，而是有特殊历史实质背景的名词。但在日本的极右份子看来，这是日本的奇耻大辱，甚至是造成日本永远有负于中国的"历史牌"。

日本新保守主义者抬头之后，他们的一贯主张是，对中国应摆脱"中日友好"的旧思维，即使有摩擦也不必再顾忌"以怨报德"的指责，应对中国采取有话直说，有架就吵的"自主外交"姿态。

今年8月，东京举行第二届"北京-东京论坛"，当时任内阁官房长官的安倍晋三到场致词时曾说："在日中建交后的'中国热'中，建立在中国憧憬上的日中关系并不能长久，随着交流的增加，这是不能避免的现象。怕摩擦也就没有双方真正的相互理解。""要从互相客气、保持一定距离，如此奢侈的友好，转变为正面讨论问题、不怕摩擦、通过对话的累积，建立合作伙伴的关系。"

日本新保守主义者不仅嘲笑"中日友好"是乡愁式的感情外交，还主张应建立起利益共有基础上的"实利外交"。基于"实利外交"原则，安倍等曾强烈主张要中日关系"政经分离"，就是日中之间即使有历史的、感情的纠葛、有强烈的争论，但也不应影响正常的日中经贸活动。

由于小泉政权需要某些理论来修饰其到处碰壁的亚洲外交政策，结果"政经分离论"便告应运而生。安倍走马上任之后，他主张搁置争议的实利外交奏效。他现在不仅不再提"政经分离"，还公开赞扬首脑外交的重要，宣称要大力推动日中关系的发展，加强两国在各个领域的合作。

无视东方人的特质

中日外交关系恢复正常之后，带来的明显变化是，日本在亚洲的外交孤立状态也在逐步解除。虽然日韩关系也已跟着解冻，朝核问题六方会谈也开始有日本的声音，但日本扮演的角色还是非常有限。中日关系还是在磨合期，日本的亚洲外交也只能处于调整期，所以还未见日本在国际外交舞台上有明显的动作。

日本人现在也搞不清楚，当了首相的安倍到底是"鹰"还是"鸽"，但可以肯定的是，他是个有变通性的实用主义者，外交手腕要比小泉圆滑的政治家。中日之间确实有许多共同的利益，无法分割的紧密关系，但是一味寻求"战略互惠"，会无视东方人对感情对信义的执着特性，一旦靖国神社问题、历史问题、台湾问题、领土纷争等等又浮上水面的时候，这种战略将不能长期维系彼此的关系。总之，中日关系虽然已经解冻，但距离正常还有距离，要真正恢复中日友好却更加遥远。

《天下事》27–11–2006

中日寒冰融化了吗？

第三章 中日关系

中国总理温家宝在东京公园晨运、打太极，吸引了大批日本人的眼球；京都登门拜访当地农民、又与大学生一起打棒球，也让他们目睹了中国"平民总理"的风采，但让他们感到最大冲击的，还是温总理的"知日"表现。

他表演打棒球，明显是在讨好日本人，但仍表现得不亢不卑，加上他柔软的身段，务实的作风，确实使很多日本人对他产生好感。在老一辈日本人心目中，甚至可从他身上看到他们崇敬的中国前总理周恩来的身影。因此，他最后的岚山之行，不仅把日本之行推到了顶点，而且还划上了完美的句点。

中日虽然只有一水之隔，却是在相隔七年之后，才有中国总理再次踏上日本土地，显得情况特殊，不过却意义重大。何况，温总理是以"融冰之旅"自许的，不仅任务沉重，而且受到世界各国的关注，特别是本地区国家的共同关心。

中日关系所以陷入谷底，首先是有人把历史沉渣再度搅浑，其次是日本的大国主义开始显现，再有是日本前首相小泉纯一郎六次参拜靖国神社。日本如此对抗亚洲国家的结果，是首脑外交活动的停顿，区域外交的受挫。中日之间原本势均力敌，但在时移势转的新形势下，特别是中国和平崛起成了世界瞩目焦点的今天，日本越复古就越显得它是在螳臂当车。

外交路线出尔反尔

小泉自动下台，不仅给了中日关系一个转机，更给日本统治阶层重新思考、调整其策略的绝佳机会。但安倍晋三的取代小泉纯一郎，既不是一个崭新政权的诞生，更不是一次真正的改朝换代，他甚至是以小泉政治继承人身份登场的，要求他公开"背叛"其前主人，这在日本是难以想向的事，何况安倍的政治思想比小泉还要保守，唯一例外是他比小泉年轻，即使如此，他也没有比小泉更具弹性的思维，但他有更长的政治道路要走，形势迫使他不得不另求出路，结果便有了他上台第一个出访国家是中国（而非美国）的"创举"，甚至把其首次中国之行定义为"破冰之旅"。

安倍的"创举"，在日本外交史上确实是史无前例，但熟悉日本政治风土的人却不会忘记，安倍是个保守派，充其量是个新保守主义者而已，他原本就没有这种政治远见和魄力，却因为小泉时代的经验教训，加上他周围智囊的鼓励，结果他只好吹着哨子上了"破冰之旅"。

换言之，安倍的外交革新不是他的原创，他不仅没有全盘的计划，而且还有相当的保留，一旦失望或遭遇重大挫折，他可能随时回头，也可能再有180度的转变。

在前政府执政期间，小泉与安倍共同策划了所谓大胆的朝鲜外交，甚至成功与金正日联合签署了《日朝平壤宣言》，但在他们成功的让五名日本人回国之后，即刻又撕毁协约，使今天日朝关系更加僵硬。如此出尔反尔，这便是小泉外交的特性。

温家宝的日本之行，连韩国传媒《朝鲜日报》也说，"看到众多日本人被温家宝的字字句句所感动，可以毫无疑问地说，此次访日是成功的。"

温家宝此行，除了获得日本民众的好感，就是在日本国会演说中获得如雷的掌声，连日本著名政治学者猪口孝教授也说，他被演说内容深深感动。在在说明，温家宝的日本之行是成功的。但是，"融冰之旅"是否成功，除了日本民众的好感，在两国政府之间能够建立怎样的新关系，有什么实质的内容，显然又是必须剖析的事项。

首先，他对亚洲国家共同关注的历史问题，包括教科书、靖国神社，以及从军慰安妇等问题，到底作出怎样的表态？外表上，他似乎对这些问题只字未提，这是否意味着中国的对日政策已经改变？

其次，日本传媒总把中日关系的紧绷，归罪于过去中国政府的对日政策，特别是推行所谓"反日教育"，在中国造成反日示威，而中国今天积极"宣传日本"，是否犹如日本传媒所说，是在借助日本之行来教育中国民众呢？

第三，"反对台湾独立"问题未能列入《中日联合新闻公报》，原因是安倍仍坚持其模糊战略，而中国对此作出让步，是否会助长日本的台湾情意结呢？

改变对应历史方式

历史问题的争论其实是个表象，包括日本政府领导人的参拜靖国神社，不承认皇军曾奴役慰安妇等等，但日本政府一日不主动解决这些问题，只有越发暴露它不愿与亚洲和解，没有自我革新的能力。温家宝就借这次在日本国会发表演讲的机会，用了近三分之一的时间在叙述中日交流的悠久历史，包括后期的日本军国主义侵略，"给中国和日本人民带来痛苦"的史实。这比直接指责统治阶层更具教育意义，因为听众除了400余名日本参众两院国会议员，还有中日两国收看直接电视转播的民众。

至于日本政府在发动侵略战争的历史罪责问题上，总不愿意通过国家文件对中国正式道歉这个关键问题，温家宝这次除了不再跟日本玩文字游戏之外，还在日本国会殿堂上直截了当地说："日本政府和日本领导人多次在历史问题上表明态度，公开承认侵略并对受害国表示深刻反省和道歉。对此中国政府和人民给予积极评价。"但是，他又强调："我们衷心希望，日方以实际行动，体现有关表态和承诺。中日和则两利，斗则俱伤。"这也许就是中国式外交的展现，一不斤斤计较对方如何道歉，二则坚持对方必须兑现其承诺。

有人分析，中国的"外交技术"已日益圆融和纯熟。温家宝此次到日本作"融冰之旅"，一固然是回应安倍的"破冰之旅"，表示善意；二是要趁势巩固这个得来不易的关系改善势头，让它成为正轨；三便是顺水推舟，将安倍的参拜靖国神社"模糊战略"改变为作茧自缚。安倍既然计划年内再访中国，而中国也明显暗示，国家主席胡锦涛会在明年访问日本，这期间便形成安倍超过一年不能参拜靖国神社的间隔，从此打破小泉许下的"首相将每年参拜"的承诺，间接也替安倍解除了沉重的外交重担。

中日之间的龃龉，虽然有冰冻三尺非一日之寒的背景，但它所带来的现实后果就包括：一、中日的正常外交关系，遭到前首相小泉的冒进冲撞之后，日本已经体验到了"得不偿失"的苦果；二、日本硬要在中国东海加划一条"中间线"，既要扩大其领海范围，还要与中国分割东海的资源；三、日本要利用日美同盟作后盾，企图以"周边有事"作藉口，将其势力范围南扩到台湾海峡。

因为有上述背景，中日关系要破冰不难，但要融冰却不简单。温家宝在日本国会演讲时提出五大原则，作为重建中日关系的指针：一、增进互信，履行承诺。二、顾全大局，求同存异。三、平等互利，共同发展。四、着眼未来，加强交流。五、密切磋商，应对挑战。

从长远来看，这五大原则确实是改善关系的正确路线图，但日本的要求则是眼前的现实利益。所谓"战略互惠"，它包括东海的重新划界，或让日本在共同开发油气田问题上为日本安排一个出口。此外，为了避免两国海军在东海擦枪走火，日本希望能建立双方军事安全机制，也可间接迫使中国承认日本自卫队的合法地位。除此之外，日本从"政经分离"的主张，改变为"政经协调"的"两大车轮论"，目的也只有一个，就是要中国更大开放其商品与资本市场。不然，对日本来说，就不能称为"战略互惠"，要长期维持良好关系也就困难了。

1972年中日建交。1978年签署《中日和平友好条约》，宣示中日建立"和平友好关系"。1998年签署《中日联合宣言》，倡导"友好合作伙伴关系"。进入21世纪，小泉上台，中日关系大规模倒退，从此进入"政冷经热"阶段。

破冰容易融冰困难

中日要如何才能恢复正常关系呢？日本显然不愿附和中国再唱"中日友好"的歌了，特别是新保守主义抬头之后，他们曾公开主张，不需要顾虑亚洲国家的反应，直截了当作自己的主张，类似石原慎太郎的"日本可以说不"姿态，取消给中国ODA日元贷款等等。现在，日本终于作了政策修正，就是在中日联合公报中首次使用了"战略互惠关系"的词句。

中国经济实力在茁壮，过去仰赖日本经济援助的中国，现在成了日本最大的贸易伙伴国，甚至有越来越多日本人也不得不承认，日本近期的经济复苏就是依靠中日贸易增长支撑的。日本再次出现经济衰退，打击将是难以估量的，这种危机感也是促成安倍决心破冰的主要原因。由于安倍的鹰派立场鲜明，即使日本的极端右翼也不怀疑他有对日本不忠的意图，因此安倍的改变对华政策至今未受到重大阻碍。

中日建立"战略互惠关系"，即使它不是安倍的主动选择，却是当今日本唯一的道路。但日本不放弃其冷战思维，只在寻求现实利益，一旦失望就会出现强烈的反弹，难于确保两国关系的正常发展。由于中日关系复杂，要破冰容易，要融冰就困难重重了。

中日关系"迎来春天"了吗？

看日本首相福田康夫在北京大学演讲的网上直播，确实让人产生中日关系已经峰回路转的感觉。福田的坦诚、幽默、得体，征服了现场800多名北大学生的心，也使电视屏幕前的中国观众对他刮目相看。何况，中国电视向全国直播日本政要的演讲，说明对他特别信任，还有殷切期待。中日关系确实进入了一个崭新的阶段。

福田在北大演说时说："新年快到了，福田来了，也就是'福'来了。"显然，他了解中国对他有期待，但他能否给中日关系带来"福气"，还要看他以后的胆识、表现、决心和毅力。换言之，中日关系正处于转折点上，他能消除障碍便能柳暗花明，甚至有比其父亲、前首相福田赳夫有更大的成就，不然，中日关系还会是东亚挥之不去的"台风眼"。

天时地利　造就机遇

福田访华受到欢迎和重视，一是遇到天时地利，二是他坦诚幽默，是这种"机遇"给两国带来了新气象。他演说所以赢得全场掌声，除了幽默，更重要的是他坦诚，虽然没有说什么大道理，却让人满怀希望。

首先，福田不回避尴尬的历史问题，明确表示："只有认真地看待过去，并且勇敢而明智地反省该反省之处，才能避免今后重蹈覆辙的错误。"福田没有具体说明"该反省"些什么，但听众似乎都能心领神会，原因是，福田过去有不同于其他日本政要的言行，人们有理由相信，他不会作出180度的转变。

其次，福田将此次中国之行形容为"迎春之旅"，在听众中得到了共鸣。他说，"当前日中关系正迎来第二个春天，在两国到处都能看到期待构筑崭新关系的萌芽"。

第三，他借"吊桥"与"铁桥"的比喻，带出其父为中日关系作出过重大"贡献"的话题，婉转地向普通中国人强调，他是"亲华"的。

其实，福田赳夫根本就不"亲华"，他创立的"福田派"，到后来的森派、现在的町村派，一直是自民党最著名的"亲台派"大本营。福田康夫也许只能说是个异类。

第四，福田引用《论语》和鲁迅的名言，从文化上拉近日本与中国的距离。特别是他访华的最后一站，选择了孔子的故里山东曲阜，确实给现代中国人对他增加了强烈的亲近感。

儒家文化　温故创新

福田在山东当众挥毫"温故创新"四个汉字。在他的笔下，"温故知新"变成了"温故创新"，既展现了日本人的创意，也突出了中日文化的异同。中日虽然同属一个"汉字文化圈"，日本也接受了不少儒家思想，但正如他们称"儒教"而不称"儒家"一样，中日文化是有区别的。从这个角度来看，认为日相福田到山东是文化寻根，那是一厢情愿，千万别对福田有过高的期待。

福田说他此行是"迎春之旅"，其实是重建中日关系正常化的重要一环。因为，前年10月，安倍为改善小泉参拜靖国神社而冰封的中日关系，上台后即刻访问中国，而且称这是"破冰之旅"。接着，中国总理温家宝去年4月访日，称为"融冰之旅"。福田上台，日本摆脱了小泉"剧场政治"制造的乱象，也部分解除了日本的亚洲外交困境，中日关系当然也就进入缓和阶段。而福田的往访中国，不仅使中日关系的走向更趋明朗，也使日本与亚洲国家的关系趋于正常。

自然界的规律是，严冬过后必然是暖春，但国与国的关系能否从冰冷、和缓，趋向正常呢？答案是必须加上人的努力。福田年底访问中国，不迟也不早。因为，他已经没有必要像安倍那样，为了表示真诚，为了彻底修正小泉政策的错误，把首次"外游"，即"华盛顿参觐"，安排在北京访问之后。中国也抓住机遇，给予安倍应有的礼遇，中日关系从此出现破冰现象。

福田虽然不是日本极右舆论形容的"亲华派"，但上台前不反华，上台后也不反华，这是事实。而且，他曾公开表示，不会为激怒邻国而参拜靖国神社，因而取得国内舆论的普遍支持，成了国民期待的新领导人。福田比安倍稳重，在国内外取得更为普遍的信任，这就成了他的无形资本。亚洲国家并不苛求福田再为旧的历史问题公开道歉，也不要求他上台即刻到来致意，显示日本与亚洲邻国的关系开始回到正轨。

台湾问题　略有进步

福田这次到中国访问，关键已经不在表态上，而是如何建立具体的战略互惠关系。虽然钓鱼岛主权纠纷可以搁置，但东海油气田纷争、日本有意介入台海纠纷等问题，就必须尽快解决。但东海油气田问题牵涉面极广，包括海洋资源的分配、海洋界线的划分，对双方的政治智慧是严峻的考验，也是中日关系能否保持平稳的测试指标。不过双方表示，问题会在胡锦涛访日之前尽快解决。

福田此次访华基本解决的政治课题，是他公开表明：日本不搞"两个中国"或"一中一台"，不支持"台独"，不支持台湾加入联合国，不支持"入联公投"。日本对台政策一向采取模糊策略，中国一直担忧日本会再度浑水摸鱼。即使1972年中日复交时的《中日联合声明》，日本也只是说"日本十分理解、尊重中国主张的一中立场"，埋下了再次干预台湾问题的伏线。

福田能够公开说"四不"，这是一大进步。不过，福田当场更正记者会的翻译，画蛇添足地说"不支持"而非"反对"，从日本极端右翼舆论的立场来看是"明确了日本的立场"，但从第三者的角度来看，日本的机会主义立场未改。

中国国家主席胡锦涛已承诺，将于今年4月到日本赴"樱花之约"。中国最高领导人再度访日，确实是中日关系回暖的证明。

但是，日本政局还在"乱"，包括福田政府支持率下降、在野党控制参议院、政经情况都不顺畅等等，使福田政府不能成为一个长期稳定的政权。所幸，朝野都有愿望要改善中日关系，加上舆论也支持，即使换一个政府，改善中日关系仍然是大势所趋。

《天下事》3-1-2008

第四章 半岛风云

"统一朝鲜"将是日本的劲敌？

"'统一朝鲜'是日本的劲敌？"这是日本国际情报杂志《Sapio》1997年2月份特辑的总标题。该杂志出版时，朝鲜至今最轰动的高官变节事件还未发生，就是朝鲜首席理论家、平壤政坛排名第26（金日成时代排名第14）的黄长烨叛逃事件，不过该杂志编辑已从"美朝接近，日韩首脑会谈风云急！"的角度，组织了整十篇特稿，误打误撞便成了分析朝鲜现状最应时的资料。

"统一朝鲜"是日本人经常思考但很少公开谈论的课题，有人甚至把它当作是日本未来的梦魇。原因不仅朝鲜半岛是日本的紧邻，在地缘政治上有着不可分割的关系，还因为日本曾军事占领和殖民统治朝鲜半岛，仇恨和猜疑依然还深植在两个民族身上。不论是南部还是北部的朝鲜人，不仅心中深信"日本不希望朝鲜南北统一"，朝鲜南北的政治领袖，有时也公开指责日本反对韩朝统一，即使跟日本关系良好的韩国总统金泳三，最近还公然说"日本在阻碍韩朝的统一"。

"日本性恶论"与"领土自卑感"

日本的韩国问题评论家、现任《产经新闻》汉城分局局长的黑田胜弘，就以《"日本人的统一恐怖症"的神话》为题，从日本人的角度分析韩国人为何会有这样的"神话信仰"。他说，在韩国演讲或出席研讨会，韩国的与会者总会说，"日本的基本态度是反对南北统一"。舆论调查也是，凡有"谁最反对朝鲜半岛统一？"的问题，人们也总是把中国、俄罗斯、美国搁置一旁，单独指责日本。

黑田的分析是，南北统一是朝鲜人（包括南北——以下同）的"民族愿望"，同时他们又有"领土自卑症"，因此自然就把统一不成的账全算在日本殖民统治朝鲜半岛的头上。他说，朝鲜人自认他们在分裂之前，原本是个顽强、优秀、不败的民族，因此统一之后，必然会成为一个强国。既然统一韩国是个劲敌，日本便会感受到强大的竞争压力，因此反对它的统一。

日本人传统上就鄙视朝鲜人，不论是出于民族优越感，还是受明治维新以来殖民教育的影响，总把朝鲜人视为比支那人低，支那人又比大和民族劣的民族。如今韩国人说，"朝鲜原本是个优秀的民族"，当然会嗤之以鼻。不过，日本人还是擅长于理论分析，于是便应用朝鲜人有"对日自卑感"来对抗"日本性恶论"。黑田对韩国人所说的，日本应对朝鲜半岛的分裂负责之说当然不以为然，因此便说，根源是朝鲜人心中存在"日本性恶论"，就是把第二次大战后美苏的军队进驻、南北分别建立政府，全都归罪于日本的统治，甚至日本的延迟投降。

日本人在指责朝鲜人怀恨日本的殖民统治的同时，还制造了"日本性恶论"和"领土自卑感"的理论。所谓"领土自卑感"是他们用以解析，何以朝鲜人只"怨"日本，不"怪"其他三强的奇妙理论。黑田说，半岛周围有四强，就是美、中、俄和日本，在朝鲜人心目中，前三者领土规模名副其实都是"大国"，唯独日本是比半岛小的"岛国"。换言之，韩国对比它大的美、中、俄无可奈何，却以为可在"小日本"身上找到出路。

黑田没有正面回答"统一朝鲜"是否是日本的劲敌的问题，但他却说，连岭南（庆尚道）和湖南（全罗道）都无法和睦共处，加上北朝鲜之后，韩国的国内政治能够上轨道吗？间接否定"统一朝鲜"能与日本竞争的疑问。

"统一韩国"不足抗衡日本

庆应大学的小此木政夫教授，则从南北统一之后，如果没有日本为首的国家给它提供援助，"统一韩国"将无法获得稳定为由，直接说那是日本的"负担"，而不是日本的"劲敌"。这是从另一个角度，否定"统一韩国"最多只是一个"中级国家"，不足与日本分庭抗礼。小此木教授非常肯定，统一将由韩国主导，因此使用了"统一韩国"的称呼。

小此木教授说，统一韩国会变得壮大，那是错误的想法。相反的，后遗症会困扰他们一代人。即使人口增至7000万，也只有日本的近半数，何况南北经济发展差距大，事实上南方每两个人就要负担养北方一个人，因此，要维持一支强大的军事力量，也是不可能的事。

　　小此木教授跟大部分日本人一样，认为朝鲜人的"国民性"很令他们担忧，一旦民族主义情绪高涨，就可能走上"自我毁灭"的道路。因此他建议，"统一韩国"应充分利用它的地理优势，尽量中和中国、俄罗斯、美国和日本的政治影响，促进经济交流，成为一个中级的工业与贸易国家，才是它的理想道路。这也许就是日本人心目中的"统一朝鲜"的未来图吧。

《日本再探索》1-3-1997

韩朝和解
再迈进一步

第四章 半岛风云

2000年9月25日和26日,韩国和朝鲜的军方、经济界代表,分别在韩国南部济州岛和汉城举行第一次国防部长会谈和第一次南北经济合作事务接触。27日,韩朝双方又在济州岛举行第三次部长级会谈。频繁的接触和会谈,对韩朝双方来说,也许只是继6月平壤高峰会谈之后,一连串的穿梭往返之一环而已。

但是,回顾历史,再回味平壤峰会之后南北双方的动向,不得不承认,朝鲜半岛局势确实是有了质的变化。换言之,过去南北虽然也有过关系缓和的誓言,却都是短暂、高层接触而已,这次却是长期、多层面的接触,确确实实在落实两金峰会发表的《南北共同宣言》。

平壤峰会之后,南北的接触不仅频繁,而且开始多样化和制度化。两次的部长级会谈,外表看来还没有取得什么显著成果,但是,修复贯通南北的京义铁路、建造开城到汶山的高速公路,竟然是如此迅速作出决定并开始施工,其决心和效率确实使人感到意外而又敬佩。

多层面的接触

这期间,朝鲜最高领袖金正日派遣特使,即朝鲜劳动党中央书记金容淳于9月11日抵达汉城。金容淳在平壤级别高,又是实际主管南北事务的官员,他的四天汉城访问,本身意义重大。他此行除了给金正日的汉城之旅铺路之外,也给韩朝多层面的接触、韩朝关系全方位发展,注入了新的动力。

首次韩朝国防部长会谈的举行，显示平壤在朝鲜半岛和平进程中，又迈出了重要的一步。韩朝关系特殊，不仅两国是朝鲜半岛两个对立的国家，还是同文同种同血缘的分裂国家，曾是兵戎相见而写下血迹斑斑的历史，要确保双方脆弱的关系能够维持，和平与稳定能够持久，就必须有双方军人的接触和参与。军队毕竟是最保守、最敏感、最强大的一股势力，没有双方军队的参与和支持，和解将难以持续，和平统一更难以实现。首次国防部长会谈，原本商定在第三国地点（香港）举行，会谈前朝鲜军方为了"显示对履行《宣言》的诚意"，才决定把会议地点改在韩国济州岛的。这又显示，双方关系确实拉近了很多。

同意消除战争危险

韩国国防部长赵成台和朝鲜人民武装力量领袖金一哲，26日结束两国历史性的第一次国防部长会谈之后，双方发表了联合新闻公报，一致表示要努力缓和朝鲜半岛的军事紧张局势，消除战争危险，实现半岛的持久和平。

公报还是很典型、很公式。但是，双方公开表示，允许各自施工人员、车辆和器材，进入南北非军事区各自一方，进行修复京义铁路和铺设南北高速公路的工程，并保障他们的安全。双方也同意，依据朝鲜停战协定，开放连接南北铁路和公路周边的军事分界线和非军事区，并划定南北分别管辖的地带。这些举措说明，双方军事部门已同意，从最不敏感的部分开始，逐步开展尝试性的合作。

韩国原本希望，双方能讨论架设南北军事热线电话、大规模部队调动及军事演习事先知会对方、相互派团观摩对方军事演习等等议程，建立双方的军事互信体制。不过，朝鲜则认为，双方的关系不能发展太快，目前还不是建立这种互信机制的时机，因此没有将韩国的要求列入讨论议程。但是，双方同意11月间在朝鲜举行第二次会谈，显示军事对话将是持续性的。

平壤峰会举行至今不足三个月，已经启动了南北接触和交流的潮流，这确实令希望东北亚和平与稳定的人感到鼓舞。南北双方除了军事首长的会谈，部长级会议的举行，以及以经援、投资、经济合作等为主轴的财经首长会谈也同步在进行，说明它正朝向三面合作的道路落实和解。第三次部长级会谈的中心议题，据说就是讨论朝鲜第二号人物金永南年内正式访问汉城的事宜。金正日则会在金永南之后访问汉城，到时又会把和解推到另一个高潮。

南北双方的红十字会，已经为离散家属安排第一次的相聚，接下来，会有更频繁、更大规模的相聚。悉尼奥运会开幕当天，韩朝两国奥运会代表，竟然在统一旗帜的先导下，穿着同一模式同一颜色的服装，昂首阔步进入会场，这感人场面不仅获得全场的掌声，也获得世界的共鸣。

　　这一连串的进展说明，和解不再是南北双方的外交词令，统一也不再是空洞的政治口号。按照目前的发展趋势来看，朝鲜半岛的和平与统一，应该不止是金正日在演戏，金大中在梦想吧？

《天下事》4-10-2000

第四章　半岛风云

朝韩开始共建经济特区

6月平壤峰会成功召开带来南北和解之后,韩朝又有一连串新的接触,包括部长级的汉城会谈、南北联络办事处的重开、南北铁路干线的再衔接,以及南北离散家属的团聚等等,证明协议开始在落实,统一的激情继续在升温。南北决定铁路干线的衔接,以及朝鲜首个经济特区的开设,尤其意义重大,影响深远。

朝鲜半岛原本有铁路干线连接南北,就是从汉城沿着半岛西岸北上平壤,而到达中朝边界新义州的"京义线"。这条铁路全长499公里,韩战爆发之后,靠近南北分界线的部分被切断,虽然这段距离只有20公里左右,却使南北陆路交通从此全面切断。

京义铁路连接南北

韩国政府在8月24日召开第一次"南北经济促进会议",决定9月开工修复京义铁路线的中断部分,并附带敷设一条四车道的公路,估计工程需要耗时一年。

韩国方面估计,修复南部12公里的中断铁路,耗资约547亿韩元(1000韩元约合1美元);北方部分,8公里则需耗资约898亿韩元。加上,建设公路约需1000亿韩元,总工费便在2500亿韩元(约2亿3000万美元)以上,费用确实是不小,而且绝大部分资金需要南方来负担,但意义重大。

南北双方都曾表示，将各自派出数万士兵，清除4公里宽非军事区内埋藏的地雷。联合扫雷、重修铁路、南北交通往来，不仅落实了南北的和解，也开始踏上南北携手合作的道路。

铁路的衔接，除了证明南北已开始政治和解之外，它带来的经济利益和长远政治影响也不能忽视。南北双方的民间贸易，近年有上升趋势，去年的贸易总额已经增至3亿3000万美元。

南北和解之后，投资必然激增，双边贸易也将进一步扩大，而修复这段铁路的意义就更为重大了。目前，南北物资流动几乎全靠海上运输，改用铁路的话，至少可以把运输成本减少三分之二，而且将来交通和运输线还可直通中国，甚至接通中俄铁路，从陆路直通欧洲。京义线不仅将再度成为朝鲜半岛的经济大动脉，也将带动朝鲜的铁路运输大改革。一、目前朝鲜铁路大部分还是单线，运输效率差；二、京义线南北全线开通之后，第二轮改革便是朝鲜境内铁路的双线化，而工程的展开和电力供应的改善等，是巨额的投资，也是变革的开始。

朝鲜半岛南北铁路重新连接，不仅使朝鲜直接受益，韩国也因此可扩大其经济版图，日本甚至也可以沾光。中国、俄罗斯，同样因为铁路线的伸延，欧亚铁路联线的扩展，而使东北亚国家的经贸合作关系变得更为紧密。

朝鲜把拟议中的朝鲜首个经济特区，设置在京义线朝鲜南部起点的开城，进一步又增加了这条铁路的重要性，特别是朝鲜今后将通过发展经济实现改革开放。

建设深圳型经济特区

韩国现代集团创办人郑周永，6月28日第8次访问朝鲜。这是平壤首脑峰会达成协议后，第一个打铁趁热前往平壤寻找商机的韩国财团。由于现代集团在投资、在打开朝鲜门户方面已经有所建树，即在金刚山旅游区的开发方面取得初步成功，换得平壤的信任，而郑周永、郑梦宪，以及现代集团其他领导人的接连往访，终于促使平壤同意：一、让金刚山旅游开发区扩展为旅游兼工业园，今后除了让70万在日朝鲜韩国人可从日本乘船前往，一般日本游客也能从长箭港登岸游览金刚山。此外，现代集团还有计划将金刚山地区建设成为朝鲜的第一个"硅谷"。二、朝鲜划定半岛西南，距离南北分界线仅8公里的开城，开发成朝鲜第一个类似中国深圳的经济特区。

朝鲜这次终于许诺仿效中国，在朝鲜境内创设经济特区，这项决定的政治、经济和历史意义确实非比寻常。拟议中的特区，总面积是6600万平方米，其中2640万平方米为工业园地，其余建住宅、街市，将形成一个崭新的城市。发展计划前后分三阶段进行，计划重点是南北技术交流，最终则发展成为环球输出基地。

金正日2000年5月访问中国时，首次改口赞扬中国的改革开放政策，并特地前往中国著名电脑公司联想集团参观，说明他当时已下定决心，要仿效中国进行改革，并已认识新经济对迎头赶上世界潮流的重要性。

郑周永的现代集团，也似乎早已觉察到，金正日已经找到了挽救朝鲜的改革方案，就是要走中国的道路。因此，现代集团去年便派遣一批研究人员前往深圳，进行认真的考察与研究。郑周永与郑梦宪访朝期间，显然也曾向金正日建议，应走经济建国的道路，金正日才能心有成竹，满怀信心地接纳韩国总统金大中的倡议，通过经济合作实现南北的和解。

对金正日来说，金刚山旅游开发区计划是一个实验点，开城经济特区开发计划则是另一个面的实验，成功的话将带动全国更大规模的改革。没有南北和解，经济特区只能设在毗邻中国的新义州；有了和解的保证，经济特区便能建在南北分界线边缘的开城了。

《天下事》30-8-2000

韩国为何对日态度强硬？

韩国国会全体会议在2001年7月18日通过一项决议，敦促金大中政府开展运动，阻止日本成为联合国安理会常任理事国。这是为了抗议日本拒绝纠正其出版歪曲历史的教科书，而要求政府采取更加强硬措施，包括全面调整韩日关系，终止文化交流，以迫使日本停止其美化战争行为。

决议要求金大中政府，如果日本政府继续拒绝修改其历史教科书，韩国政府应当宣布1998年签署的《日韩联合宣言》无效，并指出"隐瞒、歪曲自己的侵略事实、不负历史责任的日本，没有资格成为国际社会的领导"，因此应阻止它成为安理会常任理事国。

国会上述决议，对金大中政府不一定具有约束力，但这是朝野政党的共同提案，全会一致通过的决议，又是韩国人民的共同声音，金大中政府不能不认真对待。这对今后的日韩关系、东北亚局势的发展，会有深远重大的影响。

日本公然歪曲历史、美化侵略战争，已经在国际间引起强烈反响，对深受军国日本直接战争蹂躏的亚洲人民尤其愤怒；加上首相小泉又声言8月15日将到祭祀战犯的靖国神社拜祭，以及废弃日本"和平宪法"的叫嚣日益猖狂，在在显示日本复古势力已经重新抬头。日本的近邻不仅愤怒，还被迫开始寻找有效的对抗措施，东北亚国家关系因此再度紧张。

日本坚持不作退让

关系紧张的导火线是，日本小泉政府在7月9日，通过其北京和汉城大使馆，

第四章　半岛风云

正式通告中韩两国政府,它将不会对其相关部门已经审查鉴定的历史教科书再作任何修正。

今年4月3日,日本政府文部省(现改称文部科学省)批准一批新教科书的出版和使用。今年情况特别,一是组织庞大的右翼团体"新历史教科书编撰会",明目张胆参与新历史教科书的编撰和出版;二是这右翼团体一开始就来势汹汹,宣称要以"皇国史观"重新修订日本历史,特别是日本侵略亚洲的历史;三是近邻的中国、韩国和朝鲜等国,严词谴责教科书歪曲历史,伤害亚洲人民感情;四是日本政府仅在形式上作出反应,称它已对出版商提出137处修正建议,但丝毫没有改变歪曲事实、美化侵略的基本立场。

事后,日本国内有良知的学者、教师和舆论界人士群起反对,近邻国家也同声谴责,但日本政府依然闻风不动。中国政府指出,扶桑社出版的《新历史教科书》,有8处缪误必须修正;韩国政府则要求至少有35处必须修改。最后日本政府作出形式反应,虽然修改了两处离谱的错误,即歪曲韩国古代史的部分,对现代史上日本殖民朝鲜、侵略亚洲的史实,却依然装聋作哑,甚至声言将不会再作任何纠正。这使到中韩两国与日本的关系加倍紧张。

韩国人对军国日本深恶痛绝,日本人也心知肚明,但是他们期待金大中政府,一会改变韩国人"克日"的一贯态度;二会继续与日本结盟围堵中国;三是既然在美国的规劝下已缔结韩日伙伴关系,金大中会继续对日本施行宽容政策,也因为这样日本右翼才会有恃无恐,企图以此对抗中国的"历史压力"。不料,金大中政府却不再买日本的账,连被日本人认为亲日的金大中,也到了忍无可忍阶段,要以行动抵制日本了。

韩国召回驻日大使

4月9日,韩国政府宣布临时召回驻日大使崔相龙,并宣布将无限期推迟日韩两国的交流活动,包括国会议员常年集会,各级官员相互访问,以及对日开放韩国文化市场的协议。与此同时,一个由教育部、外交通商部、文化观光部、国务调整室等官方部门联合组织的"日本教科书对策小组"宣告成立,再结合民间力量又成立"纠正日本教科书运动本部",宣布将对日斗争到底。

韩国官民虽然表态,日本政府依然无动于衷,还在7月9日宣布,"将不会再修改已经鉴定的教科书"。

韩国外交通商部当天发表措辞强硬的声明,说日本政府一方面通过日韩伙伴关系共同声明表明,对历史问题负责,另一方面又允许"有歪曲和美化日本帝国主义历史陈述的存在",韩国不能接受这样的双重态度。韩国对日本是否真正重视同周边国家建立友好关系,进而为世界和平与稳定积极努力,"持有强烈的怀疑态度"。声明也说,韩国将继续要求日本重新修改其歪曲历史的教科书,并将"分阶段地采取强硬的措施"作为对应。

就在这一背景下,金大中总统当天拒绝接见来访的日本执政联盟三党秘书长,并在第二天举行的国务会议上重申,日本拒绝韩国的要求是"不能容忍的",韩国将坚持,直到日本修改其教科书为止。三党秘书长在日本的地位特殊,而且手持首相小泉的亲笔信,竟然也吃了闭门羹,这在近期日韩关系史上还是第一遭。

日韩蜜月关系结束

金大中总统1998年访问日本,在美国的幕后推动下,曾跟当时日本首相小渊惠三联合签署《21世纪韩日合作伙伴关系共同宣言》。日本为了换取韩国开放其文化市场,就是改变韩国的"克日"态度,不惜对韩国表示怀柔,还就侵略战争问题作出书面道歉。日韩关系从此进入所谓新纪元。韩国除了解除建国以来的所谓反对日本文化侵略的政策,开始逐步开放文化市场,让日本歌曲、电影等通俗文化进口之外,也在官方文件中从此取消称呼日本天皇为"日帝"或"日王",开始跟随日本尊称"天皇"。这是日韩关系史上的划时代改变,也是所谓日韩蜜月时代的开始。因此,日本视金大中总统为韩国历代元首中,最为亲日,最为友善的韩国领袖。

其实,日本不道歉的皇国史观并没有改变,虽然它对韩国已外表软化,但对中国依然态度强硬。这个两面政策,目的在讨好韩国,甚至要诱使金大中更加亲日,分化中韩。日本最担忧的是,中韩会因为历史教科书问题而结成同盟。但日本显然错估了形势,金大中虽然是个现实主义者,但同时又是个民族主义者,不会为了个人利益而背弃其人民。

日本殖民统治朝鲜半岛近40年,对残暴统治产生了"恨",对"创氏改名"感受到"痛",使韩朝民族至今仍对日本有诉说不完的"怨"。不论金大个人有多宽大的心胸,面对民族的荣辱,他还是坚持其立场。是日本让历史教科书问题恶化了日本与近邻国家的关系,是日本自己破坏了日韩的蜜月关系。

挑拨离间自我孤立

7月2日，新历史教科书编撰会突然向文部科学省提出申请，主动要对其已出版的教科书进行9处再修改，其中5处与韩国政府的修改要求相同。

《新历史教科书》曾接受当局的指示，进行过137处的修改，现在再主动修改9处，如此粗制滥造的"教科书"确实是罕见，而日本官方却批准它、维护它、让它成为日本年轻一代终身学习的"课本"。可以想象，未来日本人会有怎样的历史认识。

更耐人寻味的是，它接受韩国的要求进行形式修改，却对中国的8项要求完全置之不理，这种厚此薄彼或离间的策略，目的显然是在拉拢韩国与它建立所谓"日韩伙伴关系"。日本所以对中韩态度有别，根据编撰会代表西尾干二的透露，是中国的要求与韩国"性质不同"。因为中国是要日本承认，它是一个"侵略国家"，对此他们绝对不能接受。

西尾道出了真相，就是日本只愿在"不承认侵略"的基础上进行妥协，而且他们有目的要离间中韩，因此对中韩采取两面政策。而且他们不承认，即使日本曾经殖民朝鲜、出兵中国、偷袭珍珠港、军事占领东南亚，但它也不是一个"侵略国家"。

《天下事》30-7-2001

小泉走访平壤
有无胜算？

第四章 半岛风云

  日本首相小泉纯一郎突然宣布将走访平壤，不仅使世界各国感到意外，也使日本国民普遍感到迷惑。

  日本与朝鲜关系特殊，不仅彼此是一海之隔的近邻，还有错综复杂的历史恩怨，包括数十万朝鲜人依然居住在日本。二战结束57年，朝鲜半岛光复也超过半个世纪，日朝两国却至今还未建交，单从这点来看，日朝关系不正常已经显现无遗。

  从上世纪90年代开始，日朝就断断续续进行建交谈判。由于不仅要谈判建交，还必须厘清历史遗留的问题，即"日帝"侵略的历史罪责，加上国际间的冷战关系和残留的冷战思维，尤其日本一直把朝鲜宣传为独裁、封闭，甚至蛮横无道的国家，长期的鄙视朝鲜人心态，日朝建交谈判就这样被拖延了半个世纪以上。

  日朝建交是必经的过程，因为朝鲜并不如日本一般人所想象，是个脆弱又短暂的政权，何况在日朝鲜人问题牵动朝鲜、韩国、日本三国，问题不解决就永远放不下这个历史包袱。日本的政治、经济、外交势力也不能重返朝鲜半岛，甚至完全没有机会插手东北亚事务。

  日本历届政府都有意要打破这个僵局，像自民党强人金丸信1990年曾率团访问平壤。之后，日朝便断续举行了11次会谈，结果却是原地踏步，一事无成。2002年7月，双方外长首次在文莱会面，8月中旬下旬又恢复红十字会和外交官员的会谈，依然没有取得任何具体成果。不料，日本首相小泉纯一郎却在8月30日突然宣布，他将于9月17日只身前往平壤访问，虽然是当天来回平壤的短暂之旅，也开了首脑外交先例，是战后第一位日本首相访问朝鲜，不论成败都将是一宗历史性事件。

舆论担忧是政治作秀

不过，日本国内并不看好小泉这场外交秀。一、小泉的政治风格是，先行动后思考，先出题后填充；二、小泉的政治成就是，改革口号不断，改革成果至今厥如；三、小泉的民调支持率是，一场滑坡之后，从此便一蹶不振。国民对他失望，小泉更心焦。日本舆论普遍担忧，日朝接触没有先打基础，两国分歧尚未有解决方案，小泉就贸然走访平壤，不仅唐突，而且到处有陷阱。

小泉政经改革一事无成，他焦急，铤而走险，这是人之常情。加上小泉酷爱政治作秀，搞首脑外交最易立竿见影，但过去小泉搞几场首脑外交，却因为他的参拜靖国神社，不仅抵销了访华访韩的效应，还弄到日中日韩关系更加陷入僵局。

也有人认为，小泉把日中日韩关系搞砸之后，直接走访平壤，等于是直捣黄龙，既可挖中国韩国的墙角，还可以漂亮地扳回外交一局。但也有人说，平壤这次对小泉的来访表现得异常积极，除了官方表示欢迎，平壤电视台还在当天播放来访消息，这在一个资讯控制严格近似封闭的朝鲜是异常的举动。

当然，从朝鲜的角度来看，这是其"英明领袖"金正日发动"全方位外交"的又一次报捷，不仅俄罗斯总统普京曾亲自东来西伯利亚会见其领袖，连日本首相小泉也将亲自到平壤来见他，即使是来时匆匆，去时也空空，却不会对平壤有任何损失。

一般人总认为，日本总跟美国亦步亦趋，一向没有独立外交战略。其实，日本虽然屡次被美国带进死胡同，当它惊觉形势不妙时，日本仍有临机应变的能力。1956年日苏建交，就是日本跟不下去了，加上当时有政治眼光独到的政治家鸠山一郎当首相；1972年日中邦交正常化，又是基辛格秘密外交惊醒日本，迫使田中角荣首相独排众议，才有今天的结果。

当然，人们怀疑小泉根本就没有鸠山或田中的政治魄力，加上小泉的独行侠作风，政治作秀的能力有余，创造历史的潜力则不足，因此人们都在替他捏一把冷汗。何况，日本国内的政治压力也不轻，不仅传统势力不准小泉承诺对朝鲜支付战争赔偿，还要小泉此行将11名所谓被朝鲜特工绑架的日本人带回来，简直就是要小泉到平壤去水中捞月。

重演韩国就范的历史

朝鲜领袖金正日近期四处外交出击，在日本看来，正说明它急于要脱出外交孤立，要争取国际经济援助。换言之，既然朝鲜已放低身段，也是最有可能对日本妥协的时刻。小泉认为这是机遇，因此以往拉斯维加斯豪赌的心情，贸然决定走访平壤。

最能反映日本极右思想的《产经新闻》，其汉城支局长黑田胜弘8月31日发回一篇文章提醒人们：过去日韩建交谈判，就由于韩国坚持要对过去的"殖民地支配"，作出"巨额赔偿"和"谢罪表示"，而持续争论了14年。后来，韩国面对经济困难，尤其农民陷入"春穷"状态，情况类似现今的朝鲜，这使当时的朴正熙总统不得不下定决心，甚至以戒严令镇压国内反对势力，放弃一切要求以换取日本5亿美元有偿和无偿经济援助。结果，什么"赔偿"、"谢罪"全都没有被列入建交条约和协议之中。

日本就希望能重演韩国就范的这段历史。黑田分析：金正日发动全方位外交、和平攻势，最大目标是为实现朝鲜的经济重建，而金正日自己也强调，必须采取"实利主义"。黑田说，要获得日本经济支援的"实利"，就要舍弃体面，把什么"清算过去"、"绑架问题"等面子都抛诸脑后，只有对日本作出让步，才有可能实现。而小泉访朝的课题，就是要确认，金正日是否已经决心要走"实利主义"道路。《产经新闻》社论不忘提醒小泉政府：紧握"绑架牌"，必须把绑架问题当首脑会谈的最优先课题。

日本要跻身半岛事务

日本殖民统治朝鲜半岛36年，直到日本战败投降，它才重获自由。但是，光复后南北又分裂，韩国隶属西方集团，使日本根本不把南北政权视为交涉对手。而日本的坚持吞并朝鲜为"合法"的合并，双方未曾"交战"，因此不存在谢罪和赔偿义务的立场，而使日本与朝鲜半岛的关系一直无法恢复正常。

日本有了乘人之危，不需把"战争赔偿"的字眼写进日韩建交协议而成功的经验，现在又想对朝鲜重施故技，不仅拒绝与平壤直接谈判赔偿问题，还利用绑架罪名外交绑架平壤，这就使到日朝建交谈判更加荆棘重重。

　　其实，日本也清楚本身理亏，不支付战争赔偿是不可能通过建交关口的，也因此无法在东北亚问题上有立足机会，但由于有国粹主义死不认罪的传统，所谓不给日本光辉历史留下污迹的主观愿望，过去不轻易向中国韩国低头，现在更不会对朝鲜人让步。

　　日本迟早要作出赔偿，因此日本找了诸多借口，包括特工绑架、船艇入侵、导弹飞越等等，目的就是要用这些借口来削减赔偿数额，甚至作为讨价还价的筹码。

　　战争赔偿对朝鲜确实重要，不论它以什么名堂，它是经济支离破碎的朝鲜重建国家的助飞器。日朝建交的波及效果，除了经济重建、也可摆脱外交孤立。国际间一般上只看到朝鲜的孤立，其实日本也同样孤立，特别在东北亚安全事务上，日本一直无权置喙。除了韩朝双方，目前就只有美国和中国，可对朝鲜半岛的安全事务发言。日本就主张，应建立"六国协商架构"，让日本与俄罗斯也参加。过去，朝鲜断然拒绝此建议，使日本完全被排除在外。小泉这次走访平壤，就以建立"六国协商架构"作为谈判筹码，一、这是日本提供经援的最低价码；二、也可以是日本含盖其他问题的交换条件。如果平壤承诺，小泉回国后便可以大肆宣传，这就是他访朝的成果，首脑外交带来的突破。

　　日相小泉宣布走访平壤的同时，公开表明这是一次赌博之旅。其勇气可嘉，失败的反弹却非儿戏。既然小泉愿作豪赌，就让他去痛快一博吧。

《天下事》9-9-2002

朝鲜也要建
一国两制特区

朝鲜官方中央通讯社2002年9月20日报道，朝鲜已在其西北与中国毗邻的新义州，设立第一个特别行政区，并委任中国出生的商人杨斌为特区首长。

朝鲜设立特区，显然是要改善国内经济状态，此举显示，平壤终于迈出了经济改革的第一步。

但是，平壤设立的这个特区，不仅赋予它独立自主的立法、行政、司法和土地利用权利，还委任外国人的杨斌出任特区首长，并让大批外国人进行管理这个特区，包括使用外币、签发护照、进行移民等，不仅有治外法权，甚至具有非常浓的外国租界味道。这到底是金正日经改的第一步，还是又一个吸纳外资的手段而已，值得继续观察和研究。

新义州建首个特区

根据2002年9月12日通过的《特区基本法》，新义州特区面积约为132平方公里，幅员比香港岛与九龙的面积总和略大。新义州原本就是朝鲜与中国接壤的城市，它跟中国的丹东市隔水相望，有桥梁跨越鸭绿江，又是朝鲜半岛两条纵贯铁路之一的京义线的终点。仗着优越的地理位置，因而很早以前就有传说，它将成为朝鲜第一个自由贸易区。

新义州现有人口约50万，原本建有化学、钢铁和食品工厂，但大都破旧不堪。

据说，成为特区之后，四周将筑起高墙，不仅一般朝鲜人不得进入，还有几十万新义州人会被移民出特区，同时让几十万外国人填补空缺。

根据朝鲜中央社的报道，朝鲜最高政策制定机构的最高人民议会主席团，已经在12日颁布特别命令，新义州将是直属中央统辖的特别行政区。

朝鲜试图引进资本主义措施激化国内经济，其实已经不是第一次。1984年，当时平壤通过《合营法》以吸收外资，只有少数在日朝鲜人回国投资，效果不彰。

1991年，朝鲜第二次在靠近俄罗斯边界的罗津地区，又开辟一个"罗津·先锋贸易区"，目前除了香港皇家集团继续运转，其他外资已裹足不前，至今同样不见成效。

其实，联合国曾斥资进行研究，在中、朝、俄三国边境地区，从中朝边界的图们江流域（朝鲜称为"豆满江"），到日本海出口的俄朝交界地区，共同发展所谓"图们江（或豆满江）流域经济发展计划"。计划成功，朝鲜的罗津-先锋贸易区这个小三角，连同图们江发展计划，将可以在东北亚地区建立一个跨国界的发展大三角。

靠近中国地理优势

新义州特区计划是平壤引进资本主义改革的第三次尝试，一是国内政经形势的改变，二是国际大环境的变化，使金正日不得不再度冒险一搏。

朝鲜在中国丹东对岸的新义州设立经济特区，这次不仅比过去大胆，也采取了更具体的措施，就是仿效中国发展深圳型经济特区之余，还模仿香港"一国两制"方式，宣称新义州特区享有"五十年不变"的法律地位。

平壤在新义州设立特区，显然是要充分利用它的地利人和。

所谓"地利"，是它在中国丹东港的对岸，中国经济又在持续蓬勃发展之中，加上中国东北地区拥有庞大的朝鲜族人口，要吸引中国资金、人材进行投资都不是大问题。重新连接韩朝的京义铁路，继续北上可以跟中国和俄罗斯的铁路网络相衔接。交通之便，使它北上可到达欧洲，南下经过韩国，再到达日本。日本韩国都可利用这个铁路网络扩展经济。

所谓"人和"，是金正日亲自钦定中国出生的富商杨斌出任特区首长。委任外国商人出任特区首长，使朝鲜这个经济特区显得与众不同，不仅标新立异，还跟朝鲜一贯的封闭保守大相径庭。可以解释为金正日眼光独到，鸿图大略的象征；也可以解释，这是金正日步步为营，还没有进行全面政经改革决心的表示。

传奇人物富商杨斌

杨斌虽然入籍荷兰，他实际在中国成长，又在中国发财致富，但似乎不是有特殊背景的人物。杨斌毕业于辽宁海军二炮学院，曾留校当助教，也不算与军方关系密切。他原本修读军事战略，1986年前往荷兰莱顿大学留学，碰上"六四事件"，他即刻申请政治庇护，还号称为民运领袖，而且摇身一变成了荷兰籍民。

有人评价杨斌，他不仅为人功于心计，除了在商界长袖善舞，还充分利用时机，就是在中国崛起和东欧解体过程中，1990年创立荷兰欧亚国际贸易公司，向东欧大量输出中国纺织品和成衣，从此踏上国际贸易之路。

1994年，杨斌回中国并创立欧亚花卉公司，建立中国最大的花卉超市。1998年更斥资60亿人民币，在沈阳建立休闲兼住宅的"荷兰村"。接着，又把业务扩展到香港，并在去年7月让其企业在香港上市。

十年间，杨斌个人财富迅速膨胀到75亿人民币（约16亿新元），有人佩服他经营手法到家，也有人怀疑他致富过程有蹊跷，尤其最近中国加强打击逃税罪犯，一度谣传他正接受调查。

无论如何，杨斌是个现代传奇人物，不仅去年被美国《富布斯》杂志评为"中国第二大富豪"，还被朝鲜强人金正日指定为朝鲜首个特区首长。

金正日看上杨斌，也许是看中他在商场长袖善舞的本领，尤其在中国迅速致富的经验，再有是利用他广泛的人际关系，吸引外资投资朝鲜。

租界方式无助经改

不过，金正日到底要新义州特区在经改过程中扮演什么角色，目标还不明朗。一般上，特区是前共产国家放弃计划经济，引进资本主义市场经济的隔离试点。像中国设立深圳特区、沿海城市特区，目的不仅吸引外资，学习国外技术，还全面体验资本主义的管理运营经验。

新义州委任外国商人的杨斌为特首，准备让大批外国人，包括行政和技术人员，自主管理整个特区。比如，计划成立的15人立法议会，将有超过半数（8人）成员是外国人，连大法官也打算聘请欧洲人担任。

这种治外法权式管理，初期效果也许会特佳，因为是直接从国外移植管理体制，长远却不会对朝鲜产生任何经改效应。

这也许就是金正日心目中的经改目标，最安全的部署，万无一失的妙计，因为不论成功失败，都不会对现有的政治体制带来重大改变或冲击。因为，成功可以直接吸纳外资，失败则随时得以将计划取消。平壤让韩国现代集团发展金刚山旅游区的计划，也许就是它的原型。

从政权的安危角度来看，无疑这是个妙计，不过却不利朝鲜的彻底改革和开放，特别是经济转型。让外国人经营特区，无疑是外国租界的翻版，包括让外国人经营赌场、使用外国货币、发签证自由往来，特区将不再是朝鲜的一个有机组成部分。

特区可以为平壤政府创造财富，但不能从中全面取得经济发展的经验，培养经济建设人材。更严重的是，外资看不到投资的发展潜能，预测不到全国市场开放的展望，他们不会继续在特区投资，何况现在投资的机会充斥世界，特别是中国的经济蓬勃发展，东南亚，甚至印度的巨大市场吸力，国际资本不一定要选择不定因素很多的朝鲜。

因此，世界欢迎朝鲜设立特区，踏出了经济改革的第一步，但却不能预测新义州特区能否顺利成长。

《天下事》30–9–2002

杨斌事件与中朝关系

第四章 半岛风云

　　荷籍华人富商杨斌，不仅是近期东北亚最热门的新闻人物，而且还继续在制造新闻：

　　一、他是入籍荷兰却在中国经商发迹的中国"新人类"；

　　二、他刚被朝鲜最高领袖金正日任命为朝鲜首次设立的"新义州特区"行政长官；

　　三、他未走马上任，旋即又被中国沈阳地方当局，以"涉嫌违法违规经营活动"为由加以软禁审查；

　　四、杨斌经营的欧亚农业集团高层纷纷辞职与他划清界线；

　　五、朝鲜首个经济特区——"新义州特区筹备计划"，似乎已陷入停顿；

　　六、朝鲜派出一个以最高人民会议副委员长杨亨燮为首的代表团到中国，重点任务似乎是要缓和两国紧张关系。

暴发户竟成为"特首"

　　杨斌事件所以引人关注，除了揭开富商杨斌的神秘面纱，也让人对今后的"中朝关系"担忧。

　　一、事件本身扑朔迷离。杨斌本人，从出国留学，到入籍荷兰，虽然有特殊的"历史背景"，即他从搞民运到摇身一变成为中国"第二大富豪"，转变过程非常神秘。

二、杨斌在中国商界捞得风生水起，因为他熟悉中国情况。他不懂半句朝鲜话，一向也跟朝鲜或韩国没有任何渊源，竟然受到朝鲜最高领导人金正日的青睐，还亲自指定他为"特首"，他到底有什么三头六臂？

三、中朝关系一向特殊，朝鲜经改不仅要借鉴中国经验，发展经济亦不能没有中国的协助。在中国丹东对岸设立"新义州特区"，据说从一开始就不被中国看好。北京外交界人士早就流传这样的说法：两年前，金正日首次访华，当时请教中国总理朱镕基有关新义州特区计划。朱总理的回答是，理想地点应该是在38度线附近，即韩朝交界的开城地区。

四、朝鲜如果为改革开放而设立经济特区，依据中国经验应该举双手欢迎，何况又可减轻中国对朝援助的沉重负担。但是，如此重要的经改步骤，又委任入籍荷兰的中国人当特首，事前却不照会中国，北京当然不会给平壤面子。

五、中国报章从今年初开始，不仅增加中国加强打击逃税漏税的报道，也对杨斌的9亿美元身家和违法经营状态的负面新闻，包括杨斌在香港上市公司股价大幅滑跌，难道朝鲜领袖会竟然懵然不知，还敲锣打鼓委任杨斌为特首，真使人匪夷所思。

花一亿元购买头衔？

杨斌既然跟朝鲜没有特殊关系，却又能神话般在朝鲜政坛异军突起，他如此长袖善舞，背后可能有买卖官爵的行为。

据说，金正日是从需要鲜花看上杨斌的。杨斌从荷兰经验搞上花开温室栽培。去年杨斌造访平壤，金正日曾派少先队给他夹道欢迎，他的回报是答应斥资500万美元在平壤建花开温室大棚，供应金日成纪念堂、平壤宾馆等需要的鲜花，同时也为特权阶级的中央领导提供新鲜菜蔬。除此之外，杨斌也自告奋勇，承担筹备金正日六十大寿庆典的经费。杨斌所属欧亚农业集团宣称，这段期间它在朝鲜投下的资金不下一亿人民币。

有人说，杨斌在朝鲜买官，大概就是指这一亿人民币的"初期投资"吧。在商言商，杨斌要求朝鲜给他三项利权回报：一、让他建50平方公里的新义州开发区；二、在朝鲜东西两海岸承包经营渔业的特权；三、在朝鲜开采金矿。经过一番讨价还价，金正日终于承诺，让杨斌管理新义州特区，还将特区规模扩大近三倍，总面积达到132平方公里。

特区显然是仿效香港，强调实施50年不变的"一国两制"。杨斌显然获得经营承包权，享有近似租界的管理权。特区使用外国货币，外国人得以自由进出，但会建围墙与本土隔离，限制朝鲜人进入。

目的在吸纳中国资金

新义州原本有50～60万居民，40万将被迁离，搬迁费用和赔偿，初步估计3000万美元，将由特首杨斌承担。新义州极端欠缺基本设施，特别是电力供应，将由特区政府负责解决。杨斌的初期投资金额可能是个天文数字。杨斌将如何应付这一个无底洞呢？不单杨斌集团，中国政府也担忧此事。表面上，杨斌有欧亚农业集团做靠山，实际上他打算在中国大量集资，这也许就是中国政府干预的主要原因。

中朝关系特殊，朝鲜过去一直紧抓中国这个"弱点"不放，现在更通过"荷籍华人富商"杨斌这个管道，企图大量吸纳中国资金。这显然已乖离建经济特区，实现改革开放试点工程的初衷了。

杨斌在中国被"监视居住"，既不能渡江到新义州当特首，也不能远赴韩国日本筹集资金，特首之梦也就破碎了。一、平壤没有本钱与北京斗法，二、"荷籍华人富商"的利用价值已过。新义州特区计划唯有胎死腹中。

《天下事》19-10-2002

变革之风把卢武铉送进青瓦台

韩国第16届总统选举已经落幕。执政新千年民主党候选人卢武铉,是乘席卷韩国的变革之风成功进入青瓦台的。

卢武铉以得票48.9%对46.6%的微差战胜在野大国家党的李会昌。李会昌两次紧叩青瓦台大门不果,宣布从此退出政坛,也改写了韩国政坛,为个人恩怨、为权力诱惑,总是纠缠不清的历史。李会昌断然退隐,一是实现了政坛的"新旧交替",二是使"三金时代"最终结束。

卢武铉能够当选韩国总统,在韩国政治史上,不能不说是个奇迹。因为:

一、卢武铉出身贫寒,虽然考取了律师资格,只拥有商业高中文凭,在极度重视学历的韩国社会,既不靠金钱也不靠枪杆子,却能够在韩国政界立足,原本已经是意义非凡。

二、卢武铉靠自修9年后取得律师资格,后来成为家喻户晓的"人权律师",他四次参加国政选举却曾两次落选,包括竞选故乡釜山市长也曾名落孙山,这都证明他从政不是靠平步青云。

三、卢武铉虽然被公认为人忠厚、有信有义、平易近人,但在国际上却是个完全不见经传的人物,不要说出国访问,连旅行都未曾到过美国,只能说他是个庶民派、乡土政治家。

不过,卢武铉有一贯的斗志,有强烈变革之心,更能配合潮流,对广大民众的要求,要变革、要进步,他都反应敏捷,也能适当的配合。回顾今年3月,当卢武铉第一次宣布争取提名为新千年民主党总统候选人时，只有一名国会同僚直接给他支持。经过一番党内外努力，特别是通过舆论调查的造势，先是气走党内劲敌李仁济，后又折服了新冒起来的郑梦准，最后才走上与李会昌一决胜负的道路。

时势英雄三大因素

卢武铉一没有李会昌显赫的身世，二没有郑梦准富裕的家世，但是他有艰苦奋斗的过去，改变未来的精神。更重要的是，卢武铉能看准时机，顺应潮流，如今出击才得心应手。有人因此说，卢武铉的成功是时势造英雄。

其实，进一步分析，至少有三大因素造成卢武铉成功进入青瓦台：

一、韩国人对改革有经验、有信心。经历了南北对抗、民主洗礼、金融危机，后来却实现了南北关系缓和，又成功使经济快速复苏，韩国人变得更有信心。

李会昌以反"阳光政策"作为政治诉求，以为韩国人依然在反共、恐共的旋涡中，其实大部分韩国人，特别是年轻一代，已经从旧的思维、旧的观念中解放。卢武铉主张继承"阳光政策"，继续改善南北关系，符合现在的韩国处境。除此之外，主张进一步改革经济结构，又是继往开来，不仅有政策的合理性，还有非常强烈的说服力，说明他坦诚、务实。

韩国经济虽然已经获得新生，卢武铉却主张继续改革，是要摒弃"政经勾结、官导经济"的陋习，是要防止财阀的胡作非为，是要使经济更民主、市场更透明，经济结构更加健全。

另一方面，卢武铉主张部分行政机关迁出汉城，进行所谓"行政首都迁移"计划。这是新的主张，不单要使经济更平衡发展，解除区域的对立，也可以缓和汉城目前面对的人口暴涨、交通拥挤、环境污染等等，城市过度膨胀带来的困境。首都迁移计划有争议，却显示卢武铉有改革的勇气。

二、韩国人要求自主、平等权利。韩国人的民族性原本就很激烈，过去因为有韩战和冷战，韩国人默认美国的领导、美国的驻军却是不得已的现实，南北关系也因此长期的紧张。随着朝鲜半岛的稳定，韩国经济的成长，作为世界第12大经济体的自负，加上金大中"阳光政策"的成就，对外关系上，特别对南北的和解更有信心，更助长了"血浓于水"的感情。

过去韩国人确实有强烈的反北方感情，如今继续以反北做为诉求，不仅不能争取到更多选票，还会被抛在潮流的后头。驻韩美军碾死两名韩国女生的事件，过去只当茶杯里的风波，现在却演变成全国的反美运动，让韩国人民族感情沸腾的添加材料。

卢李阵营都没有利用美军事件改变选情，但是选民清楚，选举一贯亲美的李会昌不会有真正作为，人们却相信，选举提出"不反美，也不磕头"口号的卢武铉，因为他跟民众有共鸣，能为韩国人争取到应有的民族尊严和平等地位。

三、韩国人已厌倦了"三金时代"，要消除旧政治体制。在反独裁、民主化的初期，"三金政治"，即垄断韩国政坛的金大中、金泳三和金钟泌，确实有过一定贡献。但是他们各自为权势，特别为入主青瓦台不择手段，不惜分裂政党、放弃自我原则，甚至最后与旧势力携手合作的表现，使韩国选民普遍产生对政治不信的心理。

三金中的两金已先后进入青瓦台，实现了他们的总统梦，只有金钟泌至今还徘徊在青瓦台大门外。卢武铉的登上舞台，李会昌的黯然隐退，说明旧政治时代已经结束，金钟泌再也没有机会见缝插针了。

韩国民众不单要旧政治人物退出舞台，还要清算旧的体制，比如政商的勾结、贪污舞弊的横行，其中一个万恶之源是青瓦台的特权化，让接近它的官僚政客得以上下其手。金大中入主青瓦台期间，总统没有个人贪渎的丑闻，但是总统府高官、执政党要员，甚至总统三个儿子，其中就有不少人因为贪污腐败而锒铛入狱。

人们相信，卢武铉没有不良记录，过去还勇于与权贵抗争，因此民众寄望卢武铉，期待他能改变青瓦台文化，消除韩国的结构性腐败。

竞选期间，卢武铉身体力行，一不接受企业竞选"捐款"，二不作任何收买选票活动，三开辟最不花钱的选举途径。原来，有批社会活动家、学生运动领袖，他们组织了"爱护卢武铉之会"（约7万会员），通过发送电邮和组织街头活动，首次开创了既不花钱，又效果良好的选举宣传活动，大大改变了韩国的选举文化，也深深改变了年轻人对政治漠不关心的现状。李会昌因为没有这些资源，结果他再度饮恨沙场。

朝小野大施政困难

韩国政坛掀起的"卢旋风",不仅吹倒了保守派的最后一根大支柱,间接也宣布,军人独裁政权后出现的"三金时代",现在也寿终正寝了。

卢武铉的上台,意味着"三金时代"真正结束。但要避免重蹈覆辙,不使自己成为另一个"帝皇式总统",走上腐败之路,卢武铉有必要改变青瓦台的权力结构。

另一个难题是,卢武铉只获得48.9%的选票当选,要实现"国民大团结",要消除根深蒂固的区域主义,又谈何容易。何况,在野的大国家党拥有国会半数以上议席,"朝小野大"的现象继续会在韩国政坛发酵,过去曾两度否决金大中政府提名的总理就是一例。卢武铉面对的困难还多着呢。

《天下事》27-12-2002

卢武铉迁都
有三大要因

韩国总统卢武铉遭弹劾后复出,他的第一项重要施政,便是积极推动"行政首都迁移"计划。为什么呢?

卢武铉曾经说,韩半岛南北统一之后,"将有三个首都":一是忠清道的行政首都、二是汉城的经济首都、三是板门店的统一首都。国家迁都,世界上不是没有先例,但一个国家同时拥有几个首都,这还是破题儿第一遭。

韩国政府事实上并不强调"迁都",而是极力突出建设"行政首都"的概念。总统选举期间,民主党的卢武铉与大国家党的李会昌势均力敌。卢武铉承诺,当选后会在韩国中部的忠清道地区建设行政首都,得到忠清南道与忠清北道选民的强力支持,卢武铉结果便脱颖而出。

卢武铉当选后兑现诺言,积极推动"行政首都"计划是顺理成章的事情。但是,除了选举的考量,作为一个有抱负、有眼光,又有魄力、有使命感的政治家,卢武铉作出首都脱离汉城而南迁的决定,其实还有其他理由。

医治汉城的过分臃肿

首先,医治汉城过分肥胖症。自汉城1948年被定为首都,人口就不断膨胀。面积600多平方公里的汉城,却拥挤着超过1200万的人口,相当于全国总人口的四分之一。而以汉城为中心的所谓首都圈,实际上是集聚了全国一半的人口,其经济发展的不平衡,其人口的偏向膨胀,简直已经到达"爆炸"边缘。

由于汉城是全国最发达的都市，又是国际大都会，交通堵塞、住房紧张、大气污染等肥胖症造成的"城市病"日益严重。尽管为缓和汉城居民的住房问题，当局在近郊兴建了六个卫星镇，房价还是居高不下。

更由于汉城寸土寸金，韩国政府还规定，一户人家只能拥有一套住房，但违法购置多所住宅，进行不动产投机等现象还是盛行不止，也成为韩国政坛贪污腐败的重要原因之一。

卢武铉决心迁都，不仅可以缓解汉城的交通、人口膨胀等问题，对不动产投机活动也将是一个沉重打击。因此，随着行政首都计划的推进，汉城的房地产价格已开始有了下降趋势。但有人欢喜有人愁，特别是既得利益者反对迁都的声浪也因此日益高涨。

其二，实现地区均衡发展。以汉城为中心的首都圈，地理位置是偏韩国西北，区域不大却集中了韩国经济活动的70%，与欠发达的中、南、西、东部相比，更显得韩国发展的悬殊。

经济发展不均衡，触发地区与阶层间的矛盾和冲突，并在政坛形成韩国独特的"地域主义"，不仅造成中央和地方的对立，也使政党政治变质为地方主义政治。

此次迁都，把行政首都迁移到欠发达的中部，不仅可以带动中部地区的城市发展，也可通过行政权力和经济利益的再分配，确保国家的整体平衡发展。

韩国国会2003年12月通过《新行政首都特别法》的同时，还通过了《地方分权特别法》和《国家均衡发展特别法》，说明卢武铉政府确实是有其鸿图大计。

配合美军的南撤战略

其三，美军南撤，也造成了国防部署上的变动。韩国过去为了"备战"，曾把国家行政机构作一分为二，并加以"两地化"的安排。比如，除了国会、总统府，主要行政机关，如外交通商部、国防部等等设在汉城；财政经济部、产业资源部等，则长期在汉城30公里外的京畿道果川市办公，实际上韩国早就有了"第二行政首都"。

冷战时代的行政机构"两地化"做法，一已经不符合现在的政治经济环境；二实际上也影响了国家发展和行政的效率。

最近，美国缩小韩国驻军规模，美军撤离汉城龙山军事基地，主力南移。这一来，首都过分靠近38度线，而且没有重兵保护，国家安全问题也就暴露无遗。首都跟随军事战略南移而迁都，这点可以理解。

汉城距离南北军事分界线的最短距离是40公里，不仅平时是在敌人长程大炮的射程之内，战时更在敌人长驱直入的第一防线上。因此迁都一直是韩国政府必须面对的课题。

上世纪70年代，韩国政府就曾动过首都南迁的脑筋，而卢武铉指定把行政首都迁移去的中部，忠清南道或忠清北道，也都曾经是朴正熙总统当年考虑过的迁都理想地区。

新行政首都建设推进委员会在6月15日宣布，已经选出忠清北道阴城郡与镇川郡、忠清南道天安市、忠清南道燕歧郡与公州市、公州市与论山郡，总共四个新行政首都候补地。

忠清道在汉城以南，属于中部地区，从军事的角度来看，那是比较安全的"腹地"。不过，即使四个候补地点已经曝光，仍需经过一个80人组成的评估团的进一步评估，预定7月初可公布评估结果，并于8月中旬宣布已确定的新行政首都确实地点。

既得利益者强烈反对

但，随着新行政首都计划的逐渐具体化，韩国国内反对迁都的声浪也变得越来越大，不仅京畿道和汉城市政府公开声明反对，连汉城一些市民团体也被动员起来阻止计划的进行。有人指政府迁都违宪，也有人签名要政府进行全民公投。

卢武铉政府虽然面对舆论的强大压力，但迁都计划已经如箭在弦，除非有重大变故，不然韩国新行政首都将在2007年开始动工兴建。

卢武铉强调，迁都计划是关系到国家命运的问题，他将坚定不移地推进这一计划。他说，"在总统选举时，我作出了承诺，而且在国会选举前，通过了相关的法案，因此，迁都是国民的共识，是必须坚决执行的国家政策。"

韩国新行政首都的建设工程预定2020年基本完成；主要国家机关、立法机构等将在2012年至2014年间迁往新行政首都。

（迁都计划最终胎死腹中——编注）

《天下事》22-6-2004

怪党名 "开放的我们党"

韩国总统卢武铉遭到国会弹劾，主要理由是他违反"总统不得干预选举"的中立原则。所谓选举，是指即将来临的4月15日的国会改选。所谓"干预"，是指卢武铉曾对电视记者说，他将"通过一切合法手段帮助开放的我们党（又称"开放国民党"）赢得最多的选票。"

"开放的我们党"——好古怪，好新潮，又好奇特的政党名字。

韩国人都心知肚明，其实"开放的我们党"就是卢武铉阵营的党，虽然卢武铉至今还未正式加入这个党，也不是这个党的主席或秘书，甚至连顾问都还不是。但韩国官方和非官方，特别是传媒早已经把"开放的我们党"当执政党看待，称它为"卢武铉党"了。

韩国政党法定名称，一般上都偏长，因此又习惯另有固定的简称，比如，新千年民主党简称为"民主党"，自由民主联盟为"自民联"，依此类推，开放的我们党就变成了"我们党"。

政党的新瓶装旧酒

韩国政坛一直有新党出现，不过都是集散离合，重新组合的结果，甚至全是新瓶装旧酒现象。"我们党"是从民主党分裂出来的40余人，加上几个大国家党跳槽过来的议员，又是一个"即席"政党。开始，他们自称为"国民参与统合新党"，后来才正式定名为"开放的我们党"。

去年10月，当国民参与统合新党宣布改名"开放的我们党"时，不仅韩国政坛其他政党哗然，一般民众、传媒也都议论纷纷，原因有人说它制造混乱，甚至是政治幼稚，因为"我们"（韩文uli）是使用非常广泛的日常用语，韩国人称兄道弟时的口头禅，将它据为己有是太过的政治幼稚。

　　法律不限制政党取名，只规定，不得使用已存在，或使用过的党名。因为这样，韩国政党有在固有名词前面加形容词，以此避免党名雷同的限制，像金大中的新千年民主党，是避免与金泳三的民主党相混同。但是，到了简称的阶段，两金的民主党还是合二为一。

　　开放的我们党，简称"我们党"，它确实可以占很大的宣传便宜，因为只要你开口，所有的人都会自动成为你的同路人。甚至，国会议长点名："我们党"发言，连议长本身也就成了"我们党"成员。大国家党代表因此抗议说，该党的简称不应叫"我们党"，应该叫"开我党"。

强大的广告冲击力量

　　"我们党"的称呼虽然幼稚，也是该党缺乏政治理念的表证，但也不能否认，它有强烈的宣传效果，具有强大的广告冲击力量，符合漫画时代当今年轻人要怪异，要刺激的口味。

　　汉字的党名怪诞，韩国还可以用拼音符号的韩文，就是"ULI DANG"来书写或称呼。全用汉字表达的华文世界就没有这个方便，因此有人建议，将它改成较合华文书写规格，华人语文习惯的名称"开放国民党"。

　　将"开放的我们党"或"我们党"汉化，问题更大，后果更为严重。因为，一、乖离了该党取名的原本意图；二、不能用干涉内政的方式藐视文化差异；三、以后面对相同情况难道也要如法炮制？

　　很明显，"我们党"与"国民党"，政治意涵完全不同，绝对不可混同。韩国本土的主要报章《朝鲜日报》和《东亚日报》中文电子报，就按照该党的意愿，称他们为"开放的我们党"或"我们党"。

　　要帮韩国政党美化党名，不仅吃力不讨好，还可能犯忌，又何必呢？

《天下事》2-4-2004

韩国首都
不再叫汉城？

韩国要迁都，很多人听过，不觉得惊奇。现在首都汉城要改名，听了没有人不感到错愕。

汉城《朝鲜日报》报道，汉城市政府在2004年2月间成立"SEOUL汉语新标记委员会"，并委任延世大学中文系教授全寅初为委员长，正式向海内外招募新的汉语名字。新名字预料会在6月份出炉。

为什么要改名？全教授说，韩国首都韩文是SEOUL（音"首鸟尔"），汉字不写成"汉城"，发音也跟汉城风牛马不相及。为了纠正错误，委员会要集思广益，向国内外征求新的汉语名字。消息传出，即刻收到近千条建议，包括首儿、首兀、首屋、首蔚、首沃、首坞尔、首午尔、首京、韩城等等。

原来，不是要替韩国首都取新名字，而是要取个与SEOUL"发音相近又意义较好的汉语名字"而已。最新消息是，委员会已选中"首尔"与"首午尔"两个，预定会在6月间作最终决定。

他们说：首尔，意思是清凉且鸟语花香的城市。首午尔，意味着它是个白天明亮的城市。除了抛弃"汉城"这个旧名，是要取一个发音相近，又符合首都形象的名字。

对"汉"字有过敏症

在一般人印象中，特别是华人世界，汉城是一个历史悠久的古城，不仅东方韵味十足，又是个超过1000万人的现代化大城市。事实上，汉城不仅是朝鲜王朝以来的古都,从日本手中解放,1948年成立大韩民国,依然在这里建都。因此,汉城号称它有超过600年建都的历史。

现在SEOUL的名称是光复后取的。在朝鲜被日本占领和殖民期间,汉城曾被改名"京城"。韩文的SEOUL,发音绝对不是"汉城",即使使用韩国式汉字,也不会是"汉城",这是事实。但是,不仅中国人、华人世界,包括韩国官方和民间机构,他们用中文表达时,统统用"汉城"两个字。因此,韩国首都是汉城,这是中国人的基本知识,也是华人世界的一般常识。

现在,韩国人说汉江要改名"韩江",汉城不能再用来称呼韩国首都SEOUL,给人们的一个印象是,韩国人对"汉"字患有过敏症,包括废除汉字的举动,是一种民族排外心理在作祟,缺乏民族自信心的表现。其实,事实并非完全如此。

无论如何,华人世界总感到迷惑,似乎有小题大作的感觉。至少,华人世界早习惯了汉城这个称呼,还有文化血缘的亲近感,突然要改名,人人必然要问:"为什么?"

中国人"妄自尊大"

教韩国人中文的全寅初教授,自称他十年如一日在推动正名运动,也许可通过他的说明了解韩国人的一般想法。他说:

一、SEOUL的汉语标记"汉城",与SEOUL的发音截然不同,造成很多问题。

二、SEOUL是1946年以后的命名,使用的是纯粹韩国语,是首都之意。

三、"城"是"拥有较大市镇的城市"之意,过去主要用于贬低称呼隶属国或边防国家的首都。

四、中国人称它为"汉城",显示他们妄自尊大,似乎不甘心韩国从中国自主独立出去。

按照全教授的说法,SEOUL中文翻译成汉城,是中国人闯的祸,还因此伤害了韩国人的民族自尊心。

全寅初教授说中国人"妄自尊大",说中国人不甘愿韩国独立,对不明历史背景的韩国人来说,确实很有煽情效果,也能刺激正名运动的推行,但这样把责任全推诿给"妄自尊大中国人"的做法,肯定会破坏中国人、华人与韩国人之间的感情。因为,这半个世纪以来,不仅韩国的政府机关、民间团体,他们的对外宣传文件，凡是使用到汉语，还不是全使用"汉城"来称呼？即使SEOUL的汉字标记不是"汉城"，那么正确的标记应该是什么呢？广义来说，韩国也是"汉字文化圈"之一，应该了解到中文不能没有"汉字"来表达的宿命。

问题似乎很简单：一、"还原"SEOUL的原本汉字，像汉字文化圈其他国家，平壤、东京、大阪，都保留原本汉字；二、采用与SEOUL发音相近的汉字，如纽约、伦敦、罗马，称为音译，同样可解决非汉字文化圈国家的翻译问题。至今，朝鲜半岛所有的地名人名，跟日本一模一样，即使发音不同，都有固定的汉字标记，让同一文化圈的人既能看又能写它。如果说，SEOUL完全没有汉字标记，那是一个例外，非常奇怪的例外。出于好奇心，人们必然会问：为什么？

回到定名SEOUL时的原点

笔者曾经"道听途说"过一种说法。韩文SEOUL原本的汉字是"首府"，而韩国人的理解，它的意思就是"首都"。但是，在正统中文里，"首府"是省会，"首都"才是国都。字典还有进一步的解释，就是自治政府、殖民地、附属国的最高政府所在地，也可称为"首府"。而且，把一个普通名词当特定名词使用，也不是明智之举。当时，也许真有"妄自尊大的中国人"出来说明"首府"的真正意义，结果便产生了SEOUL与汉城牛头不对马嘴的现象。

全寅初教授既然是汉学家，又是SEOUL汉语标记委员会委员长，他应该向年轻的韩国人，以及世界华人说明，SEOUL演变成汉城的历史典故。不然，人们对这样的正名方式，确实会难以释怀。到底，它不是单纯韩国的内政问题。

附带一提。汉城曾在1993年盛大庆祝过"汉城建都600周年纪念"，说明韩国人也以拥有一个600余年，称为汉城的历史古都而感到自豪。

追溯汉城的发展史，它第一次成为国都是在朝鲜的三国时代，即百济建都，当时叫慰礼城。新罗统一朝鲜，它被降格为地方郡，称汉山州。高丽时代它先改名阳州，后升格为南京、称汉阳府。电视剧《商道》不时有提到"汉阳"，故事应该就发生在高丽时代。

李氏朝鲜王朝成立，两年后（即1394年）从松岳（今开城）迁都汉阳，并改称它为汉城府。这就是汉城时代的开始。但是，日本入侵，1910年沦陷，汉城又被日本殖民当局改名京城府，直到1945年光复。以后，1946年改称SEOUL，用韩文拼写，没有使用汉字。

汉城变首尔
韩国称高丽？

1月19日，韩国首都汉城市市长李明博在新闻发布会上宣布，汉城市的正式中文名称已更改为"首尔"，不再称"汉城"。

为何不再称汉城呢？对汉字文化圈的人来说，使用了600年的称呼，突然要被抹去，确实是有些纳闷和费解的。

首先，韩国首都的位置没有变更，何况迁都计划已被否决。其次，用韩文书写和称呼的Seoul也照旧，改变的只是要中国和世界华人不再用"汉城"来称呼它而已。换言之，这是针对华人的一项片面通告。

李明博市长列举了三大理由，说明韩国首都为何不应再称"汉城"。

第一，世界绝大多数国家都按Seoul英文标记的发音来称呼韩国首都，唯独中国人按古代名称将之称为"汉城"。第二，汉城改名已有百年历史，中国人继续称它为汉城，不符国际惯例。第三，韩中交往日益频繁，Seoul与汉城发音不一，含义也不尽相同，使用就带来了"很大的混乱"。比如，韩国有两家大学，一是Seoul大学，另一是汉城大学，中国人都称它为汉城大学，这就造成交往的混乱。

对"汉"过敏症？

汉城当局在去年1月间成立了"Seoul汉语新标记委员会"，原本计划半年内选出一个"发音相近，意义良好"的全新中文名字。不料，6月发表初选结果之后，新名称就石沉大海，直到今年1月，才正式宣布以"首尔"取代汉城。

李明博市长说，"首尔"的发音接近韩语Seoul实际发音，意思又是"第一城市"，相信中国人会很快熟悉这一新名称。

　　韩国的地名，由韩国人来决定，是天公地道的事，何况又是首都，纯粹是韩国人的"家务事"，外国人当然是不容置喙，而且必须给予尊重。但是，熟悉中韩关系，特别是韩国独特民族性格的人，并不作如此单纯的解释。

　　首先，汉城市是韩国的首都，但市长却是民选的，市长能否代表中央政府宣布，"汉城中文不能称汉城"？第二，中国人翻译外国地名，甚至国名，除了音译，也可以意译，比如德国的慕尼黑、美国的旧金山、檀香山、英国的剑桥、牛津等等，既有历史背景，也有约定俗成因素。无论如何，规定中国人如何用华文来表达，却有干涉文化内政之嫌。

　　第三，"汉城"这个名字，并非中国人所起，是朝鲜王朝的开国皇帝李成桂所定。史载，李成桂1394年从开京（现开城）迁都汉阳，从此将它正式命名它为"汉城"。

　　朝鲜半岛过去从吸收中国文化，使用中国汉字，前后已超过2000年。即使朝鲜王朝第四代国王世宗，于1443年创立了朝鲜式的拼音方块字——"朝鲜谚文"（也称韩文），包括战后全面排斥汉字的谚文主义兴起，它的语言文化政策就一直在左右摇摆。汉城非汉城，难怪有人会怀疑，又是对"汉"字产生过敏症的表现。不过，取消了"汉城"，还有"汉江"从它心脏地区日夜流淌，不是理还乱？

　　有人从历史的角度来分析，认为"汉城"每次改名，几乎都跟韩国人的民族心态有直接或间接的关联。1394年李氏王朝在此建都，改名汉城，读音是朝鲜式训读Hansung。1910年朝鲜半岛沦为日本殖民地，日本又将它改名"京城"，读音是日式训读Keijo。1945年朝鲜半岛获得解放，大韩民国又建都汉城，虽然口称它为"首府"，却不写汉字，仅用韩文拼写，Seoul遂成了朝鲜半岛唯一没有汉字标记的城市。

尊重汉城当局的决定

　　过去，世界华人一直把韩国首都称为汉城，一是漫长历史的约定俗成，二是根据韩国官方印发的中文资料，以为它的正式名称就是"汉城"。所谓混乱、百年前就不再称汉城，显然是言过其实。当然，我们应尊重汉城当局的决定，从此称呼汉城为"首尔"。

但是,"首尔"是新创的中文译名。从朝鲜的文化、历史,到半岛的环境现实,所有地名、人名仍然是以汉字为基础起名称呼的,即使南北朝鲜都不在日常生活中继续使用汉字,金正日、卢武铉、朴正熙等等,却都是可以还原其汉字的名字。Seoul的原本汉字是什么?为何避而不谈,而要把"错误"称呼"汉城"的责任全盘推到中国或世界华人身上呢?这是笔者百思不解的疑问之一。

再者,"首府"的韩语发音原本是Sieur,音译成英文却成了Seoul,但音译方式却不限一种,到底是什么,就有过激烈的论争。李明博市长说,"首尔"是根据英译的Seoul再翻过来的。问题似乎又陷入另一个极端,就是太偏重英译,而忽略韩文的原汁原味。依据李明博市长的英译标准论,以后甚至会有人主张,"韩国"的中文标记应该写成"高丽",因为韩国的标准英译是Korea。

《天下事》4-2-2005

韩流改变不了
日韩政治现实

第四章 半岛风云

　　韩流席卷日本，但却没有因此改变日韩的政治现实。日本确实有不少人因此减少对韩国人的偏见，但是韩国人却依然不信任日本。

　　最近的独岛（竹岛）之争，加上卢武铉总统的"三一独立运动日"发言，让刚揭幕的"日韩友谊年"即刻变得黯然无光。

　　日韩两国政府将2005年规定为"日韩友谊年"。一、今年是日韩建交40周年；二、裴勇俊现象风靡日本，打铁趁热，因此筹划了近500个活动项目，希望今年能改写日韩两国的交流史。日本这些年也确实绞尽脑汁，打算重新塑造日韩关系，从联办世界杯足球赛，到有意引进韩国流行文化，包括电视剧、电影，流行歌曲等等，企图用欢乐来驱除过去的不快，确实是用心良苦。

　　但是，现实与理想总有距离，何况韩流只是一种时尚，一部分人的消闲方式，希望借韩流把过去的悲痛历史含糊过去，原本就是日本当局的一厢情愿，天真而又不切实际的想法。原因是，对现状不满的，由始至终是韩国人，而不是日本人。日本人即使减少了民族偏见，却不愿意反省历史和认错，那么，日韩之间的好感只能是短暂的，友谊也更脆弱。

　　日本岛根县议会议员宣布，他们要立法纪念"竹岛日"；日本驻韩大使高野纪元也在汉城重申，"竹岛是日本固有的领土"，这些声明即刻便变成一股寒流，逆方向吹回朝鲜半岛。韩国人当然义愤填膺，甚至热血沸腾，恫言要驱逐日本大使出境。虽然这只是小火种，却成了大火球，证明韩流只能增热闹，却不能融冰雪，当然也就不能改写历史了。

独岛之争破坏气氛

独岛是位处韩日之间的一个小岛，严格说只是两块浮出海面的大岩礁。与两国几乎是等距离。韩国与朝鲜都称它为"独岛"，唯有日本称它为"竹岛"。韩国将东西两个岩礁，称之为东岛和西岛，或者雌岛和雄岛，加上36个小岩礁，总面积也只有0.18平方公里。虽然大小不能与总面积6.3平方公里的钓鱼岛相比，争执的根源却毫无差别，都是当年日本对外扩张所留下的负资产。

2月23日，东京西北的岛根县议会宣布，他们打算立法将每年的2月22日规定为"竹岛日"。独岛与竹岛之争，显然不是单纯的名称不同，而是典型的恢复过去版图的重要步骤。日本宣称，100年前它已是岛根县隐岐岛管辖的岛屿。当时的明治政府却曾宣布，竹岛虽是"无主"的岛屿，根据"无主之地，先占为主"的原则，将它据为己有，并于1905年2月22日将它划归岛根县管辖，成了日本合法的土地。

明治维新，一是励精图治，二是积极对外扩张。1905年是明治38年，也就是日本开始对外膨胀的时代。之前，包括出兵朝鲜、暗杀闵妃，强迫中国签订《马关条约》割让台湾；之后，日本吞并朝鲜半岛。跟整个半岛的存亡相比，独岛已经不是问题了。虽然独岛根本不是一个无主之岛，它附属郁陵岛，直到朝鲜王朝实施空岛政策，禁止人民外岛居住之后，对马藩主才有可趁之机占有独岛，再奉献日本政府的。

战后，联合国最高司令部将独岛与郁陵岛，同时拨归驻韩美军管辖，韩国人认为已将它物归原主。1952年，韩国总统李承晚宣布，划一条"李承晚线"保护海上权益，不准日本渔船越界，而独岛就在这条线的中心。这个海域虽然没有石油，却是鲍鱼、海螺等海产的宝库。但后来韩战爆发，韩国无暇兼顾，日本右翼乘机频繁登陆，还竖立纪念碑等标志，制造了日本已实际占领独岛的印象。

当时，韩国有批青年，在23岁洪淳七的领导下，组成一支"义勇守备队"进驻独岛，还多次击退进犯的日本巡逻队，前后坚守两年才将它移交韩国政府派来的正规守备队，自此独岛已在韩国的实际控制之下。现在，岛上已建有码头、直升机着陆坪，并驻守有直升机、舰艇和34名武装警察。

卢武铉不得不表态

日本为何突然发难，要在"日韩友谊年"制造寒流呢？一、今年是所谓竹岛划归岛根县管辖的100周年；二、日本极端右翼势力认为，日本有关当局对韩国的政策过分"软弱"，包括去年韩国再度发行独岛纪念邮票，广泛向韩国和世界宣传，独岛已完全在韩国的控制之下；三、日韩双方虽然达成协议，两国渔船都能进入此暂定海域捕鱼，实际情况则是韩国渔船充斥，垄断了整个渔场，就是这些因素促使日本的右翼势力不顾后果，破坏了"友谊年"的如意计划。

韩国人一般上容易气急败坏，特别是听闻日本高官再次歪曲历史，总认为是故意鄙视他们，因此由愤怒而破口大骂：日本人"狂妄"，总是满口"妄言"。而日本驻韩国大使高野纪元的发言，又火上添油，把事态推进到危险的边缘。

日本大使成了泄愤的对象，甚至认为在韩国首都口出妄言，是在主人家当众打主人一记耳光，此可忍孰不可忍也。

日本大使惹祸，又迫使韩国总统卢武铉不得不在一年一度的"三一独立运动日"（纪念1919年3月1日爆发的抗日独立运动）仪式上，发表对日态度严肃，措辞严厉的演说。他说，韩国不将过去问题当外交课题的政策没有变，但也不能期待单方努力便能解决问题。又说，日本要究明真相，诚心谢罪，需要赔偿就应该作出赔偿。还强调，"这是全世界清算过去历史的普遍方式。"

韩国总统公开使用"谢罪"和"赔偿"等词句，甚至还说，过去"日帝"强加的痛苦（指绑架半岛人民到日本）何止千倍、万倍。日本有人因此担忧，卢武铉总统提到战时绑架20万人到日本当苦役的历史，不单暗示这些人有权要求赔偿，还提醒日本不应在朝鲜绑架日本人事件上，把彼此关系搞得更复杂。

韩流与政治是两回事

韩国政府的高调反应，确实使日本政府感到无奈，犹如晴天霹雳。因为，一、担心经营多年的日韩关系，会从此再度进入波涛汹涌的不稳状态；二、民间要求日本赔偿的案件将会激增，包括被迫当慰安妇、被绑架当苦役的人；三、要求重新审查1965年缔结的日韩条约，当时韩国虽然获得8亿美元"援助"，日本却拒绝使用"赔偿"一词，等于否定有过谢罪的补偿。从法理上来说，也许可以作两种解释，一是双方已经解决了赔偿问题，二是日本根本没有赔偿，因此民间有权重新提出赔偿要求。

近期的日本外交战略是"拉韩抑中",就是对韩国尽量忍让、拉拢,对中国则不惜挑战、排斥。目的无他,是要避免韩国与中国靠拢,结成对日统一阵线。就连对独岛与钓鱼岛的争议,也态度截然不同。问题是,根本问题不解决,即使忍气吞声,面对现实问题,还免不了要正面冲突。

2月28日,韩国国会文化观光委员会发表声明说:如果日本不改变态度,就不存在"韩日友谊年",不需要形式上的文化交流和表面上的友谊友好,因此应考虑取消部分韩日友谊年活动项目。

有人说,韩流带来了温暖,也融解了韩日的冰雪。假如真是这样,韩流主角裴勇俊应该获颁诺贝尔和平奖了。事实证明,韩流是一回事,政治现实是另一回事。

《天下事》11-3-2005

韩国人为何对日热血沸腾？

第四章 半岛风云

2005年是第一个"日韩友谊年"。两国政府原本计划要大事庆祝，不料岛屿主权之争泼了一盆冷水。友谊未增加，鸿沟反而扩大。

罪魁祸首无疑是"竹岛日"的制订。2月间，日本说要在每年2月22日纪念"竹岛日"。所谓"竹岛"，就是指韩国控制的"独岛"。日本驻韩国大使高野纪元在首尔公开说，"竹岛明明白白是日本领土"，激起韩国人的强烈抗议。

3月16日，日本岛根县地方议会不顾韩国的反对，以33票赞成、2票反对、1票弃权，通过了《竹岛日条例案》。岛根县政府事后还发表谈话说，制定该条例是要重申竹岛不论在历史上，还是在国际法上，都隶属于岛根县，是日本领土。岛根县议会事务局长长尾谷万子透露，这可能是把竹岛问题交给国际法庭的第一步，具有十分重要的意义。

在韩国，竹岛（独岛）之争像火山爆发一般激烈，断指、自焚、焚旗、跳河、呼吁抵制日货、要求断交，主张以牙还牙。韩国马山市议会也要通过议案，将6月19日法定为"对马岛日"。因为现在日本管辖的对马岛，曾经是韩国马山市管辖的岛屿。

要重温辉煌的过去

日本出于战略考量，曾极力想和一水之隔的韩国友好。韩流近年席卷日本，日本趁机宣布，将2005年宣布为"日韩友谊年"，以此突破其亚洲外交困境。但是，同时又选择"竹岛划归岛根县管辖100周年"的今年举行"竹岛日"纪念，不仅抵销了友好的气氛，还划破了旧的伤疤，使两国关系再度陷入紧张。

首先，通过"竹岛日"的制定，等于进一步重申日本拥有竹岛的主权。虽然时机选择非常不适宜，但从长期战略来看，则是日本政策转趋强硬的证明。因为，上述"保卫县土竹岛之会"会长长尾谷就说，它可以成为向国际法庭申诉的一个准备步骤。

其次，竹岛的主权在日本战败后其实已经完全丧失。而且从1954年起，日本政府除了按例向韩国提交外交照会，称"竹岛是日本固有领土，韩国必须立即撤出"之外，实际上已对它束手无策。东京政府处境困难，唯有动员其他力量，除了极右团体，岛根县便是一支生力军。有人怀疑，也许是岛根县与中央政府在唱对台戏，事实上却没有这个可能。因为，这个地方议会也是自民党的天下，此外中央政府几个实权人物，如自民党参议员会长青木干雄、内阁官房长官细田博之，他们都是岛根县出身，不可能无缘无故给东京增添麻烦。

第三，"竹岛日"的制订，除了纪念岛根县100年前就已经拥有竹岛的管辖权，还有另一个重要政治意图，就是提醒日本人，他们有过辉煌的过去。因为，1905年独岛（即竹岛）并入岛根县，同时还成功强迫朝鲜王朝签署《乙巳条约》（第二次日韩协议）剥夺了对方的外交权，到1910年签署《日韩合并条约》后，日本便正式吞并了整个朝鲜半岛。如今通过纪念"竹岛日"的活动，短期目标固然是加强日本的谈判地位，长期目标则是要从战前的"辉煌"历史，重建日本人的民族自信。

"对韩半岛第二次侵略"

对韩国人来说，这不仅是一个岛屿的主权之争，而是维护民族利益和历史真相的斗争。他们对日本的不反省、不忏悔，原本就积压了闷气，这一挑拨更把愤怒推高到了另一临界点。韩国政府的对日政策原本是务实的，但面对国内人民的义愤填膺，热血沸腾，也不得不公开表态反日。

独岛对韩国不是单纯的主权之争，背后隐含的光复国土，为民族雪耻的感情，不是第三国人民容易理解的。日本《朝日新闻》3月11日社论就坦然承认，独岛对韩国人来说，是"日本侵略的最初牺牲地"，却又是他们"战后民族独立的象征"。有人甚至说，独岛的胜利，是朝鲜民族摆脱日本殖民阴影，百年来的第一次胜利。日本现在要夺走这个胜利品，无疑是要韩国人重新回到过去耻辱的年代，当然是不可能的事。

韩国统一部长郑东泳认为，日本制定"竹岛日"的历史意图，是要逐步恢复其战前版图，把中国的钓鱼诸岛（日称尖阁列岛）、俄罗斯的南千岛列岛（日称北方四岛）、韩国的独岛（日称竹岛）重新划入日本版图。郑东泳形容，日本的做法无疑是对韩国进行"第二次侵略"，因此宣布放弃"对日静观的外交"，改以"对日外交新原则"来对应。

一个月前还有人说，日韩关系处于"历史上最好的状态"，因为两国政府正展开为期一整年的"友谊年"活动。现在两国关系又出现一股寒流，一是因为国家主权之争超越了一切；二是历史的疮疤再次受到伤害。在岛根县制订"竹岛日"的同时，东京又传来"改恶"的历史教科书即将出炉的消息。日本极右团体"新历史教科书编撰会"编印的中学教科书，改订版已呈交当局批审。

韩国改变对日外交姿态

卢武铉政府的对日政策一向强调"面向未来"，呼吁国民控制情绪，但是事实却证明，"对日静观政策"并不能改变现状。韩国传媒曾经批评卢武铉，说他公开声明不对日本重提历史问题，是外交政策的严重错误，是作茧自缚的外交行为。如今，郑东泳宣布改变外交姿态，执行新的"四大方针、五点对策"，既是安抚国内民众情绪，也是纠正对日姿态的开始。

韩国政府的四大方针是：一、日本必须清算侵略历史，并进行彻底反省；二、日本在独岛和历史问题上，出现了企图将殖民侵略正当化的趋势，韩国将坚决反击；三、为伸张正义，将向国际社会宣传韩国的正当立场；四、为实现东北亚的和平与繁荣，将继续增进与日本的交流。

五点对策是：一、采取措施坚决捍卫独岛主权；二、纠正日本岛根县对历史的歪曲，营造共同的正确历史认识；三、从人权的角度，正确处理遭日本帝国主义侵略或迫害的受害者，政府将解决韩日协定范围外其他受害者的赔偿问题；四、日本必须得到邻国的信任后，才能在联合国等国际社会赢得尊敬；五、韩国并不放弃对日本的信任和希望，因此将通过相互理解，奠定消除历史问题的基础。

韩国的对日新姿态是严酷的,一要根据历史认识程度重新评估两国关系;二是日本真诚谢罪与反省之前,不支持它成为安理会常任理事国;三是将支持个别受害人,要求日本作出战争赔偿。

韩国《东亚日报》社论曾经说,韩日关系"春来不似春"。既然触怒了性情火暴的韩国人,日本将不易从这场危机中摆脱。看来只有等待"结者解之"了。但是,日本即使要"解之",又谈何容易?

《天下事》25-9-2005

金正日访华
"经济学习"之旅

第四章 半岛风云

国际传媒追踪、猜测多日之后，中国和朝鲜官方昨天终于发布消息，朝鲜最高领袖金正日已经到过中国访问。金正日就是这样一号人物，他不敢乘搭飞机，也不公开行程，甚至还要求受访问国为他保密，如此神秘兮兮的国家首脑已经是硕果仅存了。

朝鲜与中国只有一江之隔，地缘政治加历史因素，两国一向关系特殊。金正日频繁访华，其实没有什么不正常，但作为一名被世界视为桀骜不训的人物，竟然在两个月内两度会见中国国家主席胡锦涛，确实有其不寻常之处。金正日这次访华，究竟有什么特殊政治意图？

"经济学习"之旅

有人就从2005年10月中国国家主席胡锦涛刚访问过平壤，联想到当时双方可能有什么协议，比如建议朝鲜实行某种发展计划，而中国又承诺要给朝鲜提供相关的援助，遂促成了金正日第四次访华。

也有人从朝核问题六方会谈已经陷入了瓶颈状态，而美国又借口平壤印制假美钞、通过澳门的银行和朝鲜商社进行洗黑钱活动，开始经济制裁平壤。日本也借口日本人被绑架问题，正蠢蠢欲动要加盟美国的制裁行动。这些可能使朝鲜感受到威胁，迫使金正日到中国去商讨对策。

这些猜测显然是夸大了美日的制裁效应,以及美国的边缘政策。一、六方会谈还未到达关键性时刻,根本就没有必要由金正日亲自出马;二、朝鲜对经济制裁已经司空见惯,平壤不致于手忙脚乱到要去北京求救。

更重要的是,国际传媒已经在广州、深圳、武汉等地发现了金正日的行踪,证明金正日此行有更长远的打算,有更宏伟的计划,就是沿着当年邓小平"南巡"走过的脚印,亲自去体会中国改革开放的道路。因此,金正日此行应该是"经济学习"之旅。

韩国《中央日报》有这样的分析文章。它说,金正日这次是踏着邓小平南巡的脚步访问广州深圳的,而他考察的重点有三,一是农业的先进领域;二是中国年轻人的动向;三是尖端科研的发展状况。

据悉,金正日参观了广州附近番禺的东升农场,显然是要从这一著名的现代化管理农场寻找灵感,为朝鲜的农业发展勾画出一幅新的蓝图。农业原本是朝鲜的强项,近年却一落千丈,甚至年年都闹饥荒,为了解决2200万人的缺粮问题,平壤的统治者必须改变现状。

2001年金正日访华,曾经参观上海的孙桥现代化农场。2002年成立新义州行政特区,委任荷兰籍华人杨斌为特区长官,就是要仿效中国发展现代化农业来彻底改善朝鲜农业,后来因为有诸多原因使该计划搁浅。

"进行划时代的改革"

朝鲜领导人除了重视农业,对中国的高科技产业发展,特别是高科技工业园的建设和管理,也表现出高度的兴趣。这次金正日参观了深圳南山科技园,据说他对全自动化的配备、具体的动作原理,都作了深入的观察,说明他的考察不是普通的行程。

2000年访华,当时他曾访问北京的信息科技工业园——中关村,也参观了中国IT企业中最先进的联想集团。2001年参观上海浦东的尖端产业园区和证券交易所等金融、商业设施,当时他曾感叹说,这"真是开天辟地"。2004年参观天津的高科技工业设备。这些都可说明,他不仅关注IT产业发展的趋势,还企图以IT产业为中心,作"一次性跳跃"的经济发展战略。

金正日过去几次访华，使他开始强调实用主义的"新思考"，并于2002年为朝鲜引入具有市场经济要素的"经济管理改善措施"，包括2002年9月的"新义州行政特区"计划，以及后来的"开城工业园区"计划。

韩国《东亚日报》引述专家的看法，说金正日远赴中国南方，作史无前例的考察，一是因为它是中国最早的经济特区，邓小平改革开放构想实现之地；二是他很可能是在为"进一步改革构想"作安排和准备。《朝鲜日报》也有类似的分析，说预测金正日回国之后，"将尝试进行划时代的改革"。

过去朝鲜的改革开放所以步履蹒跚，最大原因是没有安全感，其次是缺乏基本的资本累积。近年，韩国改变其北方政策，使朝鲜感受到不再腹背受敌，因此开始尝试着打开几个窗扉。现在，通过朝核问题六方会谈，如果问题能有突破性发展，围堵朝鲜的美日韩三国联盟就会解散，朝鲜不仅可放下安全的恐惧，还可获得资本、技术和市场的解放，到时改革开放也就有可能真正实现。

朝鲜半岛问题能否解决，六方会谈是一个指标，但必须有美国和日本的配合；金正日访华回国后的表现是另一指标，开放还是锁国就看他的决心。

《天下事》19–1–2006

长白山 vs 白头山

中国与朝鲜是毗邻，却有"一山两水"，即长白山、鸭绿江和图们江清楚划分两国疆界，照说不存在一般邻国所谓的"边界纠纷"因素。中国人管叫这座东北名山为"长白山"，朝鲜和韩国人却改称它为"白头山"；同样，中国叫"图们江"的大河，朝鲜却叫它"豆满江"。由于同属一个"汉字文化圈"，这不仅有标新立异的意图，还似乎有互争主权的潜在意识。但绝不仅是命名权之争，而是有更深层的分歧，甚至是潜伏未来国土纷争的征兆。

过去，只出现过朝鲜以"兄弟感情"要求中国割爱长白山的传闻；现在，却连隔着一个朝鲜的韩国也想轻轻插上一脚，不仅使事情变得更加复杂，而且有可能发展成为区域纷争的新火种。

韩国娘子军发难

迄今为止，韩国仅通过舆论向中国施压，就是强烈反对中国通过"东北工程"的研究而修正东北地区的古代史；如今，却利用韩国选手登上长春冬季亚运会颁奖台的机会，集体高举"白头山是我国领土"的牌子公开示威，不仅使中国难堪，还增添了东北亚内部纷争的新因素。

2007年1月31日，在长春举行的亚洲冬季运动会，五名领取3000米短道速滑接力赛亚军奖牌的韩国女选手登上颁奖台时，高举"白头山是我国领土"的纸牌，让现场记者忙得团团转。

据韩国《朝鲜日报》报道，韩国"娘子军"的举动，赢得在场韩国啦啦队挥舞太极旗大声欢呼。她们的行动，一是抗议中国在开幕仪式上将白头山称之为长白山；二是抗议中国裁判对韩国队执法不公。

消息传回韩国，各媒体大事渲染，韩国网民更是欢喜若狂。《朝鲜日报》称这行动为"白头山庆祝仪式"，并详细报道了"娘子军"回国后如何兴奋，只承认行动欠缺考虑，但不表示后悔的谈话。《中央日报》也说，参与行动的娘子军不表示后悔，还觉得中国的反应滑稽。还说，她们只知道"白头山属于韩国"，而首次听到"长白山是中国领土"的说法，当然"满肚子气"。

韩国报章还报道，中国网民已作出反击，宣称要利用合成照片"和意图侵犯中国神圣领土的韩国相抗衡"。韩国称，这是"恶搞"行为，而以脏话贬低韩国人的帖子充斥互联网，其中最大的"杰作"，是将背景改为火星，高举纸牌上书"火星也是我们的"，讥讽韩国人妙想天开。

大韩国主义思想

现在不止是山的名称，到底是"长白山"还是"白头山"，而是此山属于那个国家也成了问题。现实的问题是，现在年轻韩国人所受的教育，只知道世界上有"白头山"，而且"白头山是韩国的领土"。这是对历史不求甚解，也对现实无知的表现，因为中朝边界就是划在长白山中线上，一半属于中国，另一半属于朝鲜。

在一些狂妄的韩国人看来，南北统一之后，他们也可以拥有一半主权，再扩展到拥有整座山，甚至整个中国东北地区。从这个角度来看，不只是山的归属问题，在山背后更有抽象的民族感情，历史情节。

至于中国朝鲜族把长白山视为"民族的灵山"，是原自中国满清的康熙皇帝，在17世纪后半期承认白头山为朝鲜族发源地，并允许朝鲜人在那里进行祭祖活动开始的。而清王朝当时已经划清了现在的边界，并树立了"西到鸭绿江，东到图们江"的界碑。但这高2.25尺的石碑，后来却被入侵的日本摧毁了。

中国为何启动"长白山工程"或"东北工程"呢？《东亚日报》评论员金忠植，去年8月1日发表专栏文章《白头山》时指出：中国早就启动了"长白山工程"，即1980年被联合国教科文组织指定为生物保护区，1986年被指定为"国家自然保护区"。前年，长白山管辖权从延边自治区移交吉林省，并申请为"世界自然遗产"。中国已建设了长白山机场、还计划建三条高速公路和循环公路等等。

韩国担忧的是,"东北工程"启动之后,长白山成为"中华十大名山"之一,表明这些地区"属于中国主权范围"。作者甚至指出,中国的意图"是为对应韩国统一后的高句丽渤海历史争议的先发制人"措施。

《纽约时报》早在2004年8月25日也曾报道,"中国通过'东北工程'将高句丽史编入本国史的目的,就隐藏着对韩国可能扩张为'大韩国'的忧虑"。中国东北地区有200万朝鲜族,朝鲜半岛的韩国和朝鲜人又要求拥有他们的"民族灵山",甚至要回去祖先发迹的地方建立"大韩国",那问题就不简单了。

《天下事》13-2-2007

韩国首个 CEO型总统

第四章　半岛风云

韩国新型政治人物李明博在2007年12月19日的大选中，以压倒性绝对多数票当选韩国第17届总统。

李明博获得48.5%选票，但全国总投票率只有62.9%，是历届最低的数字，说明民主选举在韩国不再新鲜而狂热，选民的选择也越来越有限，这对韩国政坛人物是个警讯。

李明博所以独占鳌头，原因有：一、他以传奇人物姿态君临政坛，与卢武铉当年以苦学律师成名有异曲同工之妙；二、他卸下首都首尔（当时称汉城）市长职务不久，有具体政绩供人检验，这比其他候选人又略胜一筹；三、现政权经济表现欠佳造成人心思变，给这名"总裁（CEO）型政治家"提供了一个表演舞台。

经营企业与市政经验

"经济人"李明博非常识时务，竞选口号就是"复苏经济"，一切以经济为优先。竞选期间，他曾夸下海口，要使"明年股价可以突破3000点，任内使股价达到5000点"。韩国没有业界人士敢于苟同，但都心知肚明，这些是选举语言，目的在于促使人们投他一票。

12月20日，李明博肯定当选之后举行内外记者会，他继续强调：目前的经济困难，源于企业投资不振，根源是对现政府的经济政策不信任。因此，他要彻底改变经济环境，让企业家能安心投资。

李明博说,"韩国已经走过了建国、产业化与民主化的阶段,现在应该是走向先进化阶段了。"他把"先进化"当口头禅,企图以此建立其"历史"地位。他强调,"经济先进化"、"生活品质先进化",甚至为实现"先进化"建立"新发展体制"。

李明博的竞选策略,就是利用他过去的企业经营体验、首尔市长管理经验,彻底打"经济牌",并塑造了韩国需要一个"CEO型总统"的新政治口号。他说,建国和民主化阶段过去之后,政治要转型,经济也要转型,而韩国更要从财富再分配的经济,改变为创造财富的经济。不过,李明博过去能管好首尔市,不一定就能管好整个韩国。

蓝图可能成画饼充饥

李明博的竞选纲领中,绝大部分的关键词是经济。第一个"747经济发展蓝图"是经济;第二个"韩半岛建大运河计划"也是经济;第三个"大量建屋计划"更是经济;即使第四个"在朝鲜建五个自由经济区"还是经济;只有第五个关键词"加强韩美同盟关系"才是纯政治课题。

所谓"747经济发展蓝图",就是要将现在平均4.5%的年经济增长率提升为至少7%,同时花十年左右的时间将人均收入提升到4万美元,如此韩国便将成为世界第七大经济体。目前,韩国的人均收入约为2万美元。

经营企业原本是CEO的特长,但经营一个国家,除了经济增长,还有财富再分配等问题必须面对。7%的经济增长也许是画饼充饥,却说明韩国人渴望能跻身先进国之林,更不愿一直成为夹在中国与日本之间的"三明治"国家。

第二个关键词"韩半岛建大运河"。据李明博说,他计划花四年时间开凿一条连接首尔和南部海港釜山的大运河,以改善南北交通运输。但有人质疑,现在挖掘运河仅供交通运输,是否已经过时。李明博却说,运河运费低廉,既节省能源又有利改善环境,还可发展旅游业。其实更大的功能是像治理首尔的清溪川,可以给李明博一个具体的宣传样板,通过这庞大基础设施工程的投资,动员全国企业、劳工,除了制造就业机会,还可以制造经济建设热。

清溪川是汉江流经首尔市中心的一条人工河道,全长5840公尺。上世纪50~70年代的工业化使它受到严重污染,1978年不得不将它用水泥板加以封盖,成为一条恶臭无比的暗沟，后来还在它上面架起高架桥，使到汉城（李明博当市长后中文名称才改为首尔）市容更加受损，空气、噪音和环境更加恶化。

李明博拆除封盖和高架桥，使河道焕然一新，首尔市民确实为之雀跃，而李明博的政治声望也就更加高涨。建大运河计划，其实就是清溪川工程的翻版，也是市长政绩的持续扩大宣传，将它当作竞选王牌来打，突出了CEO治国的声势，也给CEO的入主青瓦台加强了理论基础。

贯彻实用主义的精神

韩国是个政商勾结闻名世界的国家，李明博的老板郑周永及其第二代涉足政坛，一心要入主青瓦台却不成功，这是前车之鉴；一个个财阀遭到整肃也是记忆犹新的事，说明韩国政坛和社会一直对商人、财阀都没有好感。李明博也许是例外。而他能成为例外，其中一个重要原因，是选民急于要摆脱卢武铉对经济发展的无作为。

CEO翻译成"执行官"或"执行长"都有瑕疵，其实他就是传统的"公司总裁"、"总经理"，或统称为"经济人"。因为他不是资本家、投资人，也难称为企业家。

由于李明博投身极端保守的大国家党，所以人们担心，已经缓和与稳定了的南北关系，可能会回到"阳光政策"之前的紧张对立状态。但也有人分析，李明博是一名转型的CEO，除了有生意人的灵活性，也应该有足够的国际视野。从CEO的本性来说，李明博不太可能是个颠覆朝鲜半岛和平与稳定的复古保守派。他已公开说自己是个"实用主义者"了。

李明博重申，他将"推行超越进步与保守的实用主义外交，在南北合作方面也将如此。"他还提到"环球韩国"（Global Korea）的概念，说明他还没有忘记其CEO从政的特殊身份。

《天下事》27-12-2007

第五章
小泉现象

"怪人小泉"
如何"怪"法？

世界媒体都把自民党新总裁、日本新首相小泉纯一郎描绘成"怪人"。虽然，小泉从来没有以"怪人"自居，却也不以此为忤，还幽自己一默，甚至充分利用这一绰号，在总裁竞选期间，自称"我就是改变自民党，改变日本的变人"。怪人写成日文是"变人"，成了双关语。

原来，最先称小泉为"变人"（hen-na hito）的是日本政坛"名嘴"田中真纪子。她当初并无贬义，甚至有包含更多"古灵精怪"的褒意，实际是给小泉发出政治支持讯息，让小泉得以反败为胜。不过，熟悉日本政治的人都知道，真纪子从开始就不喜欢小泉，但出于报复"田中派"后辈桥本龙太郎，她选择了与魔鬼握手的策略，在党总裁选举中给予小泉大力支持。

田中真纪子就是前首相田中角荣的独生女，她继承了其父田中角荣的地方选区，却无法继承田中角荣在权力中枢的地位。更具讽刺的是，她跟其父当年栽培的后进，组织的"田中派"同僚，一直无法融洽相处，甚至变成势不两立。田中角荣创立田中派，其得意门徒竹下登、小渊惠三、桥本龙太郎先后登上首相宝座，就是没有给真纪子特别照顾，使她总对他们冷嘲热讽，趁机奚落。

田中真纪子说话尖酸刻薄是著名的，她创造了很多政坛名句，曾数次荣登全年最佳流行语宝座，这也是家喻户晓的事。小泉三次竞选党总裁，三次都面对党内最大派系，即前田中派的经世会代表人物的对垒，在真纪子看来他勇气可嘉，也间接替她出了口气，因此她给小泉封了这个"变人"的称号，目的还是称赞小泉。

从派阀会长摇身一变

小泉纯一郎原本有个绰号,叫"政坛一匹野狼"(独行侠)。过去,他总是在日本政坛的权力边缘徘徊,一他是"叛逆儿"、"危险人物"的形象,影响他跟政界其他人的交往;二他也没有认真探讨过政策,塑造自己的政治方向。

其实,从过去小泉的作风,这次竞选党总裁的经过来看,他不仅是个善于投机取巧的人,也非常善变,确实是个"变化之人"。自民党有人给小泉一个很中肯的评价:他是个"时局之人",而非"政策之人"。意思是,他会看风转舵,会顺应时势,甚至会抓紧时机,却不是一个坚持政治原则,有政治主见的人。

小泉三次竞选自民党总裁,第三次终于给他攀上潮流,显然是找到了选举制胜的窍门。迄今为止,自民党人要当总裁,不是由党内最大派系垄断,就必须取得最大派系的认可。他找到的窍门,就是打出"非派阀"的旗号,借助全国舆论与选民的力量,先解除了对方的武装,不仅使党内最大派阀桥本派动弹不得,还使其候选人桥本背负派阀原罪的枷锁,就在使用这一"怪招"下,小泉获得了意外的胜利,打了一场非常漂亮的胜仗。如果小泉不是一个"变幻莫测"的人,如此否定派阀,否定自己的战略,今天的总裁还会是桥本龙太郎。

但是,奇怪的是,却没有人追究,在小泉打出无派阀旗号提名竞选总裁之前,他还是森喜朗派的掌门人,即是森派"会长"。小泉能够从派阀跳进非派阀,把日本今天的政经沉沦,执政自民党的全面堕落,全都归罪于派阀统治,而且暗指是最大派阀所造成,这就使桥本完全没有了招架的能力。

玩火更是后患无穷

小泉踏入政坛初期,他是前首相福田赳夫的秘书,30年来他一直是福田派的忠诚成员。福田派,后来改名安培派、三冢派,再成为今天的森派,小泉都是它的积极支持者,这就说明小泉的应变能力何等超群。单从这点来看,小泉确实又是个政坛"怪人"。由于小泉敢变,结果他便能以298票对155票打败桥本,荣登了首相宝座,这种侏儒胜巨人的战略,确实重写了日本的政治史。

小泉能以"改革派"姿态动员舆论,能以"非派阀"名义解除最大派阀领袖桥本的武装,显示他不是简单的"怪人",更不是一匹耿直的"野狼"。除了这些手段,他主张修改和平宪法,堂堂建立军队,还要参拜靖国神社,这种玩弄民族主义手段，企图与法西斯新右派、国粹主义集团认同的姿态，固然在短期内可以博取选民的同情与支持，但这种玩火政策迟早要付出代价。

过去，稳健的自民党人把小泉当"危险人物"看待，现在执政自民党选他为新总裁、新首相，便轮到日本的亚洲邻国担忧这个"怪人"了。

俗话说，时势造英雄。自民党第20任总裁小泉纯一郎，就是这样一号人物。

小泉与前首相桥本龙太郎，可说是一对欢喜冤家。桥本总是把头发梳得发亮，一个是帅哥造形，一个是小白脸打扮，都是一表人才，也博得女性的欢心。据说桥本还有不少花边新闻，小泉则在离婚之后，一直是孤家寡人一个。

不仅如此，他们都是政治世家，世袭议员，甚至同样出身日本公子少爷就读的庆应大学。不过，小泉的政治经验和地位，却远比不上桥本，因为桥本1963年已当选众议员，小泉则迟至1972年才第一次当选；桥本1978年开始当内阁部长，历任厚生、运输、大藏、通产等部长，96年开始还当了三年首相；小泉只三次入阁，一次入竹下登内阁当厚生相，第二次入阁当邮政相，第三次则在桥本内阁当厚生相（卫生福利部长），又没有在党执行部当过任何职位，政坛的资历显然就比桥本浅了，但是他这次挑战首相位子，终于把前辈的桥本挤下了台，是后浪推前浪，还报了一箭之仇。

《天下事》28-4-2001

小泉玩火 骑虎难下

第五章 小泉现象

日本首相小泉纯一郎是否真的会不顾各方反对，在"终战纪念日"到靖国神社去参拜军神，谜底也许真要等到8月15日当天才会揭晓。

虽然，日本国内反对与支持小泉冒进的势力，这几天还在激烈较劲。一方面，小泉要表示，他对极右势力没有背信弃义，还坚守上台前的诺言；另一方面，小泉自己也发现，他的玩火政策已经触礁，连执政联盟内部也有不少人持反对态度，特别是反对神道国教的公明党，因此只能用"骑虎难下"来形容小泉目前的处境。

小泉上台之前，为了争取自民党极右势力的支持，公开声明，他当选总裁兼首相的话，将在"终战纪念日"正式到靖国神社去拜祭；上台后又面对参议院选举，小泉重申他将义无反顾去拜祭。现在，终战纪念日转眼将至，国内外反对小泉美化侵略，重蹈前首相中曾根覆辙的人，也异口同声反对他，这使小泉不得不重新衡量利害。

报答遗族会的支持

小泉首相所以玩火，一小泉原本就是个思想极右的政客；二小泉需要旧军人团体"日本遗族会"的支持；三小泉要改变现状恢复旧日本体制。

首先，到靖国神社拜祭军神，原本是小泉一贯的信念。小泉出身保守政治世家，祖父战前当大臣，父亲战后当部长，踏入政界就成为福田赳夫（原首相）

的秘书,当选国会议员之后,理所当然成了福田派一员。福田派是自民党极右派——岸（信介）派的伸延,也是当今森（喜朗）派的前身。

日本政治评论家小林吉弥认为,小泉的故乡鹿儿岛,"当地有军国主义风土,小泉很可能受此影响"。实际上,小泉从小就爱读一本《战殁学生手记》,对侵略战争期间日本青年前仆后继为国捐躯,既羡慕又感动。

其次,小泉为竞选自民党总裁,据说跟日本遗族会订有密约。遗族会是自民党的支持母体之一,会员超过100万人,组织遍布全国,其中11万人还是自民党党员,不仅是选举时的票仓,也是选自民党总裁时的左右力量。

桥本龙太郎原本是遗族会会长,出任首相之后便"背信弃义",没有身体力行率领内阁成员前往靖国神社拜祭（96年桥本当选首相,提早在7月29日私下参拜靖国神社）,颇使遗族会头目们失望。小泉这次跟桥本打擂台竞选总裁,便以参拜神社作为竞选筹码,结果他一箭双雕取得胜利。后来的参议院选举,自民党获胜,遗族会功劳也不小,小泉的负债因此加重。

第三,小泉踏入政坛以来每年都到靖国神社拜祭,还常年供奉灯笼表示敬意。1985年,前首相中曾根康弘以首相身分前往拜祭,受到中国等近邻国家强烈抨击,几乎酿成外交对抗,中曾根知难而退,从此历届首相都视参拜为畏途,引起极端势力的不满,抨击中韩等干涉内政,不尊敬日本人的宗教感情。

事隔16年,小泉誓言要以首相身分再堂堂正正前往拜祭,就是要打破中曾根以来的失败,突破邻国的限制,重新恢复靖国神社享有的国教地位,还要排除邻国对日本所设的限制,恢复靖国神社过去享有的特殊地位。换言之,日本要抛弃战败后加诸它头顶的"紧箍咒"。

战犯死后升天为神？

小泉不是不清楚,日本首相8月15日拜祭靖国神社,等于是代表国家追悼战犯,美化过去的侵略。但是他执意前往,将历史问题简化为对牺牲者的敬意,而且处心积虑要突破限制,这就使人不得不对他加强防范。

4月7日,小泉在竞选党总裁期间表示:"我就不明白,为什么就不能参拜"。

5月14日,小泉当上首相后在众议院发言:"出于对战争牺牲者的敬意,准备以首相身份参拜"。

7月11日，小泉在党首辩论会上再表明："我总是不明白，为什么历代首相只要提起参拜，都会受到限制？其实，在我没有当首相之前，就曾经发誓，当上首相一定要去参拜"。又说："不管战犯的等级是什么，死后都能够升天成神。所以，参拜是理所当然的事"。

7月23日，小泉出席八国首脑峰会后对日本记者表示，对中国、韩国等的强烈反应，"等参拜完以后，再考虑如何改善（关系）"。

8月10日，执政三党干事长规劝小泉应慎重处理朝拜问题。小泉再度表示："将再三深思熟虑之后再作决定"。

小泉原本是想当国粹主义英雄的，尤其想乘着经济衰退，国民不满现状，让国粹主义再度抬头，从而通过靖国神社拜祭这一举措，振奋民心，转移视线，打破限制，从此海外派兵、修改宪法，所有对日本重走军事大国老路的限制，都可一举废除，实现"战后总结算"的"历史任务"。

小泉高举"改革无禁区"的旗帜，原本应该进行经济、社会，甚至政治结构的改革，为经济复苏打好基础。小泉却企图走捷径，不搞经济而搞民粹主义，搞排外的文化、宗教优越论。但是，小泉却没有料到，由于国内和平势力尚未偃旗息鼓，亚洲国家对日本也没有放松监督，坚持8月15日到靖国神社去拜祭，等于正面挑战历史，迫使亚洲和世界良知不能袖手旁观。小泉首相玩火，要如何收拾残局，现在就看小泉会不会悬崖勒马了。

《天下事》13-8-2001

小泉真不搞派阀吗？

小泉纯一郎，4月24日在自民党选举中当选总裁，26日在国会选举中获选首相，当天就宣布新的党执行部和内阁名单，行政效率之高，首相职权之威，令人耳目一新。

过去，新总裁必须先跟党内各派系领袖折冲樽俎，等待各派陆续提呈其推荐名单，论资排辈再分配席位，当然耗时又费劲。小泉说要"改变自民党"，说做就做，运用总裁兼首相的特权，号称任人唯贤而"适才适所"分配职位，当然也不能否定有论功行偿的味道，人们还是感觉有"新人、新事、新作风"。"小泉旋风"确实给封建保守的日本政坛，带来了天翻地覆的冲击。

不过，仔细观察其过程和结果，它距离"改变日本"的口号，似乎又还有颇大的距离。小泉宣称他不搞派阀人事，事实上却又在搞另一种派阀对抗。

内阁支持率在飙升

小泉除了在首次组阁过程中展露了一手，上台伊始便已创下好些新记录，虽然都是表面功夫，他却也因此"人气"大增，内阁支持率即刻飙升到87.1%（读卖新闻），比过去最高的细川内阁（71.9%）、田中内阁（60.5%）都还受舆论支持。

一、小泉把党内最大派系桥本派挤到了死角。桥本派在森喜朗内阁拥有5个部长位子，这次减到只剩下2个，而且被挤出党三役，改写了自民党的派阀关系史。

二、女性占内阁人数三分之一弱，且委任女性当外长，绝对突出了女性的政治地位。日本女国会议员人数仅占全体的8.3％，是先进国的第23位，却在小泉17人内阁中占有5席，显示妇女特别受到重视，而且委任已故日本首相田中角荣的女儿田中真纪子为外相，更是改变了日本的历史。

三、小泉内阁吸收三名非议员入阁，人数也打破近年记录。虽然，1946年第一次吉田茂内阁曾经网罗4名民间人士入阁，后来虽然也少有女性入阁，这次一次3名女性同时上阵还是罕见的现象。

四、大胆起用年轻又无经验者入阁，也显示小泉的大胆和不拘小节。防卫厅长官中谷元仅43岁，行政改革厅长官石原伸晃44岁，而且都是首次入阁。不过，石原伸晃是石原慎太郎的儿子，意图也许是要建立政治裙带关系。前森内阁有7人转入小泉内阁，显然也冲淡了小泉内阁的清新味。

当然，这些都只是表面现象，目的是要标新立异，博取民众好感，让舆论给予好评，特别是争取女性选民的支持，因为7月将举行参议院选举，小泉必须先救沉沦中的自民党。

党三役比内阁重要

其实，观察日本政治动向，不能单看内阁成员的更替，更重要、更根本的政治指标，不在内阁的构成，而在执政自民党的"党三役"分配。

所谓党三役，就是由干事长（秘书长）、政调会长（政策委员长）和总务会长三要员构成的党运营机器。依据日本政坛惯例，自民党法则，换总裁，党三要员也必然跟着换，可见其重要性，而且是在首相组阁之前换，说明它比内阁还影响重大。

由于党总裁的实质任务是出任内阁首相，执政党的政策决定、国会运营、日常事务，甚至内阁成员的去留，实际都由这三要员拍板定案和执行，一个强大的党执行部，经常还产生"党高政低"的现象。

小泉这次委任山崎派首领山崎拓为干事长，党内外都感到意外。一、山崎曾经支持加藤造反，虽然是一出虎头蛇尾的造反剧，旧主流派已经把山崎与加藤同视为"叛党集团"，一直是他们排斥的对象；二、山崎派只是一个拥有23人，党内排名第5的小派系，能否顺利驾驭全党令人怀疑。小泉选择山崎的解释，当然是要打破派阀框框。政治分析家却怀疑，小泉目的是要组织一个，不包括桥本派的新主流派。

党干事长的宝座，是下一任总裁的等候席。因为干事长掌握党财政大权，除了对外筹集党活动资金，也对内派发议员活动经费，特别是候选人的决定与支持。因为干事长掌握全党"军粮"，善加利用便有可能权势突飞猛进，因此是兵家必争之地。

龟井静香中途退出竞选，不是单纯在向小泉送秋波，而是曾公开向小泉提示，他希望当干事长，至少保留政调会长职位。不料，龟井希望却两头落了空，因此已经埋下未来党内权力斗争的新火种。

总裁候选之一的麻生太郎，意外成为坐第二把交椅的政调会长。其背景是，小泉原本要拉拢江藤－龟井派的平沼赳夫，把他从内阁经济产业相提升进入党执行部，但是两个派阀首脑强力反对，不仅龟井尴尬，江藤也动怒，唯有临时给了河野系的麻生太郎。

总务会长给了新成立的堀内派（43人）会长堀内光雄。堀内派刚自加藤派分裂出来，被舆论界认为是桥本派的别动队，如今被网罗进新主流集团，也有进一步削弱桥本派势力的作用。

超派阀对抗大派阀

从外表来看，小泉首相已经成功将党内最大派系，桥本派的影响力从党政双方加以排除。但这只是一个假象，不仅如此，小泉宣布退出森派，实际上又继续把森派作为其掌权的出击基地，除此之外，还拉拢次要派系，企图另起炉灶成立新主流派。

一、小泉的"非派系内阁"，除了小泉自己，还有三名森派成员，结果是以森派代替桥本派（从森内阁的5人，减到小泉内阁的2人），森派突出为新政府最大派系；

二、小泉内阁两个最重要职位，财务大臣由森派元老盐川正十郎担任，外务大臣由反桥本派的田中真纪子出任，他们都是小泉竞选总裁的功臣，也是论功行偿的老套。

小泉的战略部署，内阁以森派为中心，党执行部则以小派系为混成军。森派加上党三役的三派系、加藤派，总人数接近141人，确实有足够力量对抗102人的桥本派，但是这个临时组合能否长期维持优势，就令人怀疑了。党内第三大派，

江藤 – 龟井派（55人）已经虎视眈眈，如果联合桥本派，会对新政权构成严重威胁。

小泉的最大战略错误，也许就在于花太多精力于对抗桥本派身上。以超派阀对抗大派阀，在选民眼中依然是在搞派阀斗争。再有是，企图把人民的视线从最根本的经济问题，转移到修宪和建军等煽动民族情绪的问题上去，短期内固然有助于获得舆论支持，也可能助他临时渡过7月参议院选举难关，但是根本经济问题不解决，自民党还是无法安稳执政下去。

《天下事》2–5–2001

第五章　小泉现象

透视日本政坛
"小泉现象"

小泉纯一郎取代森喜朗上台执政之后,日本社会已刮起两个多月的"小泉旋风",这使濒临瓦解的执政自民党,犹如久旱逢甘雨的老树,突然又出现枯木逢春的景象。

2001年6月24日揭晓的东京都议会选举,不仅是小泉上台执政以来领导的第一次选举,也是选举屡败的自民党第一次反败为胜。即使还不是自民党已回潮的证明,至少也是自民党已停止滑坡的表现。总之,"小泉效应"现在真的已成了自民党的救星。

如果是森喜朗继续执政,不仅7月参议院选举自民党无法过关,这次的东京都议会选举,肯定也不会有这样好的成绩。森喜朗当上首相,自民党在东京等大城市,地盘下沉得更加迅速,更多自民党候选人打算弃船逃生。这次,自民党竟然能选举获胜,显然是推翻森喜朗获得的回报,也是小泉旋风的效应。

小泉旋风产生的效应

竞选开始之前,自民党东京支部商定,只要能保住都议会45个议席,就已经是万幸了,因此总共只题名55人参选。但眼看小泉旋风越吹越猛,不单每个候选人都赶来乘搭小泉顺风车,还倾全力拉小泉首相去站台,选举结果竟获得53席,比原本48席还意外增加了5席。

在选举中,凡有小泉首相出现的竞选宣传集会,就会人山人海,而小泉13次站台，的确也吸引了超过10万人前来捧场。八王子市的串田克，原本打算以独立候选人身分参选，后被自民党临时推荐为候选人，如此新人也奇迹般中选，更说明小泉人气确实是锐不可挡。

东京的议会选举，固然是个重要的选举，却是个地方选举。小泉助选时也只谈国政的改革，只喊"改革无禁区"，却没有针对首都东京面对的问题提出任何主张，结果连不见经传的候选人也能当选，足见小泉旋风的威力强大，小泉现象已经形成特殊政治气氛。

这次的东京都议会选举，其实没有明确的政策争议，加上政党的界线越来越含糊，但一般选民受到小泉现象所带动，已经像偶像崇拜一般，陷入了不自觉的状态，任由小泉旋风翻弄，也任由自民党继续控制东京都议会了。

自民党支持率仍然低

选举的"小泉效应"，其实已经成为覆盖日本全国的"小泉现象"。《朝日新闻》在6月25、26日曾再度进行全国性电话舆论调查。小泉内阁支持率依然保持在81%的超高水平，即从4月上台当时的78%，上升到5月的84%，两个月后依然企高不下，这是一个罕见现象。

小泉内阁虽然人气极旺，自民党却还未因此全面复活，因为支持自民党的百分比只从34%微升到38%，无支持政党的比重从46%下降到39%而已，换言之，自民党的支持率依然在四成以下的低水平。这也突出了"小泉现象"的特殊性。

从舆论调查可以看出几项值得"担忧"的现象。一、小泉内阁或小泉首相的支持率，长期停留在高水平并非正常现象。二、首相与执政自民党的支持率依然有巨大差距，说明小泉政府与自民党有距离。三、小泉首相以"改革"作口号上台，至今虽未展示具体"改革"行动或方案，这种超高支持率便随时有可能演变成泡沫现象，包括改革方案出炉之后，人民会因失望或无法忍受而出现强烈的反弹。

过去，小泽一郎的驰骋政坛，细川护熙的风靡日本，都曾给渴望改革的日本人带来希望，结果还不是像泡沫一样破灭？

改革是人民期待的，特别是十年的经济沉沦，长期的政治腐败，全民的信心丧失，使到日本人已经急不可待，甚至愿作孤注一掷，把全部希望寄托于小泉纯一郎的身上。

迎合大众主义的兴起

深一层看，日本政坛的腐化，造成选民对既存政党的不信，又扩大了所谓无党派层，政客们只设法迎合选民，便是"大众迎合主义"成长。由于政党政治已经衰败，选民便倾向有个性、富魅力、有主张的个人，而不再是政党，这就给小泉纯一郎、田中真纪子等这类政治独行侠，有更大的施展魅力的空间。当然，大众迎合主义也就乘机抬头，除了政治经济的改革，什么应该拜祭"护国英雄"、应该堂堂正正拥有军队、应该修改过时的宪法、应该进行首相直选等等，过去不敢公开的主张，现在都成了强烈吸引人的口号，爱国的象征，也是提高声望的必须手段。

像小泉便看准选民强烈要求政经改革，选民已厌倦自民党的派阀政治，他便提出消除派系、健全财政、邮政民营化等主张，既打击了对手，又迎合了选民，使他顺利登上了首相宝座。

小泉甚至高喊"改革无禁区"，这使他实际扮演起"拟似在野党"的角色。因为小泉清楚，他在党内是少数派，面对主流派随时可能反扑的威胁，他唯有把高支持率当靠山，作为牵制党内主流派的基本力量。为了维持高支持率，他必须继续作政治秀，作迎合选民的各种表演。

成了超级政治明星

现在，小泉摇身一变成了超级明星，人们崇拜的偶像。日本政界人士惊叹，小泉现在已经是媲美当今人气最旺，又是年轻人最疯狂的五人歌唱组合SMAP的第一把手了。小泉是第一把手，外相田中真纪子、财务相盐川正十郎，全被人当偶像，构成了日本政坛另一个SMAP组合。

政府领导人成了明星，这在日本历史上还是第一遭。但是，舆论已不能批评他们，国会朝野议员也不能指责他们，不然就会有接不完的抗议电话、传真、电邮，甚至恫言将会遭到报复，其偶像崇拜程度已近乎疯狂和盲目。日本人原本有非常强烈的排外情绪，一旦被认定是自己人，是共同崇拜的对象，就会抗拒任何外界的批评或意见，会誓死保护他们。

日本每个领域都有所谓"天皇"，也就是近似绝对的权威，小泉现象有类似的倾向。也许，这有助于民族团结，信心重建，但从历史经验来看，却是走上危险道路的开始，盲目孤立的陷阱，也是人们为日本担忧的最根本原因。

《天下事》7-7-2001

小泉外交脱亚易回头难

第五章 小泉现象

小泉首相4月上台，6月走访美国和西欧，却至今还未访问过任何一个亚洲国家。

小泉预定9月南访，到时会给亚细安一顶高帽子，说日本特别重视亚细安，并把亚细安视为日本亚洲外交的最优先对象。

小泉原本计划9月访问其亚洲两大邻国——中国和韩国，无奈历史和靖国神社问题激怒了中韩，吃了外交闭门羹，这才想到了亚细安的重要性。

日本其实是向中韩打"亚细安牌"，却掩盖不了日本"脱亚入美"的外交特质，更掩饰不了小泉急着要修补中韩关系，却又走访无门的窘境。

日本"重视"亚细安，是以为亚细安能协助日本摆脱孤立，甚至利用亚细安来平衡东北亚给它施加的压力。

日本亚洲外交无策

小泉首相上台，原本是外交门外汉的他，当初还有个不错的政治策略，就是委任田中真纪子为第一位女外长。虽然田中也是个外交新手，却是日本历史上第一位女外长，又是鼎鼎大名的前首相田中角荣的女儿，她个人名声不错，又有先人的光环笼罩，田中正可以弥补小泉的国外威信不足，能在亚洲大展外交拳脚的野心。

田中外长上任的初期，确也为日本的亚洲外交开展了崭新局面。她的首项外交任务就是代表日本，出席北京举行的亚欧外长会议，这给田中和小泉政府提供了绝佳的处女航机会。当时田中外长风头之健，意气风发之盛，简直超越迄今所有在外代表日本的官员。

但是，日本根本就不重视睦邻外交，也不把亚洲邻国放在眼里，加上日本右翼一开始就给田中扣上个"亲华反美"的大帽子，像《产经新闻》之类右翼喉舌，还大力鼓吹要防范田中出卖"国益"的论调，使田中建立的新外交基础，反而成了围攻她的材料，也成了先宾夺主，她与小泉后来关系疏离，甚至触发外交权柄被收回的根源。

田中外交突然消声匿迹，而外交门外汉的小泉却又祭起"脱亚入美"的大旗，不仅公开他"一贯亲美"的政治心态（《朝日新闻》对小泉大卫营会见布什的评语），还在历史教科书、参拜靖国神社等问题上，对近邻亚洲国家摆出了高姿态，结果便把日中与日韩关系推到了最为紧绷的状态。

田中外长靠边站，不仅显示田中与小泉的蜜月期结束，也显示日本又回返到亚洲外交无策的阶段。后来的《新历史教科书》问题的陷入胶着状态，以及首相参拜靖国神社问题的进一步激怒中国与韩国等亚洲近邻国家，显示小泉的玩火政策已经使其亚洲外交开始空转了。

付出代价修复关系

小泉首相不顾国内外的警告，一不积极处理《新历史教科书》问题，二完全无视中国韩国反对，坚持要到靖国神社拜祭所谓"战争英灵"。不仅如此，小泉还以高姿态公然对内外传媒说："即使参拜会损害邻国关系，还是可以事后修补的"，这种明知故犯，这种傲慢挑战的态度，当然不是睦邻外交的表现，何况现在是世界首脑外交的时代，国家首长经常要在国际舞台上相互打交道，外长犯错可以被撤换，首相激怒了他国，就无法再进行睦邻外交、首脑外交了。

对首相参拜靖国神社，其实当时小泉有两种选择：一是一意孤行，在日本投降的8月15日前往参拜；二是仿效历届首相，悬崖勒马取消违宪行为。结果，小泉却仿效军国日本偷袭珍珠港的伎俩，悄悄在8月13日提前去参拜，偷袭固然成功，却使小泉个人信用扫地，国家形象受损。

现在，小泉即使全力以赴，事后要修补日中和日韩关系，被侮辱和玩弄的邻国，怎能再忍气吞声？不过，这到底是国与国的关系，即使是交战国都有媾和的可能，何况这是思想问题，历史教训课题，只要有时间和耐心是可解决的，问题是日本需要付出更高的代价。

小泉没有料到的是，中韩并不轻易放弃立场，也不承认既成事实，而本届亚太经合论坛非正式首脑峰会又转眼10月在上海召开，11月还有亚细安10+3峰会在文莱举行，作为国家领袖小泉非参加不可，到时江泽民、金大中都把小泉当透明人，日本的面子要往何处搁呢？

韩国金大中总统一再放话，日本必须拿出诚意，率先作出具体行动，才能解决两国悬案。金大中也对日本绝大部分学校拒绝采用极端右翼编撰的《新历史教科书》给予极高的评价。亚洲绝大部分人民也认识到，日本的一贯态度就是不反省，不道歉，更没有胆量面对历史，因此必须继续施压，至少要迫使日本政府遵守国际法规，而小泉政府愚弄亚洲邻国，欺骗亚洲人民，是它日益孤立的原因，咎由自取不值得同情。

《天下事》8-9-2001

小泉神话泡沫般破裂

自民党虽然在本月11日第20届参议院选举中受挫,但小泉并不需要引咎辞职。因为,参议院选举不是决定政权更替的关键,何况他领导的执政联盟目前还保持着众议院多数议席的优势。

自民党参议院议席虽然是从50席减少为49席,根本算不上是什么严重挫折,但却显示:一、小泉的"人气"已经用尽,不仅不能再制造所谓"选举神话",还明显出现"小泉旋风"变"小泉逆风"现象,小泉的执政地位已开始动摇;二、最大反对党民主党异军突起,特别是其党魁冈田克也出乎人们意料地一鸣惊人,使人对小泉的政治前途加倍关注。

小泉执政已经超过三年,原因不是有辉煌的政绩表现,而是他会制造神话,加上传统的自民党派阀政治已被他搞乱,党内似乎没有一个突出的人物能取他而代之。但是,这次选举却证明,不仅"小泉泡沫"破裂,保守阵营没有人能取代他的局面也已改变,就是最大反对党民主党已经成长,舍弃小泉和自民党,拥立民主党人上台执政的可能性已经成熟。因此,选举结果成了小泉政治开始终结的警钟。

选民背弃自民党

自民党这次选举受挫,完全不是意外的结果。我们早分析过,小泉一再打"朝鲜牌",特别是"人质牌",包括小泉亲自到平壤带领五名被绑架日本人和家属回日本，以及出奇慷慨和积极地安排曾我瞳的原美国逃兵丈夫詹金斯和两女儿，在选举投票前两天到印尼去"团圆"，不仅全是小泉的选举作秀，也是小泉认识选举态势严重，不得不利用"朝鲜牌"来扭转劣势的证明。日本外交部要在伊拉克被绑后获释的日本自愿工作者支付回国机票等费用，却自愿全额负担詹金斯一家到印尼度假"团聚"的开支，说明选举政治已经被玩得非常赤裸。

但是，不论小泉如何利用国家机器，为执政党选举造势，都比不上在国会匆匆通过年金改革法案，以及不经国会辩论就决定让驻留伊拉克的自卫队并入驻伊多国部队，产生更加强烈的选举效果。因为这些措施不仅激怒日本选民，直接间接还威胁到一般人民的切身利益。日本大批选民，包括部分传统的自民党支持者，这次成为游离的选民而把选票投给民主党，这才使小泉集团感到事态严重。

选举前日本几乎所有传媒都预测，由于小泉内阁的高支持率持续下跌，即从高峰期的70至80%，下跌到35至40%，以及反对党民主党的支持率已超越自民党等情况来看，小泉自民党要保持选举不败，显然是非常困难的事情。

选举结果显示，自民党虽然在东京和一些城市夺回部分选区议席，主要是借助公明党背后的创价学会，动员其信众给予投票支持的结果，但自民党以后却因此必须投桃报李，受到公明党的更大左右。

另一结果是，农村和地方选区一向是自民党的铁票区，这次有相当部分被民主党占领，一是有部分自民党人转而支持民主党，二是小泉的改革政策令人失望，使传统的保守势力也成为游离选民。民主党能够成功渗透农村和地方选区，除了说明自民党已逐渐丧失其传统地盘之外，另一个保守政党民主党已经羽毛丰满。对小泉自民党来说，民主党已经是一个新崛起的政治劲敌，一个来自保守阵营内部的新威胁。

民主党的大跃进

民主党从参议院改选前的38席，激增到50席，难怪人们都异口同声说，民主党这次是大跃进。从结果来看，民主党这次确实大有斩获，政治分析家也因此说，日本的"两党制"政治已经形成。但不能因此轻易就下结论说，日本的议会民主政治已获得转机，甚至是走向更加民主化的象征。

民主党是最大的反对党，又在建党过程中网罗了不少前社会党和民主社会党成员，但民主党的领导层一直由前自民党人所垄断，包括现党魁冈田克也、干事长藤井裕久、代党魁小泽一郎,以及前党魁鸠山由纪夫、羽田孜等等,都是自民党出身的著名政治人物。

  日本现今的所谓"两党制",它跟"55年体制"下的自民党与社会党,或者保守与革新、右翼与左翼,是截然不同的政党概念,而是接近美国的共和党与民主党,甚至是可口可乐与百事可乐之差的政党区别。姑且不论在野党时代,民主党曾经是如何开明,它一旦执掌政权,其保守的政治本质将显露无遗,比如在放弃和平宪法、派兵海外、要成为"普通国家"等政治课题上,它的认识,它的主张,虽有文字不同,但与自民党却没有本质的区别。也因如此,日本保守势力才不反对民主党上台轮流执政,也因此对小泉政权的安危构成直接的威胁。

  日本前首相桥本龙太郎,由于领导自民党参加1998年的参议院选举,只获得44席而引咎辞职。小泉获得49席却能稳坐钓鱼船,显然与自民党的派阀政治构造已起变化有关系。换言之,党内最大派系桥本派的地盘在下沉,而小泉的森派则在上升,加上目前自民党没有一个突出的政治人物能挑战小泉,他继续执政也就顺理成章。不过,一个已泄气的皮球,必然被人视为一只跛脚鸭,必然会改变目前自民党外表平静的政局,一场水面下的权力之争即将加速浮出水面。

《天下事》16-7-2004

靖国幽灵徘徊于
小泉"花道"

预定2006年9月底卸任的日本首相小泉纯一郎,他刚结束"风光访美"的告别之旅。按日本人的说法,这是走上步下政治舞台前的"花道"。不论表面多潇洒,却无法掩盖他内心的悲凉。因为,他没有被邀请在国会山发表演讲,虽然他是在布斯总统的亲自陪伴下,到"猫王"皮礼士的故居,当众露了一手现今日本流行的"空气吉打"功夫。作为演艺人员,这也许是最高的荣誉,但他却不是。

与布斯称兄道弟

小泉能够与布斯称兄道弟,在日本政客眼中,他应该心满意足了。因为,在中曾根康弘当首相之前,日本首相前往华盛顿被戏称为"参勤",就是去朝贡,还有谁敢梦想高攀盟主呢?中曾根是"战后总结算"与"日本大国论"的推动者,也是小泉"剧场政治"的原创者,他开创了与白宫主人称兄道弟的先例,建立了所谓"里根-康弘"昵称的关系。

小泉五年首相任内6次访美,与布斯举行14次峰会,不仅以美国的忠实盟友自居,也以"亚洲的布莱尔"为荣。不论是政治、经济、军事和外交,小泉都以美国马首是瞻,他的亦步亦趋姿态,让他成为战后日本最标准的亲美首相,甚至中曾根也望尘莫及。

作为小泉的知音，这次布斯确实也没有亏待他，以国家元首之礼破格款待，还亲自参与小泉的"猫王秀"，投其所好，不愧是对他仁至义尽。因为布斯清楚，日本人缺乏自信，越是保守的政客，越需要美国的撑腰和认可，这不仅是最佳的政治资本，也是生涯最大的光荣。

小泉是靠民调"人气"起家的，经常要制造戏剧性效果来维持较高的"人气"，由始至终都不能停止作秀，因此小泉的美国"告别之旅"，实际上是他上演的最后一场大剧目。

日本政界有所谓"花道"论。但此"花道"与大家熟悉的柔道、剑道、书道、茶道等等风马牛不相及，甚至跟崇尚艺术插花的"华道"也有颇大距离。日本传统戏剧歌舞伎，主角不是从后台退场，而是从舞台左右两侧，布满鲜花的步道退出，这才显得风光。不仅是一般演艺人员，就是政客下台，他们也都梦寐以求希望有这个排场。

小泉有"重大贡献"

小泉把乘搭"空军一号"，以及参观"猫王"的故居，当作是他步下政治舞台的"花道"，说热闹，说风光，确实没有人可比拟，但作为一名政治家，就显得内涵苍白，而且有明显的身份错位感觉。也许有人会说，因为现阶段的日美关系空前融洽、平稳，既没有政治分歧，也没有经济摩擦，连进口美国牛肉也因为同盟国关系而获得政治通融，这种关系构成了小泉与布斯的亲密关系。

其实，有更重要的原因是日本在美国棋盘上具有越来越重要的战略价值。但这个棋子，不论它表现得多忠诚，美国都不会把它当对弈的棋手来看待。棋子和棋手是两个不同的概念。

日美关系提升是事实。经过最后一次首脑会谈，日美发表了题为《为21世纪在全球范围内展开合作的新日美关系》的联合公报，同盟关系显然已从区域合作，提升、扩大到环球合作的范围。用《读卖新闻》的话来说是，两国关系已经进入到"历史上最成熟阶段"。而《产经新闻》则提醒大家，同美国建立牢固的友好关系，是五年来小泉的外交"王道"。而且说，"为了牵制迅速崛起的中国，加强日美同盟关系是唯一的选择，这是小泉首相的重大贡献。"

对有如此重大"贡献"的日本首相，却不让他在国会山发表演讲，说明美国至今还没有把日本当真正的盟友看待。即使布斯与小泉个人感情融洽，但更深层的考虑却让美国不忘继续防范日本，尤其不会让日本成为美国棋盘上的对手。比如说，美国承诺要让日本成为安理会常任理事国，具体行动却又反对给日本否决权，结果还是它扼杀了日本的入常梦。

靖国幽灵在徘徊

美国人很现实，但仍有高瞻远瞩的政治家，他们不忘历史，也会防患于未然。众议院外交关系委员会主席海德就是一例，是他给参众两院发了一封信，提醒美国朝野必须关注日本复古势力在扩展的现实，同时要小泉事前作出保证不在今年8月15日再度前往靖国神社参拜，否则就不让他在国会发表演讲。

海德的公开信在日本引起了巨大反响，因为小泉政府一直强辩，只有中国和韩国政府反对他参拜靖国神社，而海德的警告却说明，美国政治家已经看见靖国幽灵在徘徊，一旦对美国拉下盟友的脸，后果将不堪设想。日本不承认远东战犯军事法庭的判决，否定东条英机等是战犯，还有靖国神社崇拜的再兴，这股复古思潮的涌现确实是个警钟。

既然小泉把参拜靖国神社当他五年执政的最大政绩，又打算在他步下"花道"之前对反对者来个回马枪，要到靖国神社行告别之礼，要树立一个大国首相的榜样，他当然不能公开对美国作"不再参拜"的保证。鱼与熊掌不能兼得的情况下，他唯有把国会山演讲的念头打消。这就是严肃的告别之旅，后来成为"肉麻表演"（韩国《朝鲜日报》语）的来龙去脉。

小泉原本就喜欢演戏，也擅长演戏，因此就把五年掌政当一幕舞台剧，有精彩的表演，也有低俗的卖弄。如果他自认是个天才演员，就不应该只是跑到田纳西州的"猫王"故居，仿猫王唱几句《别太残酷》（Don't Be Cruel），再唱《温柔爱我》（Love Me Tender）就收了场。看上去确实很风趣，也很风光，因为全程被收入镜头，在全世界播放。但是，在笑不拢嘴的背后，一股悲凉之意还是出现在眉宇之间。

靖国幽灵，既困扰着日本的亚洲外交，也提醒太平洋彼岸的人们：勿忘前车之鉴。

《天下事》 11-7-2006

日本政坛进入安倍时代

9月26日,日本国会召开临时会议,选举52岁的自民党新总裁安倍晋三为第90任首相。安倍不仅是战后最年轻的首相,也是第一个在战后出生的首相。"战后派"提早登场,也许意味着新保守主义确实抬头了。

随着安倍时代的开启,有人期盼政治钟摆效应会出现,就是让日本政坛恢复正常秩序。因为"怪人"首相小泉纯一郎五年又五个月的折腾,不仅让日本政坛持续高度紧张,连自民党也被折腾得陷入了"半坏"状态。

但是,安倍是在小泉政权内成长起来的,现在又以小泉政改路线继承人姿态露面,所以,即使明知有不少政治后遗症,也还不能公开表明要摆脱小泉路线。因此,安倍当前的要务,一是要表明将继续推行政改的路线,先稳住阵脚;二是设法在明年7月参议院选举之前有政绩表现,不然就有可能成为短期的过渡政权;三是修复日中、日韩关系,改善日本外交形象,以此证明安倍政权有积极表现。

论功行赏人事安排

安倍在建构政权过程中,包括对"党三役"的人事安排,内阁重要职位的分配,不仅坚守这个原则,而且小心翼翼分配角色,既不让任何政治明星掩盖他的政治光芒,也不让任何危险人物扩张势力。因此,安倍政权内没有著名人物,也没有能取代他地位的突出人物。有人说,这是"新人类"的新政治组合;也有人说，这是"适材适所"的安排，当事人尤其喜欢如此说法。但明眼人却看到，这纯粹是"论功行赏"的人事安排，志在巩固政权，根本不能从这个班底看出安倍的政治理想。

安倍一方面仿效小泉摆脱派阀牵制的手法，另一方面又有自己另一套办法。一、不接受派阀推荐的成员，但会主动分配肥缺回馈支持他的派阀；二、从各派系中挑选志同道合的人，阻止挑战势力进入权力核心，当然缺点是都是些唯唯诺诺的人，限制了安倍政权的壮大和前途。

但是，也有人指出，前后两任首相的最大差异是，小泉哗众取宠，我行我素，安倍则较实事求是，能接受智囊的意见；一个显得"大无畏"，另一个则显得内敛与城府极深。但他们有个共同点，就是都怀念昔日帝国，宣称要重建一个有自信又有自豪感的国家。

安倍组建权力核心时能随心所欲，是因他在竞选阶段已成功收罗几个派阀，使党最高领导层的"党三役"，从党秘书长（中川秀直）、总务会长（丹羽雄哉）、到政调会长（中川昭一），以及内阁主要成员，全都能以论功行赏方式自由分配。结果，党内两大派阀——森派和丹羽/古贺派成为最大的赢家，其他抗拒安倍的派阀则被罚坐冷凳板。安倍当选党总裁后，宣布将退出森派，不再参与任何派阀活动。这又是仿效小泉的政治表演。

但不可否认，自小泉以铁腕改变派阀政治以来，除了自己所在的森派继续在壮大之外，其他派阀都被废除了武功。由于独大，森派能长期垄断政权，从森喜朗、小泉纯一郎，到安倍晋三，至今还没有人能挑战。这是小泉颠覆自民党传统的结果，也是自民党人材凋零的象征。安倍掌权之后，小泉式的一言堂现象还会大行其道。

强化首相官邸影响大

小泉留给安倍的政治遗产，除了驾驭派阀的高招，就是扩展首相官邸的权势。安倍上台后，一是委任五名首相助理，分管国家安全、经济财政、朝鲜绑架问题、教育再生、宣传等部门；二是招募一批高级公务员，充当首相官邸行政人员。

有人说，美国的国家安全理事会拥有200名成员，日本既然在仿效美国，那么其规模和权势还会扩张。从收集情报，分析到制定对策，首相官邸俨然成了另一个权力中心。因为,在首相的亲自督导下,官房长官、三名副官房长官,加上五个首相助理,将成为日本权势最大的机构。

日本官邸制度的模式是美国白宫,首相府一旦"白宫化",日本首相将成为"总统型首相"。

过去有政客鼓吹"首相直选制",目标是阻止派阀政治的干扰首相选举,同时强化首相权势。但是,天皇制不让首相坐大,过去的保守主流也强调"和"的思想,加上派阀政治依然发挥强大力量,这使"首相直选"一直不能成为主流思想。

但近年,一切都要仿效西方的新保守主义抬头,通过扩展首相官邸职能,变相扩大首相权势,"和平宪法"的很多限制,如自卫队的出国、海外派兵等,都可迎刃而解。这次,鹰派安倍政权的上台,将首相官邸"白宫化"的计划付诸实施,难怪世界各国都非常关注它今后的动向。

安倍新内阁人事安排方面,只有外长麻生太郎一人留任,其他人全被排除在外。这说明安倍也许有意要摆脱小泉的影子,展示独立性。但17名内阁成员之中,有11名是新手,而且又不是什么专才。在经验丰富的政治观察家看来,这不是为政坛注入新血,也不是什么"适材适所"。何况内阁平均年龄是60.9岁,不比过去的内阁年轻,有朝气。因此,所谓"新人类"、"新新人类"的说法,距离事实非常遥远。

《天下事》30-9-2006

安倍访中韩 亡羊补牢

第五章 小泉现象

安倍上台之后，将如何修补日本破碎不堪的亚洲外交？这不仅是日本民众的期待，也是世界各国注视的焦点。

要修补亚洲外交，首先要恢复日中、日韩首脑会谈，因为这两个为日本近邻，又是国力与日本旗鼓相当的国家；其次才是全面调整日本的亚洲政策。

安倍上台之初，舆论调查已明确显示，63%的人欢迎安倍组阁，但83%的人希望能尽快与中韩改善关系（9月28日《朝日新闻》）。新政府上台后，人们期待它有新作风，甚至有勇于改变错误政策的魄力。对双方，这是机遇，也是良机，因此受到各方期待。

安倍上台之前，日本传媒已抢先发布消息说：新首相出访的第一个国家很可能是中国，实现重开日中首脑峰会的目标。上星期，传媒更纷纷引据"留守"外长麻生太郎的谈话——安倍首相当前目标是"争取下月访华"。接着，安倍也在28日宣布，他已经跟韩国总统卢武铉通过电话，将尽早实现日韩首脑峰会的安排。

传媒原本报道，安倍希望在11月河内举行的亚太经合组织（APEC）首脑非正式会议上，能够与中国国家主席胡锦涛和韩国总统卢武铉分别举行峰会，但后来则演变成安倍提早出访中、韩，而且还言之凿凿说，他会在黄金假期开始时抵达北京，9日续程访问首尔。

越是鹰派越能改变现状

但中国外交部发言人曾拒绝进一步表态，只重复表示，中国高度重视中日关系的改善和发展。对于首脑峰会和其他接触，"中方的态度是一贯的和明确的"，就是日方必须先消除政治谈判的障碍——首相承诺不再参拜靖国神社。

日中峰会在10月8日举行，该日是中共召开十六届六中全会的第一天，这显示中国不仅重视这次会晤，也对日本有作出某种让步。而历届日本新政府，照例是先到华盛顿作政治拜会，这次则选择一个亚洲国家，还是与日本关系紧张的中国，从日本的角度来看，这是大胆的尝试，也是踏出其所谓"自主外交"的第一步。

不论这是为选举推出的新外交战略，还是重新评估其亚洲政策后的修正，都是值得关注的重大改变。从正面来评估，犹如英国《金融时报》所期待，鹰派的安倍有可能摇身一变成为改变中美关系的尼逊总统。因为，越是一个极端的右派，他越有改变对外僵化政策的能力。就像当年的尼逊，他派遣基辛格密访中国，因而扭转了历史发展的方向。

但是，安倍虽然也是个极端鹰派，却是个温室培养出来的世袭鹰派，而且是个刚出道的嫩鹰，一是量他还远远没有这个胆识；二是他麾下没有像基辛格那样的谋士；三是日本政坛难有这样气魄的政治风土。如果成功，地下的田中角荣也会对他刮目相看。

安倍既然是个鄙视近邻的国粹主义者，除非是形势所迫，他不可能对中韩作出这样重大的政策改变。小泉掌权五年零五个月，最大收获是等到了经济复苏，最大的败笔则是亚洲外交一塌糊涂。虽然日本可以继续无视中韩，却面临分享亚洲繁荣还是被边缘化的选择。

因此，不论是改弦更张，还是只作战略改变，他决心朝大陆的方向驶去，处境是可以理解的。因为，所有舆论调查都显示，选民期待新上台的安倍政权能亡羊补牢，就是尽快改善日中关系，即使这不是安倍政府原本热衷的课题，但因为要面对明年7月生死存亡的参议院选举，最能立竿见影的就是在外交上取得一些成绩，光靠"年轻"是不能确保政权安稳的。

破坏远比修补容易

外长麻生太郎，原本应负外交失败的责任，却获留任，显然这不是什么"适材适所"问题，而是麻生后期改变口吻，不再口出狂言，还建议将靖国神社宗教法人化。这让安倍可以利用麻生来改变新内阁的形象，保持与中韩的外交接触，也利用这轮外交攻势，设法突破中韩的对日外交统一阵线。

自小泉首相与田中（真纪子）外长分道扬镳以来，近年的日本外交决策大权就不再留在外交部，但重要决策要由首相定夺。安倍的两名重要心腹，即党干事长中川秀直和内阁官房长官盐崎恭久，不仅是左右手，还是内外政策的真正策划者。

在安倍竞选党总裁之前，中川已经数度走访中国，直接间接在替安倍铺平与中国"重开首脑外交"之路。盐崎也在担任副外务大臣期间，曾三度访华，并与中国政治高层与经济界建立广泛联系。他们虽然称不上是"日本对华外交的基辛格"，但对安倍的影响力，不会低于当年基辛格的影响力，问题是安倍能否成为当前日本的尼逊。

安倍能够访华，肯定有人在替他搭桥铺路。但有小泉纯一郎的前车之鉴，凡是说一套做一套的行为，遭反弹的效应会更大，即使首脑峰会召开了，结果还是不能让他得到好处，甚至更大的不信任，更大的猜疑，会延长外交的对抗。小泉把中日关系破坏到这个地步，今日必须由其继承人来修补，可见诚信是何等重要。

无论如何，安倍能毅然决定，将他上台访问的第一个国家，改变为中国，这是重大的政治觉悟，也是日本重视回归亚洲的政策表现。不论这是战略的改变，还是权宜之计的行动，他愿意作"修补关系之旅"还是明智的。

《天下事》6–10–2006

"福田首相"呼之欲出

日本右翼的"希望之星"安倍晋三突然下台不仅惊醒了一些人的"美丽国家"之梦，也搅乱了极端势力脱出"战后体制"的进程。安倍企图将政权匆忙移交另一鹰派大将麻生太郎，不料中途杀出一个程咬金、前内阁官房长官福田康夫。后者捷足先登，登台拜相已成为定局，使极端势力的计划乱了套。

执政自民党将在9月23日选举新党总裁。由于自民党还是众议院第一大党，当选总裁照例将成为政府首相。福田康夫担任首相成为定局，政局不可避免又会起一番变化。虽然，它还是一个自民党政权，总保守化进程也不会变，但极端右翼铤而走险的危险性则可能降低，这未尝不是一个好征兆。

少爷政治嘎然而止

从自民党参议院选举惨败，麻生依然力劝安倍坚持不下台，而安倍又在改组党政领导过程中，将麻生升格为党干事长等安排来看，安倍不是没有作背水一战的考量，也非全不顾后果而一走了之，因为将一名非亲信安置在党第一把手的位置上，表明他已与麻生打算结盟，将形成"安倍－麻生轴心"。

但为何安倍突然辞职，却是尚未解开的谜。麻生承认，安倍辞职前两天已经告诉他会下台，而他没有全力劝阻，不仅有蹊跷，还被人怀疑有私心。但安倍的阵前逃脱，已经给自民党带来极大的形象损伤，同时也给日本的"少爷政治"树立难以磨灭的负面形象。虽然他在宣布下台后住进了医院，医生也证明他精神欠佳，肠胃异常，但依然无法挽回他的政治威信，所谓东山再起的机会已经被他自己堵死了。安倍成了日本政治史上最年轻、最不负责任的首相。

党干事长从此可以独当一面，这原本是麻生梦寐以求的局面。因此他即刻宣布将简化程序，尽快选出新的总裁。

麻生原本以为，他拥有近水楼台的优势，又获得安倍的"禅让"，新总裁的位子已非他莫属。但树倒猢狲散的规律在发酵，加上参议院选举惨败的危机感升级，自民党必须摆脱"剧场型"政客的控制，重新建立一个全党体制，这一呼声也带动党内长期被压制的声音，并对新的总裁人选提出更高的要求。党内各派系不仅蠢蠢欲动，各路人马也都开始虎视眈眈，这就形成了选举气氛特别罕见的局面。

福田康夫临危受命

当初，人们还没有看好党内元老福田康夫，原因是他在后小泉时代选举总裁时，曾经以"年事已高"为由不与安倍一争高低，事后他也一直采取退隐姿态。党内第二大派系津岛派（田中－竹下－桥本派的延伸）的财务相额贺福志郎，率先揭竿而起，打破了麻生垄断选举的局面。接着，党内外要求福田下山的声音越来越大，遂形成了要求长老亲自出马挽救自民党的奇特状态，特别是派系与派系的协商，潜在候选人的纷纷退赛，比如额贺、谷垣等的宣布退出竞争，使党内九大派系有八派公开宣布支持福田出马，终于形成了福田"临危授命"的局面。

麻生自己的麻生派只有区区16人，是党内一个微不足道的小派系。自民党的总裁选举法规定，候选人必须有20名国会议员推荐才能提名，麻生唯有向其他派系借兵，才凑足了人数。但福田直属的町村派就有89人，加上津岛派80人，古贺派51人，山崎派36人，伊吹派34人，高村派16人，谷垣派16人，二阶派15人，即使有人不听派系首长的指挥，估计总数387人中至少有300人会投票支持福田，不仅使福田后来居上，而且声势越来越大，使麻生骑虎难下。

麻生讥讽福田在搞"派阀政治"，进行"秘室交易"。显然，他要仿效小泉高举反派阀旗帜寻求突破。当年小泉竞选总裁屡战屡败，遂以反派阀姿态君临最后一次选举，对当时最强大的桥本派进行口诛笔伐，取得同情，扭转了劣势。但小泉掌权后，还是极力壮大他自己所属的森派，后再演变成现在人数最多的町村派。

小泉、安倍都高喊不搞派阀政治，实际上却在推广另一种派阀政治。福田比较坦诚，他不否认自己是个派阀中人（他与安倍同属町村派），但他不是派阀首领，这次他接受超派阀支持，上台后也许会回归自民党传统，包括派阀协商机制，但这样的传统回归，并不一定会比小泉独裁、冒进、具破坏性。

自民党要回归传统

根据自民党最新的总裁选举规章，其387名国会议员和141名地方支部代表，总共528人将在9月23日投票选出新总裁。以当前形势来分析，除非有突变，福田已经是稳操胜券。根据福田过去的言行，包括近日的谈话，他主张应重视东亚外交，不做令邻国反感的事。单从这些主张可以看出，他不仅不会去参拜靖国神社，触怒亚洲邻国，还会跟安倍的国家主义政策划清界线。与其搞修宪，不如直接改善人民生活。

有人说，福田是自民党中的鸽派、稳健的现实主义者，加上他有丰富的外交和党政经验，上台后与亚洲邻国的关系会更加协调和稳定。不仅亚洲邻国欢迎他，日本财经界也会额手称庆，因为外交关系和谐，商贸关系也会更紧密，日本也许以后有希望参与东亚经济共同体的建设。

但在国内政党政治关系方面，由于民主党已经掌握了参议院的控制权，如果不在近期提早大选，国会运营将面对极大的困难。但福田个人的政治主张，比如"改革"已带来贫富悬殊的加深，他主张以建立"自立与共生"社会来弥补，而且承诺要给年轻人希望，老年人安心的生活环境。这些主张，一是在修正小泉路线，二是在重建自民党号召力。由于他的主张越来越跟民主党大同小异，也许会给选民带来混淆，但也可能给两党的"未来合作"创造新的空间，甚至为未来组织联合政府铺平道路。

但是，在现阶段里，自民党首先要恢复其传统的保守政治，其次要走回稳健的政治路线，不然可能会走上国家主义的道路，甚至让新保守主义迷失日本人的方向。福田的重出江湖，不一定能产生"钟摆效应"，但却能让败北的自民党稳住阵脚，因此他受到传统自民党人的欢迎。

《天下事》20-9-2007

福田"背水布阵内阁"能走多远

第五章　小泉现象

2007年9月25日,71岁的自民党新总裁福田康夫当选日本第91任、第58位新首相。当日傍晚组成新内阁。翌日举行认证式,新的福田内阁正式成立。

福田在其首次记者会上宣布,这是个"背水布阵内阁",坦承自民党有丧失政权的危险。既然面对危机,福田政权如何选人布阵,格外受人关注。

从党执行部的改组来看,福田将"党三役"(三巨头)增加一个"选举对策委员长",党上层组织变四巨头制,还委任四大派系首长分别掌舵,表明它已回归传统的派阀均衡体制,而且将对应选举视为首要任务。福田事实上将自己视着一个"选举看守政权"。

再从内阁的人事布局来看,新首相只任命了两名新内阁成员,有两名大臣易位,其他13名大臣却原职留任。与其说福田是在组织新内阁,毋宁说是在改组一个旧内阁,甚至是在接管安倍的烂摊子,不仅是新瓶装旧酒,而且都是陈年老酒,不同立场的人确有不同的感受。有人就说它了无新意,但也有人说这是他不得已的选择。因为,安倍改组内阁时确有反省,一不再搞"朋党内阁",二人事已有回归传统的特征,再经福田一番填补,它已经是全党各派参与的政权,等于自民党已倾巢而出来化解危机,既稳住了阵脚,也有对应国会的应战能力,显示福田确有应变能力。

回归自民党传统

福田竞选总裁时,受到了九大派阀中八大派头目的支持,显示自民党确有回归传统的趋势。但福田并未在改组党政高层时排挤败选的麻生派,甚至还将积极支持麻生的法务大臣鸠山邦夫、经济产业大臣甘利明留任原职,说明福田没有利用派阀政治来打击异己。虽然麻生拒绝入阁,自民党也未形成主流与反主流对立的局面,说明派阀政治的负面因素并未卷土重来。但日本舆论界还是煞有介事批评这点,一是派阀政治确实是日本保守政治的致命伤,二是舆论界偏重形式主义,批评派阀政治而不检讨剧场型政治的弊端。

日本人原本就是搞派阀的高手,例如小泉高呼改革,包括反对派阀政治、反对维持现状,目的其实是在突破派阀对他的包围,扭转自己在党内势单力薄的劣势。如愿以偿之后,小泉大搞剧场型政治表演,把自己塑造成为一个改革英雄,实际上他却对其所属森派,即他曾当其"会长"的森派招军买马,经过五年的掌权,森派成了自民党最大的派阀,而且创下一个派系接连推出四名首相,即从森喜朗、小泉纯一郎、安倍晋三到福田康夫当首相的记录。

自民党的派阀,原本机制是轮流坐庄,内部协调,分配权益的组织,但被小泉颠覆之后,不仅丧失了协调的机能,还成了推动剧场型政治的温床,长期累积便是党内独裁和政治偏差的泛滥。安倍的急速败北,一是继承小泉政治的必然结果,二是他执政无能的表现,而福田的临危受命也就是纠正小泉的偏差政治,因此回归自民党传统便成了福田的时代任务。

太早大选有危险

福田以自民党救星的姿态重返政坛中枢,虽然党内阻力已被基本排除,但自民党在参议院所处困境,却使福田政府即刻要面对严峻考验。

首先,执政党与反对党分别控制参众两院,不仅使国会分道扬镳,也形成史无前例的对立局面,使福田政府上台就陷入了寸步难移的困境。福田政府上台即刻要解决的问题是,日本依据《反恐特别措施法》参与美国出兵伊拉克行动的海上添油活动,由于控制参议院的民主党扬言不让该期限立法再度延期,政府必须解决11月1日以后如何继续参与输油活动的问题。

其次，困扰自民党政府的养老金和金钱政治问题，也没有因为首相换人而被民众淡忘。这些问题曾经使自民党在参议院选举中惨败，又使安倍前首相阵前逃脱下台。福田首相现在面对的最大压力是，民主党要乘胜追击，想尽办法迫使政府提早解散国会重新大选，虽然福田已经在党内安排古贺诚出任选举对策委员长，但如果是在自民党重建其威信之前举行大选，自民党再度惨败的话，面对的后果将不仅是丧失众议院的控制权，还可能迫使自民党丧失其政权，到时刚上台的福田首相又要换人了。福田内阁到底能走多远，这个谜底在国会重开之后便能解开了。

《天下事》3–10–2007

第五章　小泉现象

第六章 女性天皇

太子妃 流产的骚动

千禧年到来之前,日本曾有一阵骚动,不是"千年虫"作乱,而是传出太子妃雅子有梦熊之兆的喜讯。

1999年12月10日,日本传媒争相报道,9日刚过36岁生日的雅子妃,可能已经有了五个星期的身孕。这次,不是八卦周刊在推波助澜,而是在全国性大报、权威的《朝日新闻》的带领之下,把太子妃怀孕消息当晚刊和日刊头条新闻炒作的。报道迫使宫内厅在12月13日出动医师团,开始替太子妃正式作身体检验,说明这次骚动不是空穴来风。30日,医师团第二次会诊后证实,太子妃确有身孕七个星期,不过已胎死腹中,即日为她进行堕胎手术,喜讯成了一场空的讯息,真的骚动。

一场欢喜一场空

皇储德仁亲王是在1993年6月9日,与前明星外交官小和田雅子成婚的。过后,日本民众与皇室,整整等了6个年头半,就是等待不到太子妃怀孕的"天大喜讯"。

日本皇室原本就人丁不旺,二太子文仁亲王婚后虽然生了两个女儿,但继承皇位的皇储德仁则至今没有一男半女,一般人即使不担忧日本皇室会后继无人,却也担心太子妃再生不出一个小男孙,日本就必须修改《皇室典范》,准备迎接日本"女天皇"时代的到来了。

但是，如果太子妃能在千禧年为皇室增添一名新成员，而且是小男丁，不仅可以即刻解除皇位危机，还可以为近年一直没有利好消息的日本，制造一股"冲喜"效应。因为，自明仁登基，日本改号"平成"以来，不仅遭遇泡沫经济破灭的沉重打击，国民更因此丧失自信，而怀孕喜讯却能扭转这一沮丧情绪，使它成为日本意外的救星。太子妃怀孕比经济复苏更能刺激国民恢复信心，甚至是首相小渊惠三期待的政治神风。不过，太子妃不仅怀不成龙子，还创下流产记录，成了一场欢喜一场空，尤其是妇女层、保皇派，甚至保守政客，他们的精神沮丧可以想象。

皆大欢喜在炒作

日本传媒炒作太子妃怀孕已经不是第一次。最早是在皇太子结婚仅四月的1993年10月，当时有一份周刊曾言之凿凿说，从照片上看去，太子妃雅子脸部发福，可能就是怀孕的象征。雅子的照片从此成为女性杂志的抢手货。报道还从太子妃的穿着打扮、身材变化等等，在推测太子妃是否已经怀孕。保皇派一度感激传媒的炒作，认为有助天皇制的宣传，但民众过度关切太子妃怀孕问题，尤其对怀孕消息的强烈期待，变成对皇室，特别是对天皇夫妇、皇太子夫妇，形成了强大精神压力。把"怀孕"当成太子妃的首要和艰巨任务，也会带来负面影响，因此宫内厅出面要求各方采取自制行动。

这次再度大肆炒作太子妃怀孕消息，一是千禧年快到，全国上下渴望在这关键时刻能有利好消息，以便冲走泡沫经济破灭后充斥整个"平成"年代的霉气；二是保皇派担忧，日本年轻一代越来越对天皇制漠不关心，能乘太子妃怀孕课题吸引国民的关心也有助日本天皇制的延续。

首相说"天大喜讯"

太子妃有喜的消息当时是这样传开的。皇储夫妇12月7日前往布鲁塞尔参加比利时皇储的婚礼，雅子妃回国后感觉体温上升，尿样检查也呈现阳性反应，宫内厅因此判断是怀孕象征。当然，这是高度隐私的消息，一般上，除了宫内厅主动透露，传媒不可能如此口径一致，如此准确报道太子妃有喜新闻。

传媒说，雅子妃从比利时回国之后，她并没有按照传统礼仪，向天皇皇后报告出国状况。雅子36岁诞辰也取消所有酬酢。这些征兆皆说明，雅子出现了妊娠现象。《朝日新闻》曾经很有把握地表示："雅子妃的预产期是2000年8月"。《东京新闻》则说："小天皇出生日子已定！"英文的《日本时报》甚至说："日本皇室将在2000年壮大起来！"连首相小渊惠三也喜不自禁地说："雅子妃若真怀孕，那将是天大的喜讯。"

小渊首相当内阁秘书长时代，曾经参与"平成"年号的制订，又是国民最期待的，能为日本经济带来"有喜"佳讯的关键人物，他当然期待太子妃能为他的政权带来喜讯。

承受巨大精神压力

日本皇储德仁亲王6年半前，与毕业于美国哈佛大学，号称懂得5种语言，出身外交世家的小和田雅子结婚，婚后传媒便一再谣传太子妃已经怀孕。与其说，传媒早就掌握了太子妃怀孕信息，毋宁说是高度期待她会快速给日本皇室早生贵子。什么风姿绰约、语学天才，外交才华，早被人们忘得一干二净，却不忘要她担负起替皇室传宗接代的重任，把她当作解决皇室兴亡的关键人物。

在一般日本人心目中，天皇依然是日本国团结的象征。根据明治维新以后修正的皇室典范规定，只有男性皇族才能继承皇位，虽然在日本历史上有过8个女天皇在位的记录。皇储德仁若无子，将来其皇位只能传给其弟秋筱宫，即文仁亲王，而他至今也还是膝下无子，只有两个女儿。日本皇室是否能后继有人，遂成为日本皇室最大的担忧，万分焦虑的课题。

日本传媒甚至报道，为了解决不孕问题，雅子可能到国外寻求受孕秘方，也可能接受人工受孕手术。即使雅子妃这次真的成功怀孕，人们又会开始猜测，这个婴孩到底是男还是女呢？如果雅子下一胎又是女婴，她的任务依然未了，今后依然要承受极大的精神压力，何况她已经流产一次了。

《天下事》4-1-2000

日本会出现女天皇吗？

第六章 女性天皇

万众期待，全民欢腾，太子妃雅子终于在2001年12月1日产下其第一名婴孩。这名称为"内亲王"的女婴，是德仁太子和小和田雅子妃的爱情结晶，也是他们结婚8年来生下的第一胎。雅子流产后依然不断努力获得的安慰奖。

由于雅子还未能如愿，为皇室生下一名男婴，解决皇室忧心忡忡的继承人问题，对她依然有千斤重的压力。一个婴孩已经得来不易，舆论还要她再接再厉，压力并不比不能生育要轻。除非即刻修改《皇室典范》，允许女性也能成为"女帝"（女性天皇），不然雅子还真是"任重道远"呢。

天皇制在日本是现实的存在。二战后，它虽然渡过了生死存亡的制度危机，一个自然萎缩现象却还对它如影随形，比如近亲繁殖产生的后遗症、人丁不旺带来的继承人危机，一直还在威胁它的正常发展。

现天皇明仁在太子时代娶民家女正田美智子为妃，既是天皇制的重大变革，也是历史性的自我血缘更新，这使天皇家的体质开始有所改善，但依然无法挽回天皇家和皇族人丁越来越单薄的状态。加上明治维新以后，日本的《皇室典范》又明文规定，只有男丁才能继承皇位，这就使天皇制的继承危机更加显现无遗。

日本民间曾经议论，雅子妃这次如果生男，将是菊花皇朝36年来的第一次添丁，即1965年现天皇明仁的次子文仁诞生以来唯一的男丁；如果生女，则是1969年德仁的妹妹清子诞生以来，皇室接连诞生的第9名女婴了。天皇家确实是阴盛阳衰，因为一直没有男婴诞生。这十年来，日本不仅经济泡沫化，连皇室也陷入萎缩状态中，使全民心绪不宁，希望早日摆脱困境的焦虑，汇集成为万众期待雅子早生贵子的推动力量。

在制造试管皇帝？

太子妃的第一个婴孩是顺利诞生了。然而宫内厅的保守，或者说操作讯息的作为，却使人们依然对皇室添丁问题存有很多疑问。

一、生男育女技术进步，这次难道操作失误？

日本杂志《女性自身》（99年5月）和英国报刊《独立报》（2001年4月22日）都曾报道：相信日本正在进行世界第一个试管皇帝的试验。虽然，英国《独立报》作了详尽的报道，并把消息发布世界，日本宫内厅却不澄清，也不抗议，使人相信沉默可能就是默认。日本政界和舆论界对女性继承皇位问题的白热化讨论，也曾嘎然而止，也许他们都相信，既然进行了体外受精手术，婴孩的性别相信也作了妥当选择。日本拥有控制生育性别成功率高达90%的技术。这种自信使他们相信，总能够使太子妃成功怀孕，因此皇位继承问题总能够顺利解决。

以现代普及的超音波技术，性别不可能不在婴孩诞生之前已经完全掌握。但是，宫内厅却一直守口如瓶。一般民众，一是同情太子妃的处境；二是日本年轻一代已对生男育女不再偏执，甚至有人认为，只要太子妃有后就能使她松一口气。但是，保守派，特别是保皇派却认为，天皇是神圣的，是万世一系的，必须由天孙族子嗣继承才能显示其纯洁。因此，太子妃生男是共同的期待，至于它的实现办法，一般人则采取视而不见的态度。但是，在这个过程中，到底宫内厅撒下多厚的"菊幕"，背后到底有多少造人的秘密，人们不仅好奇，而且想进一步了解其真相。

皇女能否继承皇位？

二、太子妃雅子有义务继续怀孕，直到她为皇室产下一名男婴为止。

曾经是人们羡慕的女外交官，又是著名哈佛大学高材生的小和田雅子，一旦嫁入深宫，不仅成了菊花皇朝的花瓶，还成了小皇帝的制造机器，这确实使日本知识份子，特别是现代女性叹惜和沮丧。雅子婚后，人们变得只关心她何时生孩子，而且必须是能继承皇位的子嗣，这对她不仅是重大的精神压力，也是所谓才女没落的最大讽刺。

一年前雅子流产，第二年还要再接再厉，虽然在38岁时终于成功产下一婴，不过按照现今的《皇室典范》，"内亲王"不能继承皇位，使她必须继续怀孕下去，直到出现"嫡系子嗣"为止。保守的《读卖新闻》就曾在其社论中暗示，已故皇太后接连生了四名女婴后，仍不轻言放弃，终于最后如愿以偿生下了现今天皇明仁。这是保守势力要雅子继续"努力"的指示，直到真命天子降临为止。

三、能否修改《皇室典范》，一劳永逸解决皇位继承问题？

历史上，日本曾经有过8位（10代）女皇帝（女天皇），问题是明治天皇时借口维新，建立绝对王权，不仅兼任"大元帅"，还明文规定只有"嫡系子嗣"才能继承皇位。这是天皇制与军国主义结合的开始，也是天皇制面对最大危机的导火线。1947年问世的新宪法，依然规定天皇地位为"世袭"；《皇室典范》亦注明，继承权"只属于皇统的嫡系子嗣"。不过，国会有权修改《皇室典范》。因此，想在日本再看到女性天皇即位，修改现行的《皇室典范》是有可能的，就像当代欧洲王室女王即位那样，不过在保守的日本，特别是传统势力企图继续利用天皇制实现其复古目标的今天，这不是一件容易改变的事情。

日本在新世纪的第一年，虽然诞生了一名小皇女，但她能否为日本带来一场新的变革，倒是值得人们关注的新动向。

《天下事》7-12-2001

"女帝"方案搁浅了

日本皇室传出罕见的喜讯,天皇次子秋筱宫之妃纪子再度怀孕。它像一声春雷,惊醒了日本传统社会,也打乱了小泉政府原本要执行的解救皇室危机的"女帝方案",即通过国会修改《皇室典范》,承认皇族女性今后也能当"天皇"的计划。

从必须解救皇室危机的现实角度来看,一是天皇家的第三代至今没有一个可继承皇位的男丁,这是问题混乱的根源;二是皇储德仁的唯一千金爱子已经四岁,如果接下来要当"女帝",已经到了必须开始给她安排帝王教育的时候;三是在这男女平等的时代,日本如果也能有女性天皇,对日本致命性的人口萎缩趋势、对日本皇室的现代化进程,应该都能产生正面的刺激作用。

从政治操作的角度来看,首相小泉2006年9月将任满下台,他这些年的政治口号是进行"无圣域的改革",但能真正留下史册的改革可说至今皆无,如果他能替面临后继无人危机的皇室开创一条新路,对苦恼的小泉也可算是其政绩。

更重要的是,小泉一贯重视民意取向,特别是女性的掌声和选票,能够为她们创立男女平等的皇室制度,全国接近八成支持女性天皇计划的日本人,大部分都会成为他的支持者。下台之后,小泉依然能在日本保守政坛保持一定的影响力。

打算修改《皇室典范》

2005年1月,首相小泉委任一批"有识之士",成立一个所谓私人咨询机构"《皇室典范》相关有识者会议"。经过14次会议,终于在同年11月发布最终报告,建议修改《皇室典范》中关于唯有男性才能继承皇位的规定,即将其修改为"第一个子女优先"的新继承原则。所谓"子女",不分男女,只要是皇族直系第一个子女,他或她都能继承,这是一大变通,也是一重大进步。

这在西欧已经是个基本常识,但在日本却是"革命性"的变革,因此受到极端保守势力强烈的反对和诸多阻挠,最后发展成为一股来势汹汹的暗流,甚至成为威胁小泉政治威信的危机。

舆论调查显示,日本大部分人是支持"女帝方案"的。《东京新闻》2005年10月16日公布的舆论调查结果是,84%的人赞成女性可继承皇位。但是,经过极端右翼的造势反对,特别是《产经新闻》集团的大力反宣传,《日本经济新闻》06年2月6日发表的调查结果,变成只有63%的人继续支持"女帝方案",即比该报05年11月的调查减少了14个百分点。

日本极端右翼所以反对修改《皇室典范》,让皇储德仁的唯一孩子,即爱子公主成为未来的"女天皇",是担忧号称拥有"万世一系"神圣血统的日本天皇制度从此变质。虽然,明文规定只有男丁才能继承皇位是在《大日本帝国宪法》(明治宪法)成立以后才有的事,但他们不仅无视历史上曾经有过八名十代的"女天皇"这一事实,还制造一个假象,从第一代神武天皇开始,连绵125代天皇都属于所谓"男系"。

他们虽然坚持"万世一系"的传统不能改,但现实问题是皇室近亲通婚已经造成后患,不仅遗传基因弱化,人丁不旺更是显著。为了挽救皇室,战后日本有识之士,曾为皇室实施一连串的基因改造工程,其中最大的强化工程便是让皇族与平民通婚,包括现在的天皇明仁,皇后正田美智子是平民;皇太子德仁,太子妃小和田雅子是平民;次子秋筱宫文仁,妃子川岛纪子也是平民。

八成民众要男女平等

日本社会面对皇室41年都没有男嗣的事实,一般人早表示愿意接受现实,就是通过修改《皇室典范》而让皇储的唯一孩子——爱子将来成为"女帝"。而小泉政府成立智囊团,准备在本届国会,也就是小泉执政的最后一次国会开会期间,完成修改《皇室典范》的手续,既是他执政的最后一项任务,也是他希望实现的有终之美。

但是，日本政坛眼看小泉首相即将成为过气的人物，有人要让他难堪，有人要乘机造反，应否修改《皇室典范》的争论，不仅成为一股政治噪音，甚至成为威胁小泉政治生命的包围网。

就在这个关键性时刻，天皇次子秋筱宫文仁亲王之妻纪子，虽然已经是39岁，而且先后育有两女，即14岁的真子和11岁的佳子，突然宣布已有身孕六周，而且公布预产期将在9月底或10月初。这消息对极端保守派无疑是天外飞来的救星，对首相小泉却是腹背受敌的窘境。形势的突变迫使小泉改变初衷，就是放弃在他任内完成修正《皇室典范》的计划。

现在回头来看，其实早有人主张：既然皇储德仁和雅子夫妇不能再生育，就让次子秋筱宫夫妇担负此项重任吧！过去10年岁月里，秋筱宫夫妇同样没有再生育，为何突然在皇室制度即将改变的关键时刻，突然宣布造人成功，不仅事态发展很富戏剧性，而且有历史方向也在改变的味道。

秋筱宫纪子虽然已经怀孕，但能否保证她这次就能如愿以偿，生个能继承皇位的男嗣呢？当局表示婴孩的性别至今不明，这又引来一番猜测，似乎与旧保皇派的动向不符。到底是男还是女，不仅一般民众好奇，还将左右日本的动向，也算一则国际新闻吧。

复古还是顺应潮流

仅是纪子妃怀孕的消息，就让报章纷纷出号外、电视台紧急中断节目、连在国会众议院预算委员会开会中的议员们也鼓掌欢呼。听起来很夸张，想起来也很奇特。

选择在这个时刻宣布"喜讯"，本身也似乎处处包涵玄机。

怀孕六周，应该还不能分辨是男婴还是女婴吧，但日本传媒已经在认真分析：如果纪子妃身怀男婴，即使不修改《皇室典范》，也将能改写日本皇室历史。依据现存的男系继承皇位规定，第一顺位是45岁的皇储德仁太子，第二顺位是40岁的二皇子秋筱宫文仁，第三顺位则将是秋筱宫和纪子的新生"男婴"。

日本极端保守势力现在把所有的希望，一、寄托于纪子妃的肚皮上，即希望她的第三胎是个奇迹；二、不然就要求全面复古，其中一项措施是让已经被取消皇族资格的旧宫家能重新成为皇族，再从他们身上寻找适当的男系皇位继承人。

外表上，这是坚持要维系"万世一系"血统的斗争；事实上，这是复古还是顺应潮流之争。

《天下事》11-2-2006

第七章 大国之梦

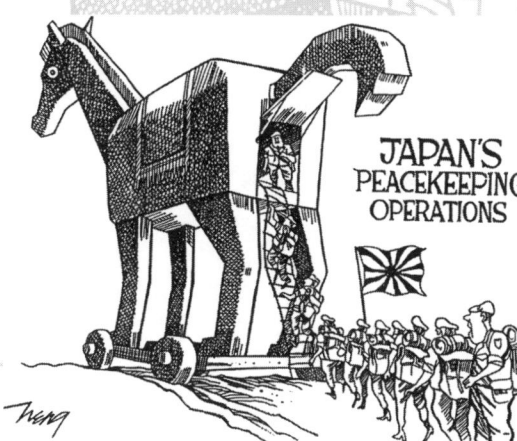

日本会走核武道路吗？

小渊第二次内阁的防卫厅政务次官西村真悟，因为公开主张"应该是讨论日本核武装问题的时候了"而被舆论轰下台。西村虽然已经挂冠而去，日本何时放弃"非核三原则"、何时进行"核武装"等问题，不仅再度成为日本国内的热门话题，也成为国际间共同关注的一个新焦点。

小渊首相明知西村真悟是个极端的右翼政客，不仅经常口不择言哗众取宠，一向又以国粹主义英雄姿态，反对日本承担过去的战争罪责，也以具体行动显示其英雄本色，比如硬闯中日主权纷争的钓鱼岛，主张击沉所谓入侵日本海的朝鲜快艇，因而加剧东北亚的紧张气氛。而小渊首相却让西村这样的人物进入他的扩大内阁，担任相当于国防部副部长的要职，不仅使极端派飘飘然，也让极端右翼如虎添翼，这是小渊的轻率，也可能是故意在玩火。

撇开西村真悟的人品和政治作风，出任防卫厅政务次官伊始，他就公开主张，"国会应该讨论核武装问题"，又说"没有核武器是危险的"、讨论日本核武化的"时机已经成熟"等等，显然跟战后日本标榜的"和平宪法"精神背道而驰，也跟日本历届政府信誓旦旦保证奉行的所谓"非核三原则"相抵触。更重要的是，西村事件揭开了日本右翼的面纱，也捅破了遮掩日本的纸窗，把一些人企图将日本化为核子大国的真相曝了光。

秘密研究核武政策

日本政府一再强调，它是世界上第一个，也是迄今唯一的原子弹被爆国家，绝对反对核武器的开发、试验和拥有。它也公开宣言，日本政府奉行"非核三原则"，就是日本不开发、不拥有、不引进任何核武器。

但是，日本与美国签订"日美安保条约"，让美国在日本本土和冲绳驻扎大军、拥有庞大的军事基地、接受美国的"核子伞"保护，事实上又跟"非核三原则"自相矛盾。难怪，日本抗议其他国家进行核试验，一向都没有人重视它，还指日本对核武有双重标准。而美国又坚持，它不证实驻日美军和军事基地，是否储存有核子武器，这说明日本的"非核三原则"，充其量是日本政府当前公开展示的政策，只是政治上的权宜之计，一不说明日本将坚持这非核政策；二也不证明日本国内，特别在美军基地之内，绝对不存储任何核子武器。

小渊政府重申，"非核三原则"是日本的国策，也从未讨论过核武化问题。事实却并非如此。《朝日新闻》在1999年10月25日一篇分析文章中报道：佐藤内阁曾经在1967年到1970年期间，委托政府的外围机构，对日本核武化问题进行"非正式研究"，事后还向政府提呈一份研究报告。不过，报告内容至今一直未公开发表。

核武装也不违宪？

佐藤政府虽然在1967年宣布日本奉行"非核三原则"，但这不是出自政府的本意。因为，根据日本政府过去发表的公开见解，"拥有小型核武器，并不与宪法精神相悖"。而最著名的政策表态，是前首相岸信介1959年3月在国会参议院预算委员会上的答辩。他说，"在政策上我们不拥有核武器，但宪法并不反对拥有自卫所需的最低限度的核武器"。1978年3月，代表政府解析司法立场的内阁法制局长进一步表明："无论是核武器还是常规武器，宪法并不禁止拥有"。

日本政府扩大解析宪法，而再度整军的事例已经是有目共睹的事实，因此改变说辞进行所谓"核武装自卫"，同样不是不可能在日本发生的事。美国前国务卿基辛格，1999年10月10日在东京电视台一个节目中就曾表示："有朝一日，日本走上核武装道路也完全不足为奇"。

而西村真悟等日本极端右翼认为，进行"日本核子武装议论"的时机已经成熟，目的不仅是要放弃束缚日本全面整军的"非核三原则"，还有更远大的目标，就是要摆脱美国的控制，搞日本的独立核武装政策，走所谓"自主防卫路线"。这不仅使日本民众哗然，亚洲近邻国家紧张，也使美国暗地里在捏冷汗，因为这是对防止日本再度走上军国主义道路的所谓"瓶盖论"的正面挑战。

不再依赖美"核子伞"

佐藤政府在60年代后期委托外围组织研究日本核武化问题,当时又获得什么结论呢?研究报告据说得出以下的结论:"从日本拥有的技术水平来看,生产核武器是完全可能的事。但是,日本一旦实行核武装,则会产生以下三问题;即外交上陷于孤立;无法得到舆论支持;财政负担沉重不堪。因此,日本还是以不拥有核武器为宜。"

不过,日本保守势力则对核武问题分成两派。保守主流认为,日美经济关系密切,在安全保障问题上继续与军事力量强大的美国结盟,依然是上上之策。激进派则认为,日本拥有自己的核武器之后,就不屑再依赖美国的核子伞保护了。既然"非核三原则"只是一种政策,就不可能一成不变,就不能不作认真检讨。西村之流,就是这思潮的典型。

日本是世界第二大经济体,又曾经是军事强国,现在又储存有大量能制造核子弹的钚,在火箭技术方面也取得一定的成就,日本要走核武化道路,确实是易如反掌。不过,从日本的国家利益、日本国民的反核感情、日本的狭长岛国构造,即使拥有核武器,也因为无第二次打击能力而会不堪一击,加上世界的政治现实等因素,日本选择走核武装道路,无疑是个自杀性破灭道路,不仅会使日本在亚洲、在世界更加孤立,也会因为跟美国撕破脸而改变世界现有秩序,美日对立也将是未来国际关系紧张的根源。日本做这样的选择,当然是非常不智,而且是非常危险的。

《天下事》26-11-1999

海外派兵获得三项突破

日本国会参众两院已经分别在10月18日和29日批准了小泉政府提出的一连串"反恐法案"。这些法案包括《恐怖对策特别措施法案》（简称《恐怖对策法》）、《自卫队法修正案》和《海上保安厅法修正案》。前者在国外、后两者在日本国内，协助美军加强反恐军事行动。

美国发生九一一事件，日本却出人意表迅速作出反应，以日本标准只有25天便完成整个立法程序，不仅打破记录，纵览全球相信也是唯一作此反应的国家。不仅如此，立法既不是为防备恐怖主义的袭击日本，也不是为直接参与美国的军事行动，更大的目标还是为了让自卫队打好出国活动的法律基础。如此巧妙利用时机的国家，在当今世界也只有日本一个。

九一一事件是人类悲剧，日本响应美国号召，积极参与反恐行列，不仅是盟国的义务，也是现代国家的职责。不过，日本有非战的和平宪法的制约，又有历史包袱的牵制，偏偏它又热衷于要作"军事贡献"，人们不得不怀疑，醉翁之意不在酒，根本是要搭军事扩张的顺风车。

小泉内阁在提呈反恐法案之前，强调的是美国要日本"展示旗帜"；法案即将通过时，日本传媒又宣称，美国要日本准备承接"阿富汗善后"的任务。情况可能跟海湾战争当时一样，现阶段的海外派兵，日本只是要为其自卫队正名，为其合法跨出国门铺路而已。不论美国的反恐军事行动会有什么结果，日本都将是一个赢家，因为日本可为其自卫队松绑、可为其累积出国经验、更可为其成为合法军队加分。

废除专守防卫政策

反恐法案获得国会通过，意味着日本的海外派兵将成为惯例，也是"专守防卫"政策的结束。对日本政府和武装部队，即陆海空自卫队来说，这次又有了新的收获，又有了新的突破。国会不仅授权自卫队得以频繁出国活动，还首次批准它在国外战争进行期间开赴国外，同时又把日本的"自卫范围"作无限的扩大，显然是对禁止建军的日本战后和平宪法，甚至战后半世纪以来历届政府强调的"专守防卫"政策，都是一次直接挑战。

日本海外派兵获得的三项突破，其一是日本海外派兵范围已经无限扩大。日本所以称其武装部队为自卫队，强调的是"自卫"，突出的是"专守防卫"。两年前国会通过《周边事态法》当时，"自卫"范围开始扩大，即把其军事活动范围，从日本本土扩大到周边公海。这次通过《恐怖对策特别措施法》，设定自卫队舰队和运输机要往返太平洋、印度洋、波斯湾，兵员要驻扎在阿富汗邻国，海外派兵的范围已经扩大到了日本遥远的海外。自卫队伴随美军作环球军事活动的模式开始形成。

其二是，自卫队得以堂堂正正携带武器出国。战后日本首次海外派兵，是派海军扫雷艇到波斯湾扫雷。接着是派陆军到柬埔寨参加联合国维和活动。两次海外派兵都是在战争结束之后，携带武器问题并不迫切，又要突出派兵海外非参与战斗任务的形象，因此强调了不使用武器的自我限制。这次日本陆海空三军进入战线模糊的地区和海域，如今又回过头来强调必须保护人身安全，因此还是回到了军人枪不离手的传统，实现了放宽携带和使用武器的自我限制。

其三是，开辟战时派遣自卫队出国的先例。迄今日本自卫队参与海外维和活动，都强调必须是"战争当事者已达成停战协议"之后，这次参与美国的反恐军事行动，日本既要避免被卷入战祸，又要获得"展示旗帜"的效果，结果便计划派遣海军舰船在日本与印度洋迪戈加西亚岛之间，除了输送后勤物资也搜集军事情报；派空军运输机往返日本和巴基斯坦或中亚之间；陆军官兵则被派去阿富汗周围进行医疗和难民救济活动。这场反恐战争不可能在短期内结束，而日本又急于要在海外"展示旗帜"，不仅促使它打破自我限制，也尝试在战区插上一脚，显示日本正朝军事大国的方向一步一步前进。

选良机再搭顺风车

但反恐怖法案依然规定,自卫队的支援美军活动只限于"非战斗区域"。

这次日本计划派遣一支包括神盾级驱逐舰的现代化舰队,在印度洋与太平洋之间,替美军搜集情报、运送物资。对此,日本国会经常有狡辩式的"神学论争"。

10月24日,小泉首相与中谷元防卫厅长官就进行了这类"巧辩"。日共参议员询问,派遣日本舰队到印度洋,是否违反涉足战区的规定?小泉首相一再强调,自卫队支援活动将不包括战争进行中的战场,自卫队舰船却又准备运送供应品,特别是燃油,给在印度洋作战中的美国空母或战舰,明显是违反自卫队应避开战区的规定。防卫厅长官的妙答是,战机起飞与巡航导弹发射的瞬间,不错,印度洋是属于战区。过后,即使指挥战机、追迹导弹,都已不再是战斗行为。递交物资就是在战区进行也不算违宪。

这类论争确实毫无意义,日本政府和政界却一直利用这种神学论争,把"和平宪法"禁止的建军、《自卫队法》禁止的海外派兵、《周边事态法》注明的自卫范围、《PKO法》规定的派兵条件、不使用武器等等,全都在九一一事件后成立的《恐怖对策法》所掩盖、所废除。

西方国家常抨击日本,总在国际间搭和平的免费顺风车,特别是海湾战争爆发之后,即使日本分摊130亿美元的庞大战争费用,西方舆论还是对日本冷嘲热讽。九一一事件爆发,日本"展示旗帜"的反应却出奇迅速,熟悉日本行事模式的亚洲国家却担忧,日本其实是在搭另一个方向的顺风车。

现在法案已经通过,自卫队已经松绑,接下来日本的实际军事行动,将进一步说明其未来政策意图。

《天下事》26–11–1999

政客为何总是开口伤人？

政治家说话，即使没有哲理，也会有前瞻性语言，而政客就只一味哗众取宠，有时还口出狂言。如果以此作准绳来审视当今日本政坛，那么，有资格当政治家的人，就真是凤毛麟角了。但是，贪赃枉法、沾花惹草、恣意妄言的政客，却总是络绎不绝，使人对日本政坛不得不"刮目相看"。

最近，日本不仅有越来越多政客恣意妄言，而且使用越来越强烈的攻击性言词，使人担忧它是一种风潮、一种政治趋势。

石原又发出狂言

过去，日本传媒总是称政客的恣意妄言为"失言"，就是一时不小心，把心中话说溜了嘴。不过，他们虽然歪曲历史，开口伤人，一旦遭到对方强烈抗议，特别是邻国中国、韩国等亚洲国家作出强烈反应，这些政界要人就会以"失言"来掩饰，当局也会要求他辞官，事情就可大事化小，小事化无。但是，他的政治地位却丝毫不受影响，换一个场合又会故态复萌。因此，日本总有演不完的"失言"闹剧。

东京都知事石原慎太郎是著名的极右派，顽固的国粹主义份子，他不止一次公开挑衅中国，蔑视亚洲人，不仅故意称呼中国为"支那"，中国人为"支那人"，还宣称"南京大屠杀"是中国人捏造的谎言，中国是"帝国主义国家"等等。

石原对外说"不",成了他的招牌和政治资本。在四年的东京都知事任内,他并无特别建树,今年4月却以308万高票再次蝉联,这是日本怪现象之一。

2001年11月,石原接受日本一家女性杂志采访,又大放厥词,说"女性停经以后已无生育能力,继续生存下去只是一种浪费与罪恶。"如此歧视与侮辱女性,东京妇女依然投票选他连任都知事,这便是日本怪现象之二。

7月18日,石原对执政自民党治安强化小委员会发表演讲,他再度强调"支那"的称呼没有任何不妥,又说东京的罪案多数是"支那人"干的,迟早会发生绑架日本要人子弟的案件,应尽快将他们遣送回国,费用可从(援助中国的)ODA款项中扣除云。

所谓东京都知事,就是首都大东京的市长。石原是正式演讲,不可能是"失言"。何况石原不是一个莽夫,是一个成名的"小说家";也不是政坛无名小卒,曾经当过自民党政府部长,又曾经竞选过自民党党总裁的政坛资深人物,只能说他是个"智能犯",有政治意图的"煽动者"。

认真研究便能发现,石原的狂妄,一是出于他国粹主义的本性,二是为了积极响应极右前辈江藤隆美的排外论调。

"第三国人是劫匪杀人犯"

7月12日,78岁的自民党元老江藤隆美在福井市举行的自民党支部会议上讲话,再次公开否认日本曾侵略过中国、朝鲜,又说如今非法移民充斥日本,他们都是"劫匪、杀人犯",一旦朝鲜半岛"有事",还会有大批难民拥到日本。

江藤隆美是自民党江藤-龟井派的会长。1995年10月,他担任内阁总务厅长官期间,就曾经大言不惭地说,"日本在统治朝鲜半岛时也曾做过好事",为日本的殖民统治朝鲜洗脱罪名。

现在,他不仅坚持皇国史观,而且还重申1910年的"日韩合邦",事前"两国有签定合并条约,获得国际联盟批准"。《朝日新闻》社论很不客气地指出,国际联盟是在"日韩合邦"10年后才成立,何来批准?这明显是另有企图的发言。韩国《东亚日报》则说,"这是在未能正确掌握历史事实情况下发出的妄言。"

江藤说,"东京歌舞伎町是第三国人支配的无法地带。专门干偷窃、杀人勾当的家伙多达100万人,这些人制造了混乱。"

所谓"第三国人",是战前军国日本对朝鲜半岛和台湾等殖民地人民的称呼,跟"支那人"一样都是贬义词,如今已经成了死语。而江藤隆美和石原慎太郎等军国遗老却坚持继续使用它,说明他们的心态不仅缅怀军国日本的过去,还憎恨现在的自由民主。

日本确实存在严重的非法移民问题,也有日益严重的社会犯罪现象,但外国人与犯罪不是等义词。政客们将它等同看待,相提并论,不仅是推诿政治责任,也是煽动国民排外的恶毒行为。

右翼极端排外情绪化

日本是个岛国,跟任何国家都没有共同边界,除了对日裔网开一面之外,根本不接受外国人移民。虽然如此,非法移民或过期居留者却充斥日本,明显跟日本的劳工政策,特别是在泡沫经济高峰期有分割不开的关系。日本有严格的户口登记制度,当局要严格管制非法入境或逾期居留,认真处理社会犯罪问题,并非办不到。真实情况也许就和日本的黑帮问题一样,是不为而非不能也。

在日本偷窃、贩毒和贩卖色情的人,确实有不少是外国人,但他们的合伙人是日本的黑帮。近期激增的杀人、绑架、强奸和少年犯罪等等,又有哪一宗不是日本的"纯国产"?

日本恣意妄言的政客,他们对自己人的胡作非为又如何表态呢?面对长崎12岁中一学生拐带又杀害4岁男童案件,身为小泉内阁防灾部长的鸿池祥肇,竟然说"(男童)父母应游行示众,之后再被斩首作为惩罚"。对29岁男子软禁4名12岁小六女生,然后自杀的事件,鸿池的评语同样幼稚到了极点。他说:"谁是加害人,谁是被害人,难以辨别。"

对一批大学生专搞派对诱奸女生的事件,自民党行政改革推进本部长的太田诚一却称赞这些大学生"很有活力,更接近正常人"。

有专家分析,日本政客之所以恣意妄言,哗众取宠,极度挑衅,这和日本的十年停滞有关。日益成熟的环球化突现了日本的落伍,也反映了日本的信心丧失。因此,排外的民族主义抬头了。

除此之外,小泉纯一郎从一个弱势政客摇身一变成为掌权的首相,靠的就是简单、强烈的政治语言,发挥了所谓"剧场型"政治效果。例如,他把党内政治对手称之为"抵抗势力",虚拟一个敌我对抗的悲壮场面,以此博取同情和支持,也成功抬高了自己的政治地位。

今年初,在野党在国会质问首相小泉,为何不遵守限制国债发行年不超过30万亿日元的诺言时,他竟然面不改色地回答说:"不遵守这个诺言也算不了什么"。政治分析家认为,有了首相的示范作用,执政党高层和政府部长们当然会竞相效尤了。

《天下事》26-7-2003

第七章 大国之梦

日本为何热衷向海外派兵？

日本政府提出的《支援伊拉克重建特别措施法案》在众议院通过之后，7月26日凌晨又在参议院获得批准，出兵伊拉克遂成了合法的行动。

2003年6月，日本国会刚通过战后最重要的备战立法"有事三法"，7月再审议《支援伊拉克重建法案》，显示日本正一步步脱离和平宪法，朝向军事实力为后盾的政治大国方向发展。

战后50年来，日本把握每一次机会，特别是美国在亚洲用兵的机遇，一直设法替其自卫队松绑。过去，日本还强调，自卫队出国不参加"战争行为"，也不进入"战争地域"，但这次自卫队要去的地方却是继续出现大量美军伤亡的伊拉克，而且任务之一是替美英联军提供后勤服务，这在自卫队松绑过程中，显然又向前迈出了重大的一步。

动辄将自卫队调派出国

由于战后日本"和平宪法"否定了国家交战权，禁止了国家再组织打仗的军队，日本却在上世纪50年代将警察部队改变成"警备队"，后来又将它改称为"保安队"，再发展成今天陆海空三军齐备的"自卫队"。但"自卫队"和"防卫厅"总不是正规的国家军队和国防部，因此，首相小泉纯一郎最近就在国会一时说溜了嘴，公然说"日本自卫队就是军队"，这清楚说明日本政府领导人的政策方向是明确的。

但是，鉴于宪法的限制，内阁官房长官（秘书长）福田康夫却必须急忙出来打圆场，还是重申了"日本自卫队非军队"的官方立场。不过，日本自卫队已经是世界一支不可小觑的武装力量，迟早要把它头上的紧箍咒加以解除，方法是架空和平宪法，累积一堆既成事实，最终让它堂堂正正成为一支正式的军队。

第一次海湾战争爆发之后，日本在1992年通过《联合国维持和平活动合作法案》（PKO），开始派自卫队扫雷艇远离日本到海湾地区接受实战考验，首次实现了自卫队跨出国门的战略目标。日本向美国提供130亿美元海湾战争费用，也间接参加了一场美日军事同盟的战争。之后，日本在协助联合国维护和平的旗帜下，又多次修改法律，动辄将自卫队调派出国，包括柬埔寨、戈兰高地、东帝汶等国家或地区。

美国发生"九一一"恐怖攻击事件之后，日本又制定《反恐特别措施法》，对后来美英联军攻打阿富汗以及伊拉克，日本都有调派多种设备不同的战舰到印度洋，一是支援盟国进行军事活动，二是继续累积海外派兵经验。

但是，自卫队出国还是不能参与"集体防卫"活动，也没有法律条文允许自卫队给盟国提供后勤支援，包括武器和战争物资的运送，连自卫队本身携带的武器也受到严格的限制，这就产生了扩大自卫队海外活动范围而立法的迫切性，而《支援伊拉克重建特别措施法》就在这种背景下又被推上舞台。

将制定恒久性派兵法案

美英联军是在3月20日正式攻打伊拉克的，21天后便占领了首都巴格达，日本却迟至四个多月之后才完成派兵支援的立法，1000人的日本支援部队最快也要10月之后才能出发，说明日本这次派兵伊拉克是象征意义多于实质作用。

但是，这是日本自卫队首次堂堂正正携带武器出国，又是人数最多的一次，不仅突破了海外派兵的限制，也是日本军事大国化过程中一个里程碑。

日本这些年所以忙于立法，目的是，一要架空宪法的束缚，二要抓住任何一次机会，突破海外派兵的限制。结果，美国在海外每打一场仗，日本便要跟着制定一部配合美国行动的临时法案。从法律的起草、审议，到国会通过，需要一段颇长的时间，不仅给人留下"追随美国"的强烈印象，也每每引起宪法的争论，使到日本政府感到穷于应付。因此，日本极端右翼主张，今后应制定一部恒久性的海外派兵法案，才能一劳永逸地解决日本海外派兵的问题。

经过这些年的长期侵蚀，日本的和平宪法不仅被架空，一般日本人也开始对和平主义感到麻木，而执政三党联盟又掌握国会参众两院的多数议席，所有的法案最终都能顺利通过。

　　虽然如此，国会审议《支援伊拉克重建法案》期间，根据《朝日新闻》7月22日发表的舆论调查结果，反对向伊拉克派兵的日本人已从6月份的43%增加到55%，而赞成的却从46%下降到33%，说明小泉政府无条件支持美国攻打伊拉克的政治姿态受到了强烈质疑。不论日本政府如何宣传，支持盟友是国家利益之所在，但战争的正当性却越发受到怀疑，特别是至今无法证明，所谓伊拉克拥有大量杀伤性武器不是谎言这点，也强烈影响一般日本人对小泉政府的支持率。

　　伊拉克的抵抗势力早就发出警告，日本自卫队踏上伊拉克国土后将面对被袭击的危险。一旦发生这样的悲剧，日本国内反对派兵伊拉克的声音便会加倍响亮。

　　作为世界第二大经济体的日本，它支援伊拉克战后重建是顺理成章的事，何况伊拉克拥有丰富的石油资源。但支援的方法有无数，日本却偏对自卫队的出国情有独钟，说明醉翁之意不在酒，日本是另有企图的。

《天下事》5-8-2003

日本开始阶段性修宪

第七章 大国之梦

2005年11月22日，日本执政自民党举行规模空前的建党50周年纪念大会。会上最受瞩目的举措，是该党新宪法起草委员会正式公布了《新宪法草案》，向世界展示了其修宪决心，但又略有保留，明显是阶段性修宪的第一步。

日本执政党要修宪，原本是意料中的事，但其进程之快使人感到意外。因为，9月大选自民党刚获得大捷，10月小泉改组内阁，鹰派的新保守主义者纷纷登场，显示新保守主义势力已急不及待，而小泉也急于要在他下台前完成其历史任务。日本不再顾国内外的质疑，要一鼓作气将其自卫队合法化、合宪化，再进而大踏步走上政治大国的道路。

"修宪是在结束谎言"

自民党要修宪，既不是该党一时的心血来潮，也不是小泉才有的政改方案，而是自民党建党以来的一贯主张。自民党成立之初，其建党纲领就写明："谋求自主地修改宪法"。此后，自民党三番五次掀起修宪风潮，一是宪法规定修宪必须先获得国会三分之二通过，然后才能交由全民表决并获得三分之二同意才能执行；二是战后半个世纪，日本都处在和平主义情绪中，而且左翼政党一直控制着三分之一以上的国会议席，致使极右势力无法实现修宪目标。

但是，"和平宪法"有规定，日本已经放弃了国家的交战权，不得再拥有陆海空三军。但是，在历届自民党政权暗度陈仓的安排下，日本事实上拥有一支可傲视环球的现代化部队，那就是现在的所谓"自卫队"。

日本的军队所以称"自卫队",一是要绕过宪法的限制;二是要模糊国内外人士的视线;三是要使宪法空洞化。开始,它是一支小小的"警察预备队",今天已经成为拥有24万人,号称有七项"世界第一"的一流武装部队,不仅在本土执行"专守防卫"任务,还借口执行国际任务而远赴波斯湾,显然它已经成功挣脱了宪法的桎梏。

然而,在政治上,特别是在政治道德上,日本军队不能挺起胸膛,不能参与"集团防卫"战争,不能直接给予盟国军事支援。再有是,由于不符合和平宪法的规定,它在国内外没有政治地位,甚至被舆论讥讽为宪法"私生子"。说自卫队不违宪,根本就是个谎言。修宪派甚至坦言,修宪就是要结束这样的谎言。

"和平宪法"历史背景

日本现行宪法是在1946年11月3日颁布,1947年5月3日开始实施的。58年以上未修宪,在国际间确实是个罕见现象,却又说明它必然有特殊的背景和历史意义。

一、日本发动侵华战争、偷袭珍珠港、南侵要建立"大东亚共荣圈",企图与法西斯德国分割整个世界,最后尝到了彻底战败的苦果;二、有要彻底防止日本重回军国主义道路的和平势力,包括当时的美国占领当局,除了要改造日本,还强令被占领的日本接受一套放弃战争的宪法,这便是现行的日本和平宪法。这个和平宪法,就像扣在日本头上的紧箍咒,既削弱了军国主义的气焰,也限制了复古势力的抬头。

但是,冷战爆发,美国转而利用日本来围堵中苏,以"自卫队"为名的武装部队又在日本重建。取名"自卫队",一可以缓和国内外的反对;二是以"白马非马"诡辩术来否定"自卫队是军队"的命题;三是借口宪法无任何条文禁止"自卫",狡辩重组自卫队就不违宪以自圆其说。

半个世纪以来,日本政府就不断通过这种"扩大解释"的手法,让它成为既成事实的军队,通过倒果为因的手法,要求修宪来适应现状。和平宪法宣扬不再战,也不再拥有任何军队,实际上却让自卫队成为合法的军事组织,而使和平宪法空洞化。

有人不回顾历史,也不翻阅日本现行宪法,就说日本组织自卫队是理所当然的。还说,即使宪法第九条有规定,日本必须"放弃战争权利",不得拥有"陆海空三军"，但并无明文规定，日本不得自卫，因此组织"自卫队"是合法、合宪的。这是被日本蒙骗的结果，也是日本扩大宪法解释宣传的成功。

文字游戏自欺欺人

不论自卫队是否违宪，经过不断的扩充、强化和变形，现在它事实上已经是世界上一支屈指可数的强大军事力量，当今世界公认的"拥有最充足军费"的部队。然而，依然躲在宪法的背后，继续称它为"自卫队"，显然已经到了极限，从"自卫队"正名为"军队"的时机似乎也已成熟。

说到"军队"这个名词，在日本除了宪法的限制，"皇军"的黑暗历史，如发动侵略战争、战败投降，还有奸淫杀掠的记录，连日本人自己也对它有抗拒感、羞耻心。

从文字游戏的角度来看，当年创造"自卫队"这一新词，确实有其创造性和实用性，但长期如此使用，变成自欺欺人，也成束缚它的成长。世界上原本没有一个国家会把自己的军队称之为"侵略军"，同理，称它为"自卫队"或"自卫军"，也没有人相信它不会侵略别人。

经过了60年的卧薪尝胆，日本终于迎来了废除和平宪法，删除宪法第九条第二项"不保持战力"条款，准备将"自卫队"改称"自卫军"的机会。重建"军队"，显示日本已经不再需要继续躲在和平宪法的背后，它已经是军事大国、政治大国了。

"自卫"将没有国界

修宪草案第二项第三款写道，"为了确保国际社会的和平与安全，可以进行国际协调活动，在紧急状态下维持公共秩序，或者为保护国民的生命和自由而展开活动。"这是确保海外派兵恒常化的措施。

新宪法草案虽然保留了第九条第一项有关永远放弃作为国家主权而发动的战争，以及不使用武力解决国际争端的条款，但后面的条文又允许"自卫军"行使自卫权以及在海外使用武力，这是在彻底侵蚀放弃战争的承诺。

自卫队变"自卫军"，除了是掩人耳目之外，还是继续使用日本一贯施展的架空和平宪法手法。更严重的是，日本在所谓"和平宪法"的掩护下，又在"环球自卫"的借口下,到处挥舞"自卫军"的军旗,这怎不令二战的受害者感到心寒吗?

日本人是怎样理解"自卫"的呢?东京靖国神社附设的战争博物馆,它在展示其所谓"太平洋战争"遗物的说明中,至今依然称日本侵略亚洲是"卫国战争",可见日本的"自卫"是可以无限上纲,无限扩大的。

《天下事》30-11-2005

"先发制人"
偷袭理论再现日本

针对朝鲜试射七枚导弹，血肉相连的韩国处变不惊，隔海相望的日本反而歇斯底里，这是否是因为一方反应迟钝，而另一方反应过火，或者是另有玄机？

韩国首都首尔原本就在朝鲜的大炮射程之内，一是身经百战，二是习以为常，三是增强了自信。或更确切地说，是他们已经有更高的智慧，找到了彼此共存共荣的道路，不再勾泥于南北武力对抗。

对朝鲜试射导弹，韩国人基本认为，充其量是一场"军事演习"，进行"导弹外交"而已，没有迫切的安全威胁，也没有根本改变朝鲜半岛的现状。总统卢武铉一直保持沉默，却通过青瓦台发言人说："导弹没有针对任何一方"。说明韩国政府的基本方针是"平静对应"，因此人民也是处之泰然。

但是，隔着浩瀚大海的日本却有迥然不同的反应。传说中的大浦洞2型导弹，因试射失败已掉落日本海，日本人却不因此高枕无忧，主要是他们认为日本海是"日本的海"，已对日本构成直接威胁。其实，所谓日本海是朝鲜、韩国、俄罗斯和日本围绕的大海，朝鲜韩国都曾主张要将其改名为东海。而且这次朝鲜导弹掉落的海域，更靠近俄罗斯，是俄罗斯的海上专属经济区。但是，日本人的传统霸权意识是，导弹已经掉落到他们的内海，对他们是一种挑衅。

激发日本国民的危机意识

7月5日，朝鲜试射导弹的当天，日本全国性报章都出号外，公营民营电视台也都不停追踪，重复报道同一画面，不仅制造了"飞弹来袭"的特殊效果，也让日本人产生大祸临头的危机感。

世界公认，日本政府最擅长营造国民危机意识，有效推行对外一致的国策，而这次更让人叹为观止，原因是传媒竟然配合得天衣无缝，不断的炒作、渲染和煽情，难怪日本人都感到恐慌，几乎以一致的口径主张全面制裁朝鲜。

共同社的舆论调查显示，有87%的人说感受到朝鲜导弹的威胁，81%的人支持对朝鲜制裁。这些数字说明，日本人简直已歇斯底里地陷入民粹运动的旋涡。

日本的内外政策一向是以美国马首是瞻，这次却显现出比美国更积极、更强硬的姿态，简直是站在反朝鲜的前锋。比如，它率先公布对朝鲜实施九项经济制裁措施，包括禁止朝鲜定期客货轮"万景峰"号入港；再有是要求安理会即刻通过议案，依据联合国宪章第七条对朝鲜进行制裁，形成环球包围局势。

日本单独制裁朝鲜，不能产生实际效用，但肯定可以在国内让小泉钦定的继承人，产生进一步推高民望的效应。出镜率已经很高的内阁秘书长安倍晋三、再打联合国牌的外长麻生太郎，他们都成了风头最健的人物，难怪麻生要沾沾自喜地说："感谢金正日送来这份大礼！"

打联合国牌则意义更为深广，除了要制服朝鲜这匹桀骜不驯的野马，还可以为日本的入常受挫"报一箭之仇"。因为日本原本已经在安理会部署，迫使中国非动用否决权不可。麻生还说，到时中国就会在国际间陷于"孤立"。如果日本的算盘得逞，不仅能取得辉煌的外交胜利，还可重新提出入常的要求，朝日本的世界超级大国之梦迈前一步。但这次中国在安理会赞成对朝鲜实施有限度制裁，意味着日本并没有完全达到反制中国的目的。

反对日本借题发挥

日本这个如意算盘，却被它自己高调提出的"先发制人论"所破坏。日本称这种武力偷袭行为为"先制攻击论"。有人说，日本是要仿效美国，甚至要代替美国执行先发制人的任务。

其实，日本历史上已有成功偷袭珍珠港的记录，战后又有人断续提出"先制攻击"的主张，目的是要为自卫队的成长铺平道路。朝鲜一再把玩大浦洞策略，反被日本利用为扩张军备的绝佳借口，这才是东北亚稳定破坏的更恐怖后果。

9日，防卫厅长官额贺福志郎放出试探气球，他说，面对朝鲜的连续发射导弹，"作为一个独立国家"，在一定框架之内，对敌人基地拥有最低限度的打击能力，是理所当然的事情。

同一天，外长麻生太郎也在NHK电视节目中说，"如果朝鲜的导弹已装上核子弹头瞄准日本，总不能坐以待毙吧。"言下之意是，应该对准朝鲜导弹基地，进行"先发制人"的偷袭。

10日，内阁官房长官安倍晋三再次对这论调表示赞同。他除了同意"认真研究"先制攻击的意见，还建议将先发制人战略理解为"集团防卫"的范畴，自卫队出国作战也就不致被指为违反和平宪法了。

日本三名鹰派人物，特别是小泉衣钵传人的安倍晋三和麻生太郎，他们高调提出的偷袭朝鲜导弹基地言论，既震惊了韩国政府领导人，也动摇了原本是铁三角的美、日、韩三国关系。

11日，青瓦台总统府发言人郑泰浩通过新闻发表会正面批评日本："日本政府官员接二连三发表对韩半岛（朝鲜半岛）先发制人的言论，本身就是个非常严重的事态。这些言论是阻碍韩半岛和东北亚和平的严重威胁。"他又说，"这暴露出日本的侵略主义倾向，不得不对它提高警惕。"

韩国对日提高警惕

韩国《朝鲜日报》在11日发表一篇题为《日本丧失国家良心岂能大谈先制攻击论？》的评论说，"如果先制攻击论付诸行动，韩半岛将变成一片火海。数百万南北韩人将流血牺牲，韩国国民用血汗建设的世界第10大经济体将在瞬间化为乌有。"又说，"100年前，日本把韩半岛变成战场，把战火烧到中国和俄罗斯，最终侵吞和奴役了韩半岛。这样一个罪大恶极的国家，难道它有资格大喊大叫要先发制人？"

该报另一篇以《朝鲜导弹事件让日本从中获利》为题的评论则说，1998年朝鲜发射大浦洞1型导弹，当时就有人主张先发制人发动攻击，结果推动了日美导弹防御系统的建立，日本又开发了四颗军事谍报卫星，新建了五艘宇斯盾型驱逐舰，以及四架空中添油机的使用。日本不仅等来了期盼50年的大规模扩张军备的机会，还赋予自卫队新的任务——从"专守防卫"转变为"进攻防卫"。

其实,韩国人除了历史的恩怨、民族的感情,还有现实的评估,他们认为日本是在借题发挥,充分利用朝鲜导弹引发的紧张,提前实现日本的再武装,甚至要加速成为一个军事大国。

对日本的小题大做,《纽约时报》一针见血地指出,其实日本政府是借此大作文章,煽起民众的愤怒情绪,再利用它来实现废弃和平宪法的最终目标。

日本不是一个"普通国家",一是历史的因素;二是和平宪法的牵制;三是日美安保条约的制约。即使有导弹危机,它也不能借题发挥,更没有资格高喊先发制人的口号,就如《朝鲜日报》评论所说,"日本丧失国家良心",又没有吸取历史经验教训。

这次韩国人所以会有如此强烈的反应,不仅是它触动了他们的民族感情,也让他们回忆起过去的历史,搞不好还可能弄巧反拙,就是加速南北韩的和解与合作,从而彻底摧毁现有的美日韩铁三角关系。原本可被日本充分利用来提高主导权的导弹危机,不料却成了扩大盟国日本与韩国鸿沟的意外因素,寻根究底,这就是日本亚洲外交彻底失败又一证据。

《天下事》17-7-2006

防卫厅升格
为修宪铺路

第七章 大国之梦

日本防卫厅升格为"防卫省"的法案，2006年11月30日在众议院通过。按照当前日本的政治氛围，政党势力划分，最终获得参议院批准也不是问题。明年1月之后，日本将拥有相当于国防部的"防卫省"。日本似乎正在加速其"正常国家"化进程。

"防卫厅"与"防卫省"虽然只是一字之差，但这绝对不是又一宗普通的文字游戏，而是掀开历史另一页的第一步骤。众所周知，执政自民党已经向其支持者承诺，将在五年之内实现修宪目标，就是将"和平宪法"改头换面，而和平宪法的基本特征，就是"放弃战争权力"、"不得拥有任何军队"。既然自卫队即将成为合宪的军队，防卫厅又已经正式升格为防卫省，和平宪法的历史任务也就可以宣布"寿终正寝"了。

一支"真正的军队"

"自卫队"、"防卫厅"等称呼，虽是日本巧妙的发明，独一无二的名称创作，却到底还是个权宜之计，并不能长久掩盖它背后不甚光荣的历史。自《防卫厅设置法》1954年成立以来，其实历届政府都在设法，要为自卫队、防卫厅正名，为它取得合法的地位，却总因为遭遇和平势力的强力阻挠，和平宪法的明显牵制，它只能卧薪尝胆在等待时机。

1964年池田内阁曾批准一个类似防卫厅升格为"省"的法案，却因面对各界的强烈反对，连提交国会讨论都不能如愿以偿。过后，自民党政府便一直采取迂回战略，比如，派遣海上自卫队远赴波斯湾执行扫雷活动（1991年）、将地面部队开赴仍处于战争状态的伊拉克（2003年）等等，其实都是在投石问路，也是在制造既成事实。当民众已经习以为常，国际间也对它默认之后，不仅最主要的反对党民主党开始升起白旗，连民众一般的反对声浪也就变得越来越细弱。

这次众议院辩论升格法案，实际上只有两个政党有扮演反对党角色，就是日共和社民党坚持立场，但他们却势单力薄。

防卫省升格的内容并不复杂，甚至没有具体的重大改变。其主要内容是：一、修改《防卫厅设置法》，把防卫厅升格为"防卫省"；防卫厅长官升级为"防卫相"，即国防部长。二、修改《自卫队法》，将派遣自卫队到海外执行任务，从原先的"附带任务"提升为"基本任务"，即恒常的任务。

主要变化：一、防卫省从原先所属的内阁府独立出来，地位与外务省、经济产业省等其他"省"比肩并立。二、"防卫省"从此可以独立提出法案，且可要求召开内阁会议，并直接向负责预算的财务大臣提出拨款要求。三、防卫省有较大的行动自由，虽然自卫军的最高指挥监督权和颁布"防卫出动命令"权限，依然掌握在首相手中，但给予美军提供物品支援等权限则将移交"防卫相"。

在现阶段，日本除了"加盟美国环球战略"的姿态更加明确之外，就是放宽自卫军出国的限制，除此之外便是大大提高自卫队的士气。因为，它可以以堂堂"自卫军"的姿态出现，虽然仍受到和平宪法的束缚，但距离大国军队破茧而出的时刻已越来越接近了。

换言之，自卫队的组织、规模和战斗姿态，虽然暂时还不致出现重大变化，但日本已经名正言顺重新拥有一支"真正军队"了。从这个角度来看，它比其他变化，具有更重大的意义和影响。

半世纪的建军之路

其实，日本建军早已"万事俱备"，只欠一个"军"字头的"东风"而已。二战结束，日本被美国为首的联合国占领，根据当时的最高占领方针，是要彻底摧毁军国主义的基础结构，除了解散它的武装部队，就是将大财阀集团和靖国神社解体。

但更重要的是把"和平宪法"当"紧箍咒"套在日本头上,希望把日本打造成一个真正"再也不战"的和平国家。但随着冷战的加剧,朝鲜战争的勃发,日本仅存的合法部队就是保安队和警察后备队。而这支武装力量,在1954年7月再被改编成"自卫队",从此便一步步再走上建军的道路。

一支实际上已是亚洲第一、世界第二高质量的武装部队,不仅拥有23万9400名精锐官兵(编制为25万3100人),还有一流的军事配备,竟然还自称为"自卫队",而且把自卫的空间越扩越距离日本遥远,说明它不再是一个被局限于狭小空间的怪兽,迟早要破茧而出了。

自卫队不称为"军队",这是日本"逆向解释"宪法的绝招,同时又是"白马非马"强辩术的绝妙应用。但如此指鹿为马,却又制造了另一种后遗症,就是自卫队永远成为宪法的"私生子",在国内不能抬起头做人,在国际间亦不能发挥军事威慑力量,因此正名还是必经的道路,修宪也是"自然的发展"。

热心推动正名和修宪的安倍晋三,就任首相前曾公开说:"防卫厅和防卫问题越来越重要,需要把防卫厅升格为防卫省。这是自然而然的进程。"安倍当时是小泉内阁的官房长官。这显示,将防卫厅升格不仅是保守政权的一贯国策,而且视它为"自然进程",一旦机会成熟便加速前进。朝鲜发展核武,就给日本提供了重新建军的绝佳借口,甚至日本应否跟着拥核,这种无视历史教训的言论也已公然登场。

坚韧不拔奋斗精神

日本保守政客的政治手法,不仅细腻超群,而且有惊人的毅力,为了实现其再建军事大国和政治大国之梦,即使等待半个世纪之久也在所不惜,这种精神确实使人不得不对它刮目相看。从组织"自卫队",宣称进行"专守防卫",到远赴国外"自卫",最后又发出"先发制人论",这种得寸进尺,诚如安倍首相所说,是"自然进程",但也是日本迂回战略的成功。

逆向解释的手法,确实有它无穷的威力。比如,"和平宪法"虽然放弃了国家战争权利,却因为宪法没有条文规定,日本"不得自卫",他们就从这个逻辑切入,不仅成功建立了另一类型的军队,还在它羽毛丰满之后还原其真面目。按照日本一贯的说法,这就是它所走的"正常国家"道路。没有历史概念的人,还会敬佩日本具有坚韧不拔的精神,同情他们这个艰苦奋斗的经过呢。

《天下事》12-12-2006

历史争论由亚洲扩展到北美

日本首相安倍晋三去年10月访问中国韩国之后，日本与近邻国家的关系有所改善，但民间的历史论争依然持续。或许是历史潮流的发展，也可能是亚洲风向的扩展，日本与亚洲的历史论争，似乎已经漂洋过海到了太平洋彼岸，日本正倾全力要灭火。

最近，美国众议院民主党议员迈克·本田再度向众议院外交关系委员会提交一项谴责战时日本强征慰安妇的决议案，要求日本政府在慰安妇问题上"正式承认、道歉并承担历史责任"。美国国会众议院外交关系委员会已在2月15日举行听证会，邀请三名住在韩国与澳洲的慰安妇幸存者到场作证。

至今，美国众议院已经八次讨论有关议案，都因日本的游说、亲日派政客的作梗而胎死腹中。比如去年9月，委员会虽然以多数通过了议案，却因为前众议院议长哈斯特故意拖延，未能及时提交全体会议表决，最终成了废案。但在去年中期选举过后，民主党人出任众议院议长、亚太小委员会委员长和外交委员会主席，这次通过决议的可能性就比过去高，日本政府因此神经紧张。

日本政府除了高薪雇用亲日的前众议院议长哈斯特当参谋之外，还派遣首相安倍的两名得力助手，即负责宣传事务的辅佐官世耕弘成和负责安保事务的小池百合子，先后赶去美国会见有关学者、舆论界和政界有力人士，力劝他们必须阻止有关议案的通过。日本驻美大使加藤良三也公开表示忧虑，警告有关当局："如果议案通过将对美日关系产生不良影响"。安倍预定4月底访美，他更担忧面上无光。

日本还有一招，就是动员极右的国会议员集团，即"思考日本前途与历史教育议员之会"（简称："思考会"）成员，集体到华盛顿要求直接会见美国官员，要力挽狂澜。

日裔吸取历史教训

迈克·本田是众议院民主党人，唯一的日裔众议员。他是在美国出生的第三代日裔美国人，二战时被美国强制收容，感受到美国政府后来道歉和赔偿的真诚。他认为日本应该效法美国，衷心道歉。

本田强调："历史记录、慰安妇幸存者的证言，以及前日本内阁官房长官河野洋平的个人谢罪都表明，日本军国主义军队在二战当时曾逼迫20万名女性成为性奴隶的事实。"同时指出："日本唯有对过去的错误正式道歉，才能提高作为一个自由民主国家的地位。"

作为"亚太美人连线"主席，本田关注亚洲事务是理所当然的，但他积极参与战时日军暴行的调查，却使日本政府深感意外，同时感到尴尬。过去，美国政府对日本与亚洲邻国的历史论争多采取视而不见态度，一是美国国家利益超越一切；二是美日同盟又驾凌所有亚太事务之上，国家利益比什么人权、正义都还重要。

如今，美国在亚太的权益更形分散，美日同盟关系比重也相对减弱；加上，美国国内党派势力又有逆转，特别是总统选举年的到来、民主党的重新掌控国会等等，美国对历史问题的态度显然起了变化，屡遭亲日派打压而不能通过的慰安妇决议案，这次有反败为胜的可能。

怕给后代留下祸根

慰安妇问题一直使日本不安，是因为日本保守势力认为，承认事实会使皇军蒙羞，它将被视为国耻，使日本人永远抬不起头来，会被受害者利用来索求赔偿。

不仅对慰安妇问题，对战时日军所有的暴行，包括新加坡大检证、南京大屠杀，日本一概矢口否认，或以"缺乏证据"作为藉口，模糊焦点，主要目的就是要否认到底，不使国家留下任何污点。用极右势力的"理论"来分析，就是"不要给子孙后代留下祸根"。"河野谈话",在历史教科书问题上向亚洲舆论妥协,都被日本保守势力认为是软弱种下的祸根。

上世纪90年,基于强大的国内外舆论压力,宫泽内阁官房长官河野洋平(现众议院议长)在1993年发表谈话,承认二战期间日军强征慰安妇的事实,并表示道歉和反省,同时希望日本能够通过历史教育,永远记住慰安妇的史实,不要重犯同样的错误。

但党内极右势力不仅不买河野的帐,还继续否认皇军参与强征慰安妇的事实。最强大的一股反对势力,是一批自称为少壮派的极端右翼,在安倍晋三和中川昭一等的领导下,在1997年成立了"思考日本前途与历史教育年轻议员之会"(2004年删除"年轻"二字,并扩展为超党派组织,现有成员130名),目的就是要"纠正""河野谈话"的错误。

笨拙对应火上加油

"思考会"成员等待机会要废弃"河野谈话",不料美国国会却突然关心起慰安妇问题来,使日本政府措手不及。而安倍政府的对应方式不仅笨拙,而且欲盖弥彰,自毁形象。

在一些欧美人士眼中,日本不仅是个成熟的国家,又是亚洲唯一"和平、民主、富裕"的国家。但从日本的出尔反尔,对历史事实的不尊重,使他们惊觉,原来日本是如此"不诚实、不负责、不尊重历史",甚至是个不尊重人权的国家。所以有此重大变化,原因是他们现在发现,日本虽然口头道歉,心中却没有丝毫反省或认罪的念头。他们开始体验到日本人"表里不一"的行为特征。

因为首相安倍说,慰安妇问题已通过"河野谈话"道歉和解决了,即使美国国会再通过议案,日本政府也不会再道歉。接着,安倍又玩起文字游戏来,说有"广义的强制"和"狭义的强制"两种,而根据他们的研究,"并没有证据显示日军有强征慰安妇"这回事。言下之意是,"河野谈话"不谨慎,缺乏事实根据,应该修正或加以废弃。

安倍其实是跟随"思考会"的说法。其重要成员,前文部科学大臣中山成彬说,"如果发现过去的调查有错误,就应该重新审查河野谈话"。另一要员,自民党政调会长中川昭一也说:"河野谈话并非什么不能修改的大典,研究党内提言之后,更换河野谈话,也不是不可能的事。"日本政要如此咬文嚼字,只有一个目的,就是像架空和平宪法一样,要把"河野谈话"变得对日本"完全无害"。

客观回顾二战历史

3月10日的《产经新闻》发表《慰安妇问题:放置伪史因而留下祸根》为题的社论,直指河野洋平谈话损伤了日本名誉,严重影响到日美关系。该报也指责《纽约时报》为"亲中派",甚至说中国在离间日美关系。这说明,日本极端右翼确实是坐立不安,只是他们束手无策,而且是停留于战前的思维,因而无法向世人展示:日本也是个有"品格"的国家(《朝日新闻》语)。

日本舍本逐末,企图通过吹毛求疵将"河野谈话"推翻的策略,让原本袒护日本的欧美国家无法再保持沉默。其次是,美国一批回顾二战中国战场,特别是南京大屠杀的电影,年内将陆续上映。到时,一般美国人有机会重新审视历史,相信他们会用比过去更客观、更公正的态度来"欣赏"这些电影。新的发现、新的震惊、新的愤怒,相信也会跟着出现。

《天下事》16-3-2007

第八章
历史论争

良心历史学者的胜利

现年83岁的著名历史学者家永三郎教授,数十年来一直把法院当历史讲堂,跟日本政府前后缠讼了32年,终于了却一番心愿,获得了最后一场小胜利。

日本最高法院在1997年8月29日以三票对两票判定,文部省将描述二次大战期间"日军暴行"的历史叙述,包括"731部队"以人体作细菌实验的片段,从家永教授编写的历史教科书中加以删除是违法的。法院虽然同时驳回家永教授另外6项文部省非法删除的控诉,也不认为文部省实施的教科书审查制度为违宪,却命令日本政府必须支付家永教授40万日元(合新币约5200元)作象征性赔偿。这一判决不仅是家永三郎个人的胜利,也是人民享有知的权力的胜利,更是日本年轻一代享有完整历史教育权力的胜利。因此,日本有良知的人都为家永三郎的胜利而欢呼,亚洲和世界爱好和平人士更把这名老学究视为"日本良心"的代表。

突出日本的良心

家永三郎教授,曾长期在国立东京教育大学(现称筑波大学)当教官,也曾经在中央大学等大学执教鞭,退休后为东京教育大学颁与名誉教授衔。他除了著作等身,就是数十年如一日,不断与文部省缠讼法院,也从不缺席参与法院审讯,准备随时以证人身份上庭作证。法庭征召近200名学者出庭供证,其中就有183人站在家永这边,包括前东京大学校长南原繁、琉球大学教授大田昌秀(现冲绳县知事),从教育、法律、历史等角度,提出精辟的证言,使家永诉讼法庭犹如一所社会大学,教育了民众,也突出了日本的良心。

家永三郎，原本是个保守的自由主义者，顽固的右派分子，年轻时就曾无条件地接受军国主义和国粹主义的宣传；侵略战争失败之后，家永受到新旧历史事实的冲击，才使他清醒并获得新生。在法庭上，家永教授的博学儒雅，刚直不阿，维护历史真实的信念和讲话，常使支持者如沐春风，也让年轻学者增广见闻，进一步认清了历史的真相，并使他们身心更稳健成长。

家永教授坚韧不拔的精神，从单枪匹马奋战，到获得全国学者、民众、舆论，包括全国教师团体的支持，而直接支持他的团体成员就超过2万人。回顾缠讼30年的"家永诉讼"，不单对旧思想的文部省官僚的全面控制教育体系，甚至企图把日本带回战前"官制教科书"时代，形成了一股强大的民众阻力，还推动日本"战后民主主义"市民运动的成长，成为日本社会的一股清流，知识界的一股清新力量，甚至成为后来坚持"和平宪法"的护宪运动的一个组成部分。

将政府置于被告席

这个被日本传媒称为"家永教科书诉讼"的案件，既是日本历史上第一宗历史教育官司，也是第一宗将日本政府置于被告席上的法庭案件。事件的起因是，家永三郎编写的高中历史教科书《新日本史》，在1963年4月经文部省审查后被指"不合格"，他于是在1965年6月入禀法院，指控政府官僚滥用职权，干预学者专家编写教科书，企图隐瞒历史真相，因此是"违宪的行为"，要求政府赔偿他精神与物质损失200万日元。这就是所谓家永教授的"第一次诉讼"。这期间家永教授又在1967年6月，就文部省删除其送往检查的教科书6项历史事实问题，再次提出诉讼，这是所谓"第二次诉讼"。

到了80年代，在家永教授进行第一次和第二次诉讼期间，文部省官僚变本加厉干预教科书的编写，特别是对历史教科书中有关日本侵略中国、朝鲜半岛和亚洲的现代史部分，直接或间接要求出版商、编写人删改内容的事例日增。一方面是日本已经成为一个"经济大国"；另一方面是日本极右势力开始抬头，包括执政自民党右派和极右报章，都在摇旗呐喊要求恢复"皇国史观"，因此在日本国内形成一股强烈的历史回潮现象。82年，文部省官僚强要教科书出版商，将日本侵略中国和亚洲大陆史实中的"侵略"一词改为"进出"，这种公然篡改历史行为，引起亚洲国家，特别是中国、韩国、朝鲜提出强烈抗议，甚至发展成外交对抗的局面，都是在这段期间发生的大事。

1984年1月,虽然两宗教科书诉讼案还在审理上诉阶段,家永教授再度向法院提出"第三次诉讼"。这次诉讼的主题,是对被令删改的8项具体历史事件的追究。第一次诉讼是对300多项被令删改的片段进行争论,这次是集中于二次大战期间,特别是日本侵略中国期间发生的具体事件,比如不准使用"日本侵略"一词、不得在叙述"日本军残暴行为"时提到"奸淫中国妇女"、不准记述日本"731部队"在中国进行令人发指的细菌人体实验等等。

前后三次诉讼,第一次在1993年3月审结,第二次在89年6月结束,第三次却拖延至97年8月,结果使这宗教科书诉讼案,前后加起来总共进行了32年,不仅开创了法庭斗争的漫长历史,也写下了战后日本现代史的一个新篇章。

承认审查教科书违法

法院虽然否决了审查教科书为违宪的申诉,但也不得不判决10项被令删改的事项中,有4项是滥用职权的违法行为。东京地方法院在89年认定,文部省对"幕府末期"记述之检定意见违法;东京高等法院93年二审时又认定,文部省对"南京大屠杀"和"草莽队"提出的检定意见过分,文部省因这三项违法行为,而被令赔偿家永30万日元。97年8月29日,最高法院再判文部省,删除有关日本"731部队"在中国进行细菌人体实验的记述是违法的。缠讼32年,法院终于判文部省4项行为违法,并令日本政府作出40万日元的象征性赔偿,在日本这已经算是民主和司法独立了。

32年缠讼期间,家永三郎和他的家人,不断受到极右势力的骚扰,甚至威胁要取他们的性命,他却一贯义无反顾斗争到底,最后获得的胜利虽然只是区区的40万日元赔偿,意义却非金钱可以衡量。家永说:"现在可以直书过去不能涉及的事,这是进步。今天的裁决并非彻底的胜利,不过,却写下一个重要的判例,换言之,最高法院已经承认,审查教科书是违法的行为。"

家永三郎已高龄83,体高165公分,体重却只剩38公斤,还受各种病痛折磨,因此他是不可能作另一场法庭马拉松斗争了。他已决心把维护正义和历史真相的责任,交托给较年轻的历史学者。家永三郎穷半生精力作法庭斗争的感言是:"身为战后的世代,如果不能抗拒再度驱使日本发动战争的教育政策,将会再度后悔!"因为,他就是这样一个过来人。

《日本再探索》7-9-1997

电影《自尊》是反面教材

第八章 历史论争

　　日本一部名为《自尊——命运的瞬间》（以下简称《自尊》）的电影，1998年5月12日在东京隆重试映，5月23日开始在日本东映全国院线公映，它虽然只是一部电影，却像奥姆真理教在东京地铁再放毒，又引起日本国内外的关注。

　　电影《自尊》的主人公是东条英机，也就是第二次世界大战的元凶，战后被东京远东军事法庭判处死刑的甲级战犯，后来被东京靖国神社供奉为战神之一的著名历史人物。既然是一部描述历史人物，又是关系亚洲历史的电影，不仅日本人想看，世界人民更想看看，日本人是如何看待这段侵略亚洲的历史，以及如何评价东条英机这个战争罪魁祸首的。

　　日本的电影公司，在资金和技术上毫无疑问，可以拍摄出一部颇具规模的历史性制作，但是，在历史认识、在是非辨别、在民族优越感依然强烈的今天的日本，它能够制作出一部不歪曲历史的电影吗？因为，一、日本不仅曾经孕育军国主义，至今还不愿或不能与它划清界线的特殊国家，像靖国神社的继续存在和受到特殊保护，像颠倒是非歪曲侵略历史言论的横行，虽然是在言论自由、宗教自由等大招牌下，重新获得呵护，跟当年蹂躏世界的日本法西斯盟友德国和意大利相比，更加显现出日本根本还未反省；二、社会科学教科书都说，当一个国家陷入经济不景，政治不稳时，当权者经常会采用转移国民视线的策略，比如煽动国民增强排外情绪、塑造一两个全国崇拜的对象或事物，甚至制造国际争端，藉口对外用兵，以达到全面转移国民视线的目的；三、电影既是个娱乐事业，也可以是个锐利的宣传工具,加上目前日本电影业正在走下坡,电影界开始有人在走偏门,希望能因此闯出另外一个春天来,不过,这却是个危险的信号。

《自尊》的制作费据说是15亿日元(约1800万新元),在这个经济不景,电影业又处于低潮的双重危机夹击之下,东映电影公司为何还如此大手笔,确实使人感到纳闷。东映这次拍摄《自尊》,成交价则是有人包销90万张入场券。这不仅说明,有钱能使鬼推磨,还有一个更严重的问题是,日本电影界已经没有了"自尊"。既然可以放下"自尊",接受商业"定货",以后即使是替奥姆真理教或类似团体摄制他们所要的"电影"也不足为奇。

电影《自尊》不是日本第一部为战犯东条英机平反的宣传电影,60年代笔者就在东京观看过这类影片。不过从各种资料来看,不论是投下的资金,还是拍摄的认真程度,尤其幕后势力的强大,这次却是史无前例的。《自尊》这部电影,不仅仅是要通过丑化当时的远东军事法庭,以衬托出东条英机是如何"爱国"又有"自尊"的伟人,同时也要为所有被判刑的日本各级战犯喊冤叫屈,也希望通过这样的宣传,能重建日本人的民族自信和历史自尊。当然,在所有亚洲人看来,这是赤裸裸的在否定历史、美化侵略、歪曲历史。电影就借饰演东条的津川雅彦的口说,"侵略是无罪的",因为战争是"国家为维护自身利益而采取的行动"。电影中的东条还诡辩说,对被日本侵略的国家,他"是无罪的",如果说有罪,只是对日本战死的军人和饱尝战争之苦的国民有罪而已。他还扬言,在这一点上,战胜国和战败国的领导人是一样的。

影片除了鼓吹"侵略无罪论",也宣扬"战争有功论"。它老调重弹说,日本发动太平洋战争是为了打破"封锁"、偷袭珍珠港是"自卫行动"。又说日军的南侵,是为了协助印度、缅甸、东南亚各国争取民族解放运动,因此是有功的。既然"侵略无罪","战争有功",结论当然是"反省有害"。显然,这是某些人愿冒天下之大不韪摄制这部电影的真正目的。

战后日本政府一直在"反省"与"谢罪"问题上大玩文字游戏,传统势力则干脆高喊"反省有害"。电影就借远东军事法庭一名印度籍法官帕尔,指责军事法庭对日本战犯的审判是"不公正的",是"战胜者对战败者的复仇",而且说南京大屠杀是"以传闻为证据的夸张",因此是"捏造"的,效果便是要让日本人产生强烈的"受害意识"。顺便说一说这名在远东军事法庭一直替军国日本辩护的印籍法官帕尔。电影原本打算以帕尔的亲日事迹为主线,证明日本无罪、东条英机无辜。帕尔所以被战后日本右翼势力奉为最值得日本人尊敬的外国人,原因是他不仅在远东军事法庭上独排众议，为军国日本的侵略行为辩护，还千方百计为被告东条英机等战犯洗脱罪名，后来甚至伙同日本的极端右翼势力，到处宣扬他的日本无罪论，因而获得日本政府以天皇名义授予他一等瑞宝勋章。

但是，从电影票房的角度来看，从日本人把"外国人"分级看待的惯例来看，虽然帕尔一直对日本忠心耿耿，但现代的日本人却对他的忠诚并不太感兴趣。一、帕尔不是日本人传统观念中的正统"外国人"；二、日本当时组织过印度和缅甸"独立部队"，对外宣传是协助印缅脱离英国独立，实际是跟在中国扶植汪精卫傀儡政权一样，在扰乱抗日团结。因此，在日本人内心深处，帕尔替日本效劳是理所当然，因此不会产生强烈的戏剧性效果。电影就是拿到印度去放映，也绝对产生不了《甘地传》那样的效果。因此，东映决定引用东条英机孙女岩波裕子提供的资料，特别是她的著作《我的祖父东条英机——不准谈他》，直接把东条英机塑造成一个"卫国英雄"。

东条英机到底是怎样一号人物呢？我们的历史教科书说，东条是二次世界大战的罪魁祸首、日本军国主义的最高代表人物。日本一批有良知的历史学家，如家永三郎等编写的《岩波小辞典日本史》也说，"东条英机是太平洋战争的最高负责人"。东条在日本侵略中国，制造"九一八事件"之后，成为关东军宪兵队司令、参谋长，并后来成为宪兵恐怖政治的创立者。1940年成为内阁陆军大臣，主张对美欧等采取强硬政策，翌年成为内阁总理。东条从41年到44年担任首相期间，对外发动太平洋战争，对内实行宪兵恐怖政治。45年被联合国军逮捕，48年被远东国际军事法庭判处绞刑。东条曾畏罪自杀，不过最终还是活着被判处绞刑。今年，算起来是东条英机处刑50周年，因此拍电影纪念他，同时也为军国主义招魂。

日本一批右翼政客、学者、评论家，不仅年年亲往靖国神社拜祭他们的"卫国英雄"，还组成庞大的所谓"日本历史研究委员会"（桥本首相和众多自民党要员是该会顾问），分头在报章杂志上写文章，在集会上发表演讲，抨击远东军事法庭"不公正"，指南京大屠杀是"捏造的"，并颠倒黑白说日本无罪，声言要重建日本人的民族自尊。电影《自尊》与日本右翼政客和活动家的主张一脉相承，沆瀣一气，说明这股暗流依然汩汩不绝。不过，电影《自尊》对亚洲国家和人民来说，又不失为很好的反面教材，因为它让大家提高警惕，尤其对日本的复古倾向不再掉以轻心。

《日本再探索》31-5-1998

"南京大屠杀"是虚构的？

东京高等法院最近宣判"东史郎诉讼案"的被告败诉，再次提醒世界，日本的历史翻案风，今后将越吹越猛。法庭竟然说，二战老兵东史郎在《阵中日记》中描绘的"邮袋杀人事件"，依据"推论"并不存在，使原告的陆军伍长遭到名誉损失，因此必须支付50万日元的赔偿。

外表上，"东史郎诉讼案"是一宗民事诉讼。事实上，却是日本极右势力企图从一个点，来全面否定"南京大屠杀"这一历史惨案的存在，甚至要在年轻一代日本人中制造一个假象，说"南京大屠杀"是中国人捏造、虚构出来嫁祸日本的"谎言"，而东史郎等人则是日本人中助纣为虐的"卖国贼"、"非国民"。这就是东京法院判东史郎败诉的真正意图，也是促成中国著名电影导演谢晋父子决心不惜工本拍摄《拉贝日记》的重要因素。

南京屠城死34万人

日军在南京屠杀30余万人的暴行，其实早在1946年，在审讯日本战犯的南京和东京军事法庭上，已确定为二次大战中最臭名昭彰、又最典型的日军暴行。四名策划和组织南京暴行的日军将领，被南京军事法庭判处死刑；侵华中部方面军司令松井石根大将和其他六名甲级战犯，则在东京巢鸭监狱被处绞刑。

关于南京大屠杀的惨绝人寰程度，南京和东京军事法庭的估计是，日军曾干下约2万起强奸案，并摧毁了南京约三分之一的房屋，但对死亡总人数则有稍微不同的判断。东京军事法庭的估计是，南京城有超过20万中国人被日军屠杀，而南京军事法庭则说超过30万人被杀害。发生日本文部省篡改历史教科书事件之后，南京当局又重新作了一次调查，确认南京大屠杀的被害人数为34万人，即集体屠杀19万人，零星屠杀15万人。

日本侵略中国，占领当时的国民政府首都南京，一个城市就有超过30万人被害，这比后来美国原子弹轰炸广岛长崎，两个地方死亡27万人的总和还多。中国人对日军的残暴程度当然是永世不忘。不过，战后广岛长崎每年都有大规模的纪念活动，当局甚至还在东京靖国神社等地方为所谓"阵亡英灵"举行追悼大会，使世界似乎只知道有原子弹的悲剧，而忘记了日军在南京用传统武器就屠杀了30余万人，以及日本侵略中国14年给中国带来3500万人伤亡的罪孽。

近年，日本掀起一股历史翻案风，极端右翼就从南京暴行的"确实人数"方面下手，说既然没有确实的人证物证，就不能说有过大屠杀。也有人说，"战争期间死一些人，怎么能说是大屠杀？"何况，"屠杀"和"大屠杀"至今没有明确的定义，因此"南京大屠杀"根本就是不存在的"谎言"。因此要为被判刑的战犯翻案，要为日本消除侵略国的烙印。

日本其实很清楚，在战争期间，即使是杀害俘虏都是违反国际法的行为，何况屠杀占领区手无寸铁的平民百姓，当然更是天理不容的滔天罪行。让真相暴露会使大和民族永远蒙羞，成为日本的历史污点。因此，自美国改变其对日占领政策之后，而日本又已经逐渐从战争废墟中站立起来，便开始组织否定"南京大屠杀"等罪行的篡改历史活动。

认识日本皇军真面目

战后，由于战时新闻管制，军国主义宣传教育，初期大部分日本人都还不知道有南京大屠杀这回事。但是，后来有越来越多前新闻记者、回国士兵，把他们的战时手记、回忆录等文章发表之后，一般日本人才不得不承认事实，原来皇军也是禽兽不如的杀人机器。

早稻田大学教授洞富雄1967年访问过南京之后，还大量引用东京军事法庭审讯战犯的资料、当时在华外国侨民的报道，以及战后日本出版的战争回忆录等资料，作系统研究和分析，后来出版的《近代战史之谜》，其中三分之一便是分析"南京事件"。洞教授后来继续作调查研究，又出版了更多揭发日军南京暴行的书籍。

《朝日新闻》记者本多胜一，1971年访问中国之后，也在日本一流报章连续发表，揭露日军在华暴行的文章。本多出版的《中国之行》，不仅冲击日本知识界，也打破了日本出版界的禁忌，从此有更多探讨日军暴行的书籍出版，让日本社会广泛认识战时日军的真正面目。

1972年，日本极端右翼开始进行有组织的反扑，比如通过《文艺春秋》杂志和同出版社发行的《诸君》等杂志，发布一系列否认"南京大屠杀"的所谓"幻象派"文章和书籍。铃木明3月在《诸君》杂志发表的《南京大屠杀的幻象》文章，便是它的开路先锋，接着又有更多右翼论客，包括右翼喉舌《产经新闻》加入这个战团。

后来，发生轰动世界的日本篡改历史教科书事件，其实就是这一运动的扩展。1982年7月，日本四大全国性报章报道，文部省强制出版社修改历史教科书，其中"侵略"亚洲等字眼要改为"进出"，南京暴行提到有"受害人数20万"等词句必须删除。官方插手歪曲历史，这件事引起中国、韩国、朝鲜等政府的严重抗议，世界舆论的共同谴责。后来，还发展成为历史学家家永三郎控告文部省违宪，缠讼多年的"家永三郎历史教科书诉讼案"等等。

日本在国际舆论强烈抗议之下，后来不得不撤销有关修改历史教科书的指令。但是，右翼政客和论客不仅继续轮流上阵，一是否认日军曾在南京干下大屠杀的罪行，二是极力抨击战后的战犯裁判，企图以此重写日本的侵略历史。

"中国人捏造的谎言"

日本极端右翼原以为，通过文部省修改历史教科书，改变历史的记述，便可以一劳永逸改变年轻一代日本人的历史认识，重新灌输他们"皇国史观"。不料，却遭到亚洲国家强烈的谴责，因此不得不改变战略，以"言论自由"作幌子，组织一批学者专家，包括保守政界的要人，作有组织的宣传活动，宣称要让日本人摆脱"自虐史观"，重建自信和自尊的"皇国史观"。为东条英机"伸冤"的电影《自尊——命运的瞬间》，也就在这一背景下产生。

日本就有人公然说，日军在南京曾屠杀30万人，是毫无根据的"白发三千丈"式的夸张。"确实的数据在哪里？"中山正晖就问："当时南京只有10万市民，怎么会有20万人被屠杀呢？"秦郁彦则说："死去的一般人2万3000，捕杀的士兵3万；不法杀害4万，这个数字比较可以理解。"

《虚构的"南京大屠杀"》一书的作者田中正明更说：日军占领南京之前，南京居民原本只有20万，战斗结束一个月后增加到25万人，说明"南京20万市民安然无恙"。中国人为何"虚构"南京大屠杀？他们说，目的在于嫁祸日本，甚至以此加给日本莫须有罪名，才能将"无辜"的日军将领送上战犯法庭。因此，他们说，远东军事法庭是"战胜者对战败者的报复裁判"。

前执政自民党要员石原慎太郎，就曾在美国《花花公子》杂志(1990年10月号)上公然说，南京大屠杀是"中国人捏造的谎言"。

《拉贝日记》意义重大

日本曾经以同样的手法，否认在东南亚也曾干下集体屠杀的暴行。"新加坡大检证"超过5万人被屠杀，而日本应付新加坡人追讨血债的手法，同样先是矢口否认有大屠杀这回事，接着又改口狡辩说，区区死千百人，又是为了"排除"抗日分子，怎能说是日军的暴行？

暴行发生在战乱期间，又是在日军的铁蹄之下，受害者当时要保存证据根本就不可能；其次，日军毁尸灭迹，加上时间的风化作用，确实的死亡人数，过后也肯定没办法查证。更重要的是，被告成为原告，像东史郎诉讼案一样，反而要受害人来证明不是在"诽谤"日军，真是天理不容。

不过，像田中正明之流，公然著书立说，又公开演讲说"根本没有南京大屠杀这回事"的人，日本近年似乎越来越多。田中还公然说，"松井大将是陆军里首屈一指的中国通，十分熟悉中国情况，热爱中国人的日本将领，却很具讽刺意义，因捏造的南京大屠杀谎言而蒙冤。"田中还明目张胆在后记上写着："谨以本书奉献给松井石根阁下在天之灵。"

执政自民党人领导的"历史研究委员会"，对这股历史翻案之风的越吹越猛，就扮演着非常重要的角色。

日本不断有人歪曲历史，颠倒是非，日本却没有任何法律条规，像德国禁止纳粹再荼毒青年那样，限制他们搞宣传活动，其未来发展是值得人们担忧的。中国名导演谢晋父子决定拍摄德国人约翰·拉贝在南京目睹大屠杀为题材的电影《拉贝日记》，这时就显得意义特别重大了。

《天下事》20-1-1999

《被遗忘的大屠杀》日文版遭封杀

美国华裔作家张纯如的著作《被遗忘的大屠杀——1937年南京浩劫》，日文版原本准备就绪，按计划最迟会在1999年2月间在日本发行。如今，出版社不仅向日本的极端右翼势力低头，还打算同时出版一部彻底否定"南京大屠杀"的书籍，作为对张纯如作品的全面否定。这种事情如果真成为事实，不单显示日本极端右翼势力已经全面抬头，也显示日本的言论、思想、出版自由正在起质的变化。

美国销售50万册畅销书

张纯如写的纪实作品《被遗忘的大屠杀》(The Rape of Nanking)，英文版原著1997年年底在美国出版，受到美国书评界和传媒界一致好评，至今据说已经销售出50万册，成为美国近期一部广受欢迎的畅销书。中国大陆和台湾的中文翻译版，也已经相继问世。

既然是一部广受世界各国人民关注又欢迎的读物，又是一部描绘人类现代史上一段惨绝人寰的史实、战争残酷与民族浩劫的巨著，何况日本军国主义还是她描绘的主角，相信一般日本读者也正翘首期待日文版的面世。日本当然也是它一个庞大的市场。日本一家原本没有政治色彩的中型出版社，即有29出版书籍经验的"柏书房"，就从市场的展望、利润的考量，主动与张纯如的代理人签约，决定在日本出版《被遗忘的大屠杀》日文版。

张纯如在美国一炮而红，不仅把美国人带回历史的回忆，扩大他们的视野，唤醒他们遗忘的记忆，也让日本的极端右翼分子感到坐立不安，因为这将破坏他们"漂白日本历史"、改写世界史实的百年大计。

日本极端右翼势力原本对日本国内的和平势力、亚洲国家追讨日本战争罪责的活动，一向都深痛恶绝。特别是对别人一再提起日本皇军曾在中国南京干下屠杀中国30万军民的"南京大屠杀"事件、日本731细菌部队在中国把活人当细菌战的试验品、强迫朝鲜、中国等占领区妇女当"慰安妇"等等，对这些具体而又证据确凿的罪行时，日本右翼势力是越来越不愿意保持沉默了。

经济大国的自负，也使越来越多年轻日本人，包括知识分子对亚洲人一再提到"日本军国主义"、要求日本承担战争赔偿责任感到厌倦，甚至公开表示反感。亚洲邻国没有忘记过去，不是亚洲国家不愿忘记，而是日本至今未有真诚的悔过，日本人却本末颠倒，硬指别人纠缠不清。日本政府和极端右翼对南京大屠杀事件的异常反应，再次证明日本并未真正悔过。

中国国家主席江泽民1998年11月国事访问日本时，强调"以史为鉴"，他却受到日本舆论极力丑化；接着，东京高等法院又宣判描绘日军在中国暴行的87岁日本老兵东史郎有罪，在在显示日本不愿别人再提它的战时罪行、悔过道歉的事，不然他们会老羞成怒而遭到报复。

日驻美大使出来反击

张纯如的原著97年年底开始在美国发行，那年是南京大屠杀60周年纪念。98年4月，日本驻美大使斋藤邦彦举行记者会，就张纯如的书发出公开批判。中国驻美大使馆，即刻对斋藤的发言作出反驳，重申"南京大屠杀是日本军国主义侵略中国时残虐犯罪之一，日本不能否定或抹杀此一事实！"从一本书发展成中日外交对垒，说明事情并不简单。

再看日本国内对此书的反应。像是附和斋藤大使的批判，日本《产经新闻》和《文艺春秋》杂志两大出版集团，包括它们出版的《正论》和《诸君》月刊，开始从南京大屠杀遇害人数、书中揭载的照片等等，展开一轮又一轮的批判，包括历史学者秦郁彦在美国报刊公开指证张的书错误百出。这类活动的基本策略，跟自民党国会议员们组织"历史研究委员会"，再动员一批所谓正统皇国史观学者，盗用"自由主义史观"名义，编写《大东亚战争的总结》那样，是以具体行动来歪曲历史的。结果，张纯如描绘南京大屠杀的书还未在日本出版，日本极端右翼已经替日本年轻读者打了"防疫针"，要他们从维护民族尊严、国家形象为出发，拒绝承认日本皇军会干那种禽兽不如的勾当。

张纯如取消访日计划

但是，日本极端右翼并不因此满足，还进一步向筹备出版张纯如日文版的柏书房施压：一、《被遗忘的大屠杀》日文版必须加上日方的译注和解说；二、同步出版日本学者、评论家发表的批判张纯如的文集《南京大屠杀与日本人》。这不仅是借言论自由之名对原书作者的最大侮辱，也是出版史上最黑暗的勒索行为。张纯如当然拒绝，并把延期出版的真相曝了光。

事情曝光之后，柏书房连忙出来替极端势力遮羞，说原作者有权不加附注，但是出版合约并没有任何条文规定，不得出版类似《南京大屠杀与日本人》的书。并威胁说：如果张诉诸法律，日本出版社将有"绝对的胜算"云。

当然，东京高等法院判东史郎有罪案件，已经是前车之鉴。张纯如是不能期望这类案子能在日本法院获胜的。按出版计划，张纯如原订2月24日在东京的外国记者俱乐部举行记者会，扩大日文版的宣传。如今，张纯如不仅对日本出版商的诚意大打折扣，也对日本右翼势力竟然在各方面面都能左右日本而感到心寒，也对日本的法治、安全都丧失信心，因而取消到日本为出书作宣传的计划。

《产经新闻》2月21日以"百折不挠要求更正"为题发表社论，除了指责张纯如未依据斋藤大使及"自由主义史观研究会"等日本"研究者"的主张，就书中的错误作出更正之外，还指此书的出版目的在"故意贬低"战前日本的形象。

既然日本极端右翼喉舌都已经吹起进军的号角，誓言"百折不挠"地要阻止该书的出版，日本右翼看来还会采取更加极端的手段，阻止日本年轻一代认识南京大屠杀的真相。其实，这是日本右翼"漂白日本"总计划的一部分，他们是不会轻易放弃其目的的。

不过，历史不是任由日本一批穿着"自由主义史观"外衣的皇国史观信徒歪曲和捏造，即使能骗到一小部分日本人，却改变不了世界大部分人的是非观念，因此蚍蜉撼大树，又能产生什么作用呢？

《天下事》4-3-1999

石原慎太郎
确实很狂妄

石原慎太郎在1999年4月23日取代青岛幸男，就任战后大东京第6任市长。

青岛幸男原本是喜剧演员，石原慎太郎则是作家兼右翼政客。对"异类"人物的频频出现东京政坛，大家似乎已经习以为常，不会感觉太大的吃惊。不过，石原在竞选前和就职后，不仅坚持其一贯的鹰派立场，还誓言"要从东京开始改变日本"，一是人们怀疑他有任何建设性领导能力；二是担忧他的狂妄态度会扩大中日两国的鸿沟，东京与北京"姐妹城市"的友好关系，首当其冲就遭到考验。

外国人也许不太清楚，大东京新市长石原慎太郎到底是何方神圣。如果说石原慎太郎是当今日本风头最健的极端右翼论客，也许大家还觉得抽象；说他是出版《日本可以说不》书籍的作者，骂美国是白人种族主义者，说"南京大屠杀"是捏造的谎言，开口闭口用战时军国日本语言辱骂中国为"支那"，说中国是"帝国主义"国家，公开说台湾才是他的朋友，还亲自上船支持日本极端右翼抢占钓鱼岛……。也许大家会恍然大悟，原来他就是这个口无遮拦的家伙。

石原慎太郎原本是执政自民党的骨干人物，这次则以独立人士身分参加东京都知事的竞选，竟然压倒执政自民党、主要反对党民主党，以及日共等主要政党推荐的候选人，当选日本首都东京的新市长。这确实给日本政坛再次带来重大冲击，也让日本周边国家对它的未来发展方向不得不提高警惕。

从演艺圈踏入保守政界

竞选时,石原慎太郎总向东京街头行人打招呼说,"我是裕次郎的哥哥。"4月12日选举揭晓,石原即刻率领"石原军团"(裕次郎的演艺班底),到横滨鹤见的裕次郎墓前"报告",顺便也到同一坟场的军国日本"英雄"、神风特攻队中将大西泷治郎墓前磕头。

到"恩师"或祖先墓前报佳音,显示自己有饮水思源的品德,这是日本的风俗习惯。不过,到自己弟弟坟墓前,一个于1987年病逝的电影明星,表示感恩却非常罕见。这也许说明,慎太郎似乎是把竞选东京都知事,看成是继续与其弟裕次郎在合作演戏,就像过去演《太阳的季节》,以及过后充分利用其弟裕次郎,制造明星效应是同一手法。

石原慎太郎未踏出大学校门,就因撰写《太阳的季节》这部小说,而获颁日本文学新人奖和芥川奖,从此奠定了"小说家石原"的地位。日活电影公司后来把它拍成电影,还邀请其活跃演艺圈的胞弟石原裕次郎充当主角,不仅使裕次郎一炮而红,还把石原兄弟塑造成日本演艺圈一对新偶像。

石原慎太郎曾利用演艺圈的知名度,参加1968年的参议院选举,结果以300万最高票在全国区当选而轰动一时。往后他不断自我膨胀,还是利用这种明星效应,包括1972年从参议院跳槽众议院,1989年竞选自民党总裁。他力图跻身自民党决策层,与其说是党内地位日益提高,毋宁说是充分利用明星效应,不断以"豪言壮语"膨胀自己的结果。

组织"青岚会"企图夺权

石原慎太郎在演艺圈掀起所谓"太阳族"潮流之后,企图也在政界如法炮制同一效果,那就是在搞党内造反的"青岚会"活动。一、石原通过反对田中角荣的"金权政治"而突出自己。二、又藉中日建交,抨击田中政府抛弃台湾而突出他的政治主张。三、与自民党中的极端右翼,如中川一郎等所谓少壮派,组织"青岚会"鼓动自民党修宪,走极端右翼的政治路线。

石原慎太郎虽然在1976年和87年两次入阁,先后担任福田(赳夫)内阁的环境厅长官和竹下内阁的运输大臣,但在部长任内不仅表现平庸,还因口不择言、公私不分等行为,一再受到舆论抨击。中川一郎自杀,石原继承其派系首领地位，但不到一年就内部分裂，连石原自己最后也为当时的安倍（晋太郎）派所吸收。这显示，石原既无领导派系的能耐，又缺乏与人合作的心胸，使他在自民党内总是个独行侠、孤独的"一匹狼"。

石原曾在1975年参加东京都知事的选举，结果败在革新派候选人美浓部亮吉的手下。当时，美浓部给石原所作的政治评语是："法西斯主义者"。事实也证明，石原往后的言谈，并不比俄罗斯自由民主党的日里诺夫斯基，或法国国民阵线的卢庞等人所表现的国粹主义色彩要逊色。

反美、反华、亲台言论

石原政坛失意，特别是1987年裕次郎的病逝，89年竞选党总裁的失败，使他感觉孤立，又不能发挥什么作用，遂于1995年悄然辞去国会众议院的议席，号称从此要专心写作。石原是写了《弟弟》和《活在法华经中》等书，在右翼刊物发表更多以反美、反华形式出现的国粹主义言论。跟他写《日本可以说不》的手法一样，是要继续在社会底层和极端右翼中累积更大名声，等待机会在中央政坛东山再起。

石原的反美、反华，甚至亲台言论，并不是像一般日本人，是从和平、民主、人权等的角度来分析问题，探讨问题，而是从"回返明治日本"的复古立场，反对美国在经济上、在军事上处处牵制日本、压制日本重新成为超级强国。比如，日美贸易磨擦、日本的再武装、甚至泡沫经济破裂后的经济萎靡不振，石原都说那是美国压制日本的结果。对美国未在中日的钓鱼岛（日本称"尖阁列岛"）之争问题上积极支持日本，石原则恫言不再要美日安保条约，甚至收回东京附近的横田美军基地。

石原坚持称呼中国为"支那"，公然说中国是"帝国主义国家"，应该分裂成六个，亚洲才有安宁，不仅是以军国日本的眼光看待今日的中国和亚洲，事实上是在鼓动台湾和西藏脱离中国，目的不仅是要彻底削弱中国，支解中国，更长远的目标是要为日本的第二次"进出"亚洲铺平道路。

"豪言壮语"吸引选票

大东京的市长，日本的正式称呼是"东京都知事"。东京不仅是日本的首都，政治、经济、文化的中心，还是选民得以以选票直接选举行政首长的最重要行政区，理论上甚至比国会间接选举出来的首相更具民意代表资格。不过，喜剧演员出身的青岛幸男既然可以当前任东京都知事，自称为"石原裕次郎的哥哥"的石原慎太郎，当然有更足够"人气"（名气）吸引"石原迷"投他一票。石原这次就充分靠他已故弟弟裕次郎的名声，什么都说"不"的"硬汉"姿态，获得东京三成投票选民给他选票的结果。

日本选举，越来越远离选贤任能的民主选举真谛，几乎已经定了型。东京和日本选民，由于对现有政党已经从失望变成不信任，便给所谓"无党派独立人士"有可乘之机。石原慎太郎这次利用其独立候选人身份，反而获得30%的无党派选民和40%的自民党选民的支持，充分说明石原善于利用形势，特别是选民对传统政党政治丧失信心，彷徨无助的心态，以豪言壮语，以鹰派的言论，再次囊括了他们的选票。当然，保守派候选人的林立、自民党选票的分散，包括佛教政治团体创价学会与立正佼成会等的对立，结果都让石原获得渔翁之利。

东京虽然是日本的首都，石原就任东京都知事之后，他的反华言论、与美军分享横田基地机场等的主张，原则上不会动摇现在的中日与美日关系。但是一个现实问题是，中日关系原本就受到日本极端右翼势力的冲击而变得岌岌可危，如今因为鹰派政客石原慎太郎的入主东京都知事，以大东京市长身分不断发表反华言论，当然会激怒中国而激发更多的公开论争，结果会使石原反而成为日本民族主义者心目中地位更高的"英雄"。

也有人担忧，石原不仅会利用这些哗众取宠的言论，把他自己塑造成全国性的政治英雄，还可能利用东京都作为他的新政治基地，组织"东京自民党"左右全国自民党，实行他的所谓"从东京改变全日本"的政治计划。

东京与北京在20年前已缔约为友好姐妹城市，从铃木知事到青岛知事，历届首长都曾经与北京市有友好交流，今年正打算庆祝彼此成为姐妹城市的20周年纪念，反而出现一个不愿与北京交往的东京新知事。这是讽刺，也是中日关系不幸的反映。

《言论》1-5-1999

甲级战犯
为何迁出靖国神社？

第八章 历史论争

每年的8月15日,东京的靖国神社都要上演一出出的闹剧,今年不仅比往年热闹而且提早上演,具有非常浓厚的政治味道。

位于东京市中心的靖国神社,今年照例有一批军国余孽,在为战争幽灵招魂,而小渊政府也有9名内阁部长,以及54名现职国会议员,参加了今年的闹剧演出。不过,内阁三名对外核心人物,就是首相小渊惠三、内阁秘书长野中广务、外长高村正彦,依然不敢公然前往靖国神社拜祭。他们对此公开说明的理由也毫不掩饰,承认只为了避免引起亚洲邻国的抗议。

素有小渊内阁"幕后首相"之称的内阁秘书长野中广务,以及自民党秘书长森喜朗,却在8月6日发布消息说,日本政府与执政党正在寻求变通办法,不仅要让首相今后能堂堂正正前往靖国神社拜祭,以后还要安排外国贵宾,像朝拜国家英雄公墓那样,到靖国神社去献花致意。

但是,靖国神社又是祭祀东条英机等二战1000余名战犯的神社,亚洲邻国能容忍日本黑白颠倒,歪曲历史的行为吗?日本极端右翼势力显然是要趁国会通过《国旗国歌法案》、成立"宪法调查会"准备废除"和平宪法"等等,正走上历史回潮道路之际,一并也要解决公开拜祭靖国神社的问题。

天皇制与军国主义象征

众所周知,靖国神社是日本军国主义的象征,也是利用它作为对外扩张进行战争的工具。战后,联合国禁止日本再军备,新宪法也明文规定,政府不得再资助任何宗教团体，进行"政教合一"的活动，靖国神社遂丧失其所谓"国家神道"的特权。后来，靖国神社为东条英机等甲级战犯设置灵位，更加突出了它作为军国日本象征的地位。

靖国神社建立于明治2年（1869年），开始时称为"东京招魂社"，是替王政复古，即推翻幕府，重建天皇绝对统治过程中，例如"戊辰战争"内战中，为天皇"殉国"的"官军"招魂和拜祭的神社。1879年改称"靖国神社"，依然是为供奉那些为天皇制献身的"英灵"，即明治维新以后为天皇、为军国献身的阵亡者，包括侵略中国、东南亚的"大东亚战争"，偷袭珍珠港后的"太平洋战争"，直到二战结束为止的所谓"护国英灵"。

现在靖国神社供奉的246万余"英灵"之中，有八成是二次世界大战的日军阵亡者，其中还有千余名是战后被联合国处刑的甲（A）级、乙（B）级和丙（C）级战犯。换言之，日本官方称靖国神社供奉的是"卫国的英灵"，实际上全都是为天皇制、为军国主义、为扩张战争，献出性命的日本人的灵位。

过去，每年春秋两次大祭，天皇都会率领文武百官亲临靖国神社拜祭；战后，盟军禁止"政教合一"活动，天皇与政府首脑不能再公然前往拜祭，但它则以"宗教法人"身分，打着所谓"民间宗教团体"的幌子继续活动。

随着右翼势力的抬头，1985年中曾根康弘首次以首相身分，1996年桥本龙太郎首相亦借口本人生日，前往靖国神社拜祭，以后便有更多内阁部长、国会议员，无视宪法"政教分离"的原则，公开前往拜祭，也因此年年都遭到国内外舆论强烈的抨击，特别是亚洲国家的抗议。对日本的传统势力来说，国家首长不能公开为战争亡魂进行追悼，不利于日本重建信心，不利于"富国强兵"政策的发展，而这些"和平主义"形式的牵制，就像是其背上芒刺，有如迟早非除去不可的紧箍咒。

恢复甲级战犯名誉地位

8月6日，内阁秘书长野中广务在记者会上宣布，日本政府考虑采取两项措施，让靖国神社恢复其传统地位：一、检讨靖国神社目前的管理方式，就是废除靖国神社的"宗教法人"地位，改称"特殊法人"以获得官方资助，也避免与现行宪法规定的"政教分离"原则相抵触；二、打算把东条英机等甲级战犯的灵位移出靖国神社，进行所谓"分祀"，以避免再度刺激亚洲近邻国家的舆论。

野中广务显然是在放探测气球,希望亚洲国家只会在祭祀"甲级战犯"问题上跟日本政府周旋。野中甚至坦言,在"总要有人对那次战争承担责任"的前提下,让甲级战犯迁出靖国神社实行"分祀","慰藉为国捐躯英灵"的问题便可迎刃而解。

因为日本舆论界流行一种说法:一些中国领导人曾经表示,只要靖国神社不祭祀甲级战犯,"他们便愿意到靖国神社献花致敬"。亚洲国家的领导人会对靖国神社无知到这种地步吗?相信这是日本政府一厢情愿的想法,甚至是故意编造出来的笑话。

所谓甲级战犯,是指日本战败投降之后,盟军在东京成立远东国际军事法庭,提控天皇以外28名,应对"发动侵略战争、破坏和平"负责,当时的军国日本最高领导人。他们全都被判有罪,其中,首相东条英机、板桓征四郎、广田弘毅等七人,在1948年12月被处极刑。他们死后,灵位被安置在东京品川的品川寺。

乙丙级战犯则是在各国军事法庭上,被判犯下战争罪行或人道罪行的次级战犯,其中984人已被处死,4400人受到处罚。1978年,靖国神社将14名甲级战犯与乙丙级战合祀,统称他们为"昭和殉者",而且受到中曾根等政府领导人的拜祭,引起亚洲各国政府的强烈抗议。另一方面,日本政府也通过《抚恤法》,给甲级战犯家属分发抚恤金,变相恢复了甲级战犯的名誉和地位。

不反省问题永远不能解决

自民党政府曾经五次尝试,要为靖国神社正式立法,承认其特殊地位,却受到日本国内反战势力强烈反对,而不获成功。如今,小渊内阁的秘书长野中再建议:一、将甲级战犯与乙丙级战犯"分祀";二、将靖国神社从"宗教法人"地位改变成"特殊法人",目的依然是要使靖国神社成为合法祭祀"战争英灵"的地方,甚至成为日本的所谓"国家英雄公墓",而诱使外国元首和贵宾前往朝拜。

不过,已经重新抬头的日本极端右翼势力,却不买野中的帐。比如,右翼喉舌《产经新闻》8月7日社论就强调,"在靖国神社替为国战死者慰灵,乃是国家的义务"。又说,"为国牺牲,却得不到荣誉,谁还会为保护国家而献出宝贵的生命?"因此,该报说,靖国神社的慰灵问题,不单是要清算过去,还应考虑到国家未来的安全保障问题。

《每日新闻》却说,将靖国神社"特殊法人"化,将甲级战犯灵位迁出靖国神社,并不能解决所有的问题。首先,"特殊法人"化,是变相的使它成为国家寺庙,是国家的再度介入宗教事务,更是公然违反宪法的行为。所谓将甲级战犯"分祀",事实上是在继续拜祭战犯,预料会引起中国等国更强烈的批评。

总而言之,对历史不认真反省,对发动侵略战争不真诚谢罪,当局不论作什么形式的遮掩,都不能蒙蔽世人眼睛,不能改善日本的国际形象。

《天下事》1-9-1999

谁在编造"20世纪最大谎言"?

第八章 历史论争

日本一个称为"舆论之会"的极端右翼团体,星期天(2000年1月23日)在大阪的"国际和平中心",举行一个所谓"20世纪最大谎言——对南京大屠杀的彻底检证"的大会,再度在颠倒是非、歪曲事实、篡改历史的行动上,又表演了一场闹剧。虽然,这是日本极端右翼势力一贯哗众取宠、制造事端的典型事例,其影响之深远,却完全不容忽视。

去年,日本极端右翼势力曾不择手段,阻止了美国华裔作家张纯如编写的《被遗忘的大屠杀——1937年南京的浩劫》日文版在日本的出版。今年新年伊始,他们又选择在大阪进行全面否定南京大屠杀,篡改侵华历史的活动,不仅否认日军曾屠杀南京30万中国军民,还做贼喊贼,称中国人捏造事实、远东国际战犯法庭硬把罪名强加在日本皇军身上,在在显示,日本极端右翼势力正开始反击。

"抹黑"自己,民族"自虐"

战后日本政府总对战争罪责轻描淡写,又始终没有真诚反省谢罪表示,无疑这是助长日本国内极端右翼份子、国粹主义团体嚣张又猖狂的主要原因。单就南京大屠杀事件,日本政府内阁成员跳出来唱历史反调,公然否认日军曾进行屠杀罪行、甚至说"中国人捏造出来的谎言"的部长,前后就有80年代的国土厅长官奥野诚亮、90年代的运输大臣石原慎太郎(后来的东京都知事)、94年的法务大臣永野茂等等。后来,出现"自由主义史观研究会"、"编写新教科书之会"等等,如今"舆论之会"又公然称南京大屠杀为"20世纪最大的谎言",也就不使人感到意外了。

日本右翼势力为何专挑南京大屠杀来大作文章,进行所谓"学术研究",甚至有政客愿丢掉部长乌纱帽,也非要抹去这段人类文明史上最大耻辱之一的血腥历史不可呢?

南京大屠杀是日本发动侵略战争,攻克中国当时国民政府首都南京之后,为了向世界展示军国日本的辉煌战果,为了向中国人和全体亚洲人展示日本征服世界的决心,皇军不惜以杀一儆百而树立典范。日本占领新加坡进行"昭南岛大检证",虽然规模不同,却是皇军残酷性格的同一表现。日本对"昭南岛大检证"的态度,同样至今没有真诚谢罪,而且同样在死亡人数上大作数字游戏。

原因是,右翼势力认为,承认大屠杀等于是在"抹黑"自己,反省历史等于是民族的"自虐"。因此,做贼喊贼,反咬中国人在捏造事实,这不仅是他们篡改历史的心理依据,也是他们所谓重建民族自信、自豪感、国家尊严的理论基础,他们的行动指南。

"顺服强者,蔑视弱者"

在世人眼中,日本极端右翼是一批顽冥不化的军国主义者,螳臂当车的可怜虫,原因他们至今仍迷信战前的皇国史观、军国主义理论:

一、他们打从心底就不承认,日本发动二次世界大战是一场侵略战争。因为军国主义的教育,"大东亚共荣圈"的宣传,使他们至今仍相信,乃是一场从白人殖民主义者手中解放亚洲人的战争。"战争有功论"就是其例证。

二、他们也相信,天皇的军队是绝对不会干奸淫烧杀无耻勾当的。他们甚至抗议,把日本皇军跟罪大恶极的纳粹德国相提并论,是对日本皇军的最大诽谤。因此,指皇军干下南京大屠杀这样禽兽不如的行为,是阴谋在嫁祸日本,让美国原子弹轰炸广岛长崎成为日本的"罪有应得"。

三、日本民族性有个特征,就是"顺服强者,蔑视弱者"。大部分日本人相信,日本二战失败,原因是遭到美国原子弹的偷袭,被苏联背后捅了一刀,才迫使天皇宣布终战的,绝对不是被"支那人"打败才投降。换言之,日本除了不愿承认战败给中国人,也不愿承认干过"南京大屠杀"的罪行,从而成为道德上中国人的永远战败者。

历史不是可任由日本极端右翼份子去改写的，何况日本国内也有头脑清醒的人，清楚盲从不仅是个人的罪过，也会使整个民族因此自食其果。有人心中明白，过去就是没有积极反对日本发动侵略战争，结果才会给日本带来原子弹的洗礼。

极端右翼份子的叫嚣，暂时也许可以蒙骗到一些无知的青年，但却也唤醒世界各国人民，必须认真监视这些疯子们的一举一动。

《天下事》28–1–2000

第八章 历史论争

"东京大审判"判决：
已故天皇有罪

2000年12月8日至12日，世界非政府组织的模拟法庭——"妇女国际战犯法庭"在东京开庭。这个"东京大审判"宣判，已故日皇裕仁未阻止下属犯下滔天罪行而"有罪"，并劝告现今日本政府，应向受害妇女诚恳谢罪和作出赔偿。

虽然说，这是国际民间组织的活动，却是在日本首都东京，又是在所谓日本"开战纪念日"，开庭审判日本"慰安妇制度"的创立者，战时日本的主要决策人，包括昭和天皇裕仁、首相东条英机、陆军大臣板垣征四郎、山下奉文、冈村宁次等等，判他们对战时日军强奸妇女和性奴役女性，特别是设立"慰安妇"的军妓制度，蹂躏女性，违反人道，应承担罪责。这似乎是在太岁头上动土。

但是，这个"法庭"不属于某个国家，也不属于某个国际机构，却是属于当今国际间日益活跃，又跨越国界的非政府组织主持的活动，日本极端右翼和政府，某种程度上对它敢怒而不敢言，所以才能顺利"开庭"。

"法庭"由四名"法官"、40名"检察官"，以及多名"法庭书记"组成。她们大都是国际知名法学家、律师。美中不足的是，日本法律界人士涉足不深。"首席法官"麦唐纳，她是前联合国"南斯拉夫国际战犯法庭"庭长，美国法学家。"首席检察官"瑟拉斯，她则是同一战犯法庭的顾问，也是一名资深的美籍律师。

世纪末大审判的贡献

"原告"是75名来自中国大陆、台湾、韩国、朝鲜、菲律宾、印尼、东帝汶、荷兰等地的前"慰安妇"。有60多个国际媒体见证了这个"世纪末大审判"。开幕典礼有2000多人出席,闭幕时仍有1500人挤在一个较小的会场,说明日本还有不少人关心此事。不过,参与的日本团体则不多,一大概是恐惧极端右翼组织的报复,二也许就是摆脱不了狭隘的民族主义和天皇情结。大审判的发起人,《朝日新闻》前记者松井耶侬,就遭到包围会场的极端右翼组织连日漫骂和恐吓。

虽然,这个模拟法庭的判决没有任何法律约束力,正如"首席法官"麦唐纳所说,"这是个民众的法庭、道德的法庭",其历史影响却是不容低估的。

而已故天皇裕仁,最终被控上"战犯法庭",不只具有重大的象征意义,也是一针见血,刺破日本所以不认账、不谢罪的根本关键,就是天皇是日本黩武主义、对外扩张的精神支柱,部下可以承认战争(技术)失败,却不能承认是天皇领导无方。现在有人把"皇帝的新衣"撕下来,对日本极端右翼无疑是最大的耻辱,也是动摇他们精神构造的重大打击,这也许就是"世纪末大审判"的最大贡献。

"首席检察官"瑟拉斯说,她所以要提控已故日本天皇,是"希望各界能注意战时性奴隶制度的核心部分,如果当时昭和天皇表示"日本是有文化的国民,则可以让许多女性免于受害"。而"首席法官"麦唐纳则说,"日皇裕仁未阻止他可以阻止的行为,而史料又证明日皇有听取开设慰安所的报告,而且他当时是能够行使独特权力的"终极的决策者",因此他是不能逃避责任的。"

历史学家对天皇的评价

对于日皇裕仁,过去所以没有被战犯法庭起诉,美国历史学家比克斯,在其今年8月出版的《裕仁与现代日本的形成》著作中,有着非常直接了当的分析:

一、日皇裕仁并非一般人观念中的和平主义者,所谓"被军部操纵的立宪君主",相反,他在整个中日战争、太平洋战争中,都与战争指导关系密切。

二、美国政府(特别是麦克阿瑟将军)为了利用天皇,协助美国统治日本,既不追究他的战争责任,也不在东京战犯法庭起诉他。

三、面对中国共产主义的革命威胁，为了建立新的反共防波堤，日美政府携手合作，"再创造"了"敬爱的象征天皇制"。

最终判词于明年公布

战后50年来，日本政府从矢口否认有"慰安妇"这回事；到否认战时日军有强迫民女成为性奴，成立慰安所，有辱皇军形象的行为；最后又否认军事当局与性服务业有关联。到了人证物证俱全，日本法庭还以《旧金山和约》已经签订，国家间的赔偿问题也已经解决，而拒绝了幸存"慰安妇"的谢罪和赔偿要求。

国际非政府组织，特别是妇女救援组织，这次发起"东京大审判"，除了要支援亚洲的受害者，为前慰安妇讨回公道之外，就是要通过"从军慰安妇问题"，重新确立一个文明准则，防止"战争与性暴力"的延续，为未来妇女安全增加保障。

日本极端右翼势力曾经誓言，要在本世纪结束之前，消除所有对日本不名誉的指摘，包括南京大屠杀、从军慰安妇、战时强制劳工等等。但是，活跃世界的非政府组织，并不让日本极端右翼势力如愿以偿，依然提醒世人，本世纪最大的耻辱，最丑恶的战争罪行，还没有受到认真的检讨，真诚的反省，当然不能就此忘得一干二净。不仅如此，还有人要颠倒是非，篡改历史，因此"东京大审判"必须留下历史记录。日本政府对"东京大审判"，至今仍采取冷眼旁观，视若无睹的姿态，但这种无动于衷的态度，还是会被历史记录在案的。

女性战犯法庭已经"休庭"，最终判词将在翌年的三八妇女节，在国际法庭所在地的荷兰海牙，正式向全世界公布。

《天下事》18-12-2000

又是历史教科书问题

第八章 历史论争

  大部分日本人讨厌外国人提起历史,自己却又偏偏不忘美化其侵略历史,有时真使人无法理解:日本到底要往何处去?

  远的不提,最近日本右翼学者就公然组成"新历史教科书编撰会",通过所谓新历史教科书的编撰,不仅要为军国日本翻案,还打算在年轻一代中,重新培养具有国粹主义精神的日本人。

  日本因历史教科书问题引起争议,这已经不是一次两次,一年两年的事情。从国内论争,伸延到国外,又从法庭争讼,扩大为近邻国家的抗议,即使日本政府后来被迫公开承诺,它将照顾邻国感情,但冒犯亚洲邻国的事情,依然一而再再而三发生,甚至是定期发生。

  日本国内,经常有所谓学者、舆论界人士,甚至是政治家,随时站出来歪曲二战的历史,吹嘘大东亚共荣圈的贡献。现首相森喜朗发表日本"神国论",外国人也只当它为反面教材,加深认识日本的材料,并没有直接向日本抗议。但是,日本政府文部科学省(前称"文部省")审批的学校教科书却不相同,它不仅是官方认可的出版物,还将误导日本年轻一代,影响日本未来的发展方向,也威胁未来日本与亚洲邻国、与世界的关系。因此,教科书问题不是单纯日本国内问题,其他国家也不能视若无睹,更不能让它为所欲为。日本极端右翼势力,还利用教科书问题之争,诬蔑亚洲国家"干涉内政"。

这次的历史教科书之争，所以再度引起韩、朝、中国等前被侵略国家关注和抗议，原因是：

一、文部科学省即将宣布2002年度新教科书的名单；

二、日本极端右翼势力这次直接参与教科书的编撰，来势汹汹，声势浩大，似乎已决心要重新占领教育阵地，彻底改变日本人的思维方式；

三、日本社会右倾化日益明显，政治与思想上的复古倾向，像将战前国旗国歌的法定化、和平宪法的边缘化、教育统制的强硬化等等，都是近期完成或正要完成的事情。

日本过去虽然一再发生历史教科书之争，比如历史学家家永三郎的法庭诉讼案、1982年将侵略中国、亚洲改称"进出"、86年删除"慰安妇"和"南京大屠杀"等项目，经过中、韩、朝等的抗议，亚洲舆论的抨击，日本政府被迫宣布《近邻诸国条款》，许诺今后照顾有关国民的感情，对有关教科书进行一些修改，虽然不尽理想，总算减少了重大歪曲事实的情况。

大集结后的具体行动

这次却是右翼势力的大集结。右翼学者组成"新历史教科书编撰会"之后，经常出版皇军事迹、大日本帝国光荣史的扶桑社，这个附属日本大传媒富士产经集团的出版社，又亲自参与国粹主义历史教科书的出版工作。加上，新教科书尚未出版，右翼已经向各方施压，要各地方教育委员会采用其教科书，而其喉舌《产经新闻》则左右开弓，一指《朝日新闻》揭发新教科书内容，诱导外国势力干预；二指中、韩、朝等"干涉内政"，干预新教科书的出版。右翼的新历史教科书未亮相，其政治色彩已经够浓厚了。

"新历史教科书编撰会"是怎样一个组织呢？

1996年，日本爆发第二次大规模的历史教科书论争，当时执政自民党组织了一个"历史研究委员会"。会长是右翼头目山中贞则，成员也多数是自民党鹰派（山中同时是日本台湾帮"日华问题恳谈会"会长）。"历史研究会"成员借口向学术界、舆论界听取意见，了解研究成果，定期邀请他们前来讲座，作研讨，过后宣布其共同研究题目是"大东亚战争的研究"。

由于是右翼的大集结，又是针锋相对的大集合，从他们高喊的口号，比如，"拯救东亚的军国日本"、"ABCD包围网的加剧"、"大东亚战争带动历史发展"、"自虐历史观的产生"、"无条件投降的错误"、"日本和纳粹罪行不能相提并论"、"南京大屠杀全是捏造谎话"、"消除东京审判史观"、"要设法改变世界历史观"等等，单看这些标题，已经可以想象，他们是如何在颠倒是非，在歪曲历史，还公然号召要"消灭自虐史观"。他们把客观的、公正的、自省的历史记述，称之为"自虐史观"。当局还把讲稿编撰成书，称之为《大东亚战争的总结》。显然，它成了右翼的理论指南，右翼的誓师大会。

森喜朗是"历史研究会"一名成员，他当上首相后，便急不及待发表日本"神国论"，却引起日本举国哗然。其实，"神国论"不是森喜朗所独创，右翼文集中就有一章，题为《日本的神话与现代》。这说明，右翼大集结，给了保守的日本政坛重大影响。

两种史观的重大较量

右翼大集结，正如他们所誓言，目标是要"消灭自虐史观"、"改变世界历史"，而其具体战略便是组织"新历史教科书编撰会"，先插手教育事业，再左右国家的未来发展方向。

人们发现，右翼这次提呈文部科学省审核的初中历史教科书，称日本吞并朝鲜半岛"符合国际关系原则，是合法的"。关于"南京大屠杀"，书中则称"疑点很多，还在继续争论"，又说，"因为是战争当中，即使是发生某些杀害事件，也不是大屠杀一类的问题"。

关于战争原因，送审版本宣称，"战争是外交的手段，是政治的延伸。有时是一种政治游戏"。又说，"战争难以分清善恶，它不是用哪方正义、哪一方不正义可以说明的"。这就是日本国粹主义者，所谓历史学者，他们所要传授的历史知识，培养的是非观。

审查教科书的文部科学省，形式上确有通知该出版社，该社提呈的教科书样本，有137处有必要修改。但是，右翼插手历史教育，目的就是在为军国日本翻案，重建大和民族的神之国，无论如何修改都还是脱离不了其依据"皇国史观"重写历史的意图。

而且，自从新教科书问题暴露之后，右翼喉舌《产经新闻》便咄咄迫人，左右开弓，似乎早已作好精神准备，即使冒天下之大不韪，再与亚洲邻国正面冲突，也要突破"历史紧箍咒"给他们造成的困境。

《产经新闻》先是强烈暗示，某前驻外大使插手教科书的审查，几乎公开指他在里通外国，必须把他加以排除。接着，《朝日新闻》报道，审查已进入尾声，当局已经作好放行的准备；但朝日警告，亚洲邻国不会对日本如此歪曲历史视若无睹，必然会有反弹，不利日本的国际地位。《产经新闻》则继续抨击朝日，甚至接连刊登社论，一方面指朝日诱使外国进行干预，制造"外压"现象；另一方面则要求日本政府，必须坚定立场，也号召民众反对外国干涉内政。

证明日本缺乏自净能力

韩国、朝鲜、中国政府先后提醒日本，必须阻止右翼胡作非为。同时警告，对日本右翼势力歪曲历史的行为，绝对不会坐视不理。韩国朝野政党，甚至在国会作出共同决议，强烈谴责日本政府打算让此反动教科书出版面市。

日本政府至今仍保持缄默，右翼传媒的《产经新闻》，则俨然以日本政府代言人自居，一称日本教科书是民间出版物，不像"极权国家"而由政府一手包办；二指外国批评尚未出版的教科书，超出常理，证明外国干预日本内政。

指外国"干预内政"，从国家主权、民族感情来看，这是个强而有力的反击用语，何况国粹主义、排外思想，原本就在日本占据上风，也是日本特征之一。排外的声音发自右翼喉舌，而日本蔑视韩朝与中国人，原本又是一种风尚，影响将不限于教科书问题，还会带来其他负面效果。

但是，历史不可能是孤立的，何况日本曾经殖民朝鲜，曾经侵略中国，也曾经蹂躏东南亚，这些都是不能改变的事实。日本也不可能独善其身，炮制一套只有扶桑三岛的日本历史。

对一个没有自省精神，没有自净能力的国家和民族来说，即使被称是"外压"，被称为是"干涉内政"，从防止历史悲剧重演的角度来看，确实又是必须的反应。如果日本没有这种自觉，在亚洲、在世界它会更加孤立，也不可能是个真正的大国，它要争取成为联合国安理会常任理事国的目标会更加渺茫。

《天下事》12-3-2001

一位日本报界元老的反省

第八章 历史论争

日本新闻界最近的"大新闻",是报界元老、《读卖新闻》主笔兼集团总裁渡边恒雄"思想转向"了。他呼吁日本人要主动反省二战,还公开反对日本首相小泉纯一郎继续参拜靖国神社。

首先,渡边2005年6月在《读卖新闻》发表了一篇题为《加紧建设国立追悼设施》的社论,间接反对小泉继续以首相身份参拜靖国神社。接着,又在2006年1月与竞争对手《朝日新闻》总主笔若宫启文进行了一次罕见的报界两巨头对话,就靖国神社和亚洲外交等问题发表意见,还将对谈内容发表于朝日新闻社出版的《论座》月刊上。

2月11日,渡边成为美国《纽约时报》的特写人物。在该访谈中,他一改以往坚持的国粹主义论调,呼吁日本人主动反省侵略战争,并公开反对首相参拜靖国神社。22日,澳洲《悉尼先驱晨报》刊出类似的访谈,渡边同样坦言,"靖国神社及其战争博物馆'游就馆'错误地讲述了二战和日本历史"。

令人更为震惊的是,渡边竟然对《纽约时报》访员说,"小泉这个人不懂历史、哲学,不学习,没文化……因为无知,他才会说出'参拜靖国神社有什么错?'这样的蠢话。"谁能想到,在国外如此炮轰小泉首相的人,竟然是日本保守势力代言人《读卖》的掌舵人呢?渡边的"转向",震惊日本新闻界,也震撼保守政坛。

对小泉是晴天霹雳

渡边已年近80，但依然活跃于日本舆论界。他在《读卖》长期执掌大权，自然就成了保守政坛的一大旗手，而他的"转向"虽然未必带来石破天惊的效应，但对困守外交愁城的小泉却明显是个晴天霹雳。

即将下台的小泉原本希望有个"有终之美"，不料中途却杀出程咬金，不仅打破了保守阵营和自民党臣服于小泉剧场政治的最后宁静，还会使小泉的复古计划，即重建战后首相参拜靖国神社体制的战略胎死腹中。

日本有五份颇具规模的全国性报章。以销售量来排名，日销约1000万份的《读卖新闻》独占鳌头，接着是有800万个订户的《朝日新闻》，然后是发行近400万份的《每日新闻》，超过300万份的《日本经济新闻》，最后才是发行约190万份的《产经新闻》。

《读卖》不仅是当今日本销量最大的报章，也是世界发行量首屈一指的平面媒体，但却不是日本公认最具权威或最具代表性的报章。因为它立场保守，而且欠缺特色，只受到标准日本人的推崇。日本人的读报倾向，是工商界必读《日本经济新闻》，学术界和知识份子却不得不读《朝日新闻》，而一般人却习惯选购《读卖新闻》。

成功报人传奇人物

渡边是个成功的报人，同时又是个很富传奇的人物。他1926年生于东京。1947年7月，他刚考入东京大学文学院就被征召入伍，当时日本已接近侵略战争的尾声。更富戏剧性的是，在天皇宣布投降前两天，他被军队除名，因此得以回返大学继续学业。

大学毕业后，渡边考进《读卖》当记者，开始了漫长的报人生涯。他从记者、政界跟班记者，到华盛顿特派员、总编辑、社论主笔，最后成为社论主笔兼报社总裁，甚至成为该报职业棒球队"读卖巨人"的球团主人，可说平步青云。他跑政治新闻，认识不少政界人物，其中就包括后来成为自民党首相的中曾根康弘。他们至今还保持着密切联系。

《读卖》一直都支持日本的保守势力，而渡边也在鼓吹复兴民族主义方面不遗余力，因此对保守政界颇具影响力。1994年，渡边领导的《读卖》不仅主张修宪，还率先发表私家版的《宪法修正草案》，鼓吹承认自卫队为合宪的军队。过后，不少主流媒体也跟进，不仅民众的护宪声音开始减弱，连政党的修宪、创宪风潮也吹乱了日本政坛。在总体保守化过程中，《读卖》确实扮演了推波助澜的角色。

《读卖》从保守转为极右，一是受到日本总体保守化的影响；二就是受渡边个人政治思想所左右。有人分析，渡边在学生时代因为厌恶战争、讨厌天皇制、渴望民主改革，思想曾经左倾，并于1946年加入日本共产党。但他后来因批评日共又遭开除党籍，从此产生与日共不共戴天的情绪。由于渡边的思想第一次转向，《读卖》政治倾向也就表现得更加右倾。

传统右翼忧国忧民

渡边很好学，也善于思考，做事一丝不苟，唯独他为人专制，个性超级武断，新闻界因此给了他"读卖独裁者"的封号。他不能容纳异己，凡与他意见相左的社论委员都被迫离开，《读卖》遂有越来越浓的个人色彩和鲜明的保守主义倾向，最后成了日本保守势力的代言人。

在日本舆论界，公开主张修宪，承认自卫队为国家军事力量的传媒，除了极右的《产经新闻》，就是渡边的《读卖》了。这家报章甚至越俎代庖，刊登私家版的《宪法修正草案》，这在日本传媒史上还是第一次。但小泉五次参拜靖国神社，令亚洲邻国义愤填膺，中韩两国甚至杯葛与小泉进行首脑外交。渡边认为这将使日本陷于外交孤立，破坏了日本的国际形象。

因此，渡边是在忍无可忍的情况下宣布要与小泉划清界线。他的转向不是要抛弃自己信奉的保守主义，反而是要坚守保守主义主流监护人的职责，结合自由主义的《朝日新闻》，企图给小泉施加压力。美国《纽约时报》就有锐利的分析，直指渡边此次发难，是"影子将军，力图要改变日本"。日本传统右翼思潮中，确有不少人抱着这种忧国忧民的思想。

进一步分析渡边，将不难发现，二战体验对他影响依然深刻。他在《论座》对谈录中就坦言："我今年已79岁。如果我们这些人都死了，就没有人知道那场战争的真实程度。对战争问题的讨论将变成观念上的争论而已。因此，我必须把自己亲身体验的历史真实留在世上，让日本人自己清楚，当时的日本军队是何等的惨无人道。如今虽然在南京大屠杀的死亡人数上有争议，但无论是杀死3000人、3万人还是30万人，都不能抹杀屠杀的事实。"

阻止传媒一致脱亚

渡边虽然保守，但他的战时体验，使他对战后日本的发展趋势，特别是冒险主义的复兴感到忐忑不安，也产生了非力挽狂澜不可的冲动。《纽约时报》评述渡边的转向时就强调，在人生的黄昏时刻，日本神秘的传媒大佬之所以从幕后走出前台，首先是自己感觉来日无多，其次是不忍日本重蹈覆辙。

渡边对《纽约时报》说，"小泉参拜靖国神社是他根本不懂历史，因为神社供奉的二战头号战犯东条英机，跟德国的希特勒并无差别"。又说，极端右翼歌颂"神风敢死队"英勇，其实他们只是待宰的羔羊，一个个低着头，步履蹒跚，甚至是被人推进机舱的牺牲者。因此他主张，"除非日本能对战争中的所作所为进行检讨，否则日本永远不会成为一个成熟的国家"。而改变日本国民对历史的态度，就是改变日本的第一步。

国际舆论重视渡边的转向，显示日本统治阶层内部开始在分裂，一是对中国崛起有不同的认知，二是对二战的认识依然心存侥幸，三是对日本的未来感到迷糊。

渡边最担忧的是，日本继续自说自话，否认侵略战争，甚至美化军国主义，会让日本年轻一代继承错误的历史观，会使日本的国际形象更加恶劣，会让日本丧失参与亚洲发展的机会，结果将使日本自断生路。

渡边的转向产生三个影响：一、改变了日本传媒一致脱亚的倾向，目前五大报章只剩下《产经新闻》继续支持小泉参拜靖国神社，对抗亚洲；二、唤醒美国和西欧的传媒，必须关注日本的思想动向，让日本复古无疑是让日本重蹈覆辙；三、自民党内的稳健派正开始抬头，他们会用建设非宗教性悼念设施取代靖国神社，以此摆脱小泉制造的排外怪圈，也以此打破小泉制造的高人气神话，结果会改变小泉下台还要成为"造王者"的异常现象。

《天下事》8-3-2006

第九章 神话破灭

日本官僚神话的破灭

最近,日本报章杂志频频出现"纲纪肃正"四个字,而且矛头总是对准高级国家公务员,而公务员在日本一向被认为是国家的栋梁,社会的精英,而且经常受到外国政府的赞颂,如今却沦为"肃正"的对象,似乎说明,日本官僚制度优越的神话确实已经崩溃。

"纲纪肃正"者,纪律整顿也。它像是一场道德教育的宣传口号,又像在展开一场全民运动的行动纲领。无论如何,这对日本国家公务员,特别是官僚体制是一沉重打击,是它即将被整顿的预告。

严禁官僚接受贿赂

年终是送礼的季节,政府特别召开公务员事务次官会议,就在这个常务秘书级会议上宣布,今后禁止公务员接受与本身业务有关商界的宴请(日本称"会食")、馈赠(包括现金、礼券、礼物、贺仪)、接待(包括国内外旅行、高球接待、派对),甚至演讲和撰稿,总共12个项目。

这一连串的"不可",确实使公务员感到左右为难和极大的屈辱。比如"会食",被认为是官民沟通的最佳渠道,特别是主管单位与关联企业,平日交换情报、相互勾通感情,都是通过这种"会食"方式。逢年过节,馈赠礼物也是日本社会惯例,而且礼尚往来,商家为酬谢官员提供的服务,"中元"节(8月

15日)、年终"岁暮"(12月底),给予款待回报,不仅符合日本的馈赠文化,也是传统日本官民交往的方式。接受商家的招待,比如被款待去打高尔夫球,或到国内温泉国外度假,被认为是理所当然的事。因为他们说,"先生们能,为何吾等就不能呢?"所谓"先生们"是他们对国会议员的尊敬称呼,说明他们还理直气壮呢!

这12项禁令之中,包括禁止高级官员或所谓"政策通",通过演讲、发表文章等方式,换取高额的酬劳,它实际是日本盛行的一种官商勾结,贪污受贿变相行为。

清廉形象大江东去

日本官僚一向被认为是社会精英,甚至是战后重建国家经济,使日本能跻身世界经济大国之林的真正功臣。但是,这种过度倚重精英的做法,包括政治家都对官僚言听计从的体制,虽然成功建立了"日本株式会社",却又助长了官僚的气焰和权势,并把日本政坛传统的贪污舞弊之风,移植到了整个官僚体制之中。由于官僚体制已变得庞大无比,人际关系复杂,包括省与省(行政部门)之间山头林立,整个体制便成了政令繁琐、制约多多、反应迟钝、效率奇差的老旧机器。日本近年"改革"之声四起,首要改革的对象是行政,而行政的核心便是官僚。

日本一向给人的印象是,虽然政客贪婪无厌,一般官员还是相对清廉,因为官员办事认真,他们不贪小便宜,不中饱私囊,显得纪律严明。但是官僚体制老化之后,特别是日本保守政权推行官僚"下凡"(或"下放")制度之后,即他们的官阶提升到了最后,不是被"下放"安插到商界大企业或团体去安享晚年,就是被提拔为保守政党的政治新血,分别转轨到商界和政界继续呼风唤雨。传统日本官僚的清廉形象,日本官僚制度优越的神话,也就这样大江东去,不再回头了。

日本官僚形象所以毁不成形,最显著的例子是,有"省中之省"之称的大藏省(财政部),发生"住专"(住宅金融专门公社)事件,庞大的坏帐必须由全体纳税人承担。大藏省是监督银行与金融业务的机关,"住专"却是大藏省高级官员告老退休后"下放"的主要去处,而"住专"的信贷对象又主要是炒卖地皮房产的暴发户,甚至是黑社会,因此泡沫经济一破裂,即刻暴露出官商勾结的弊端,也暴露了日本官僚体制的最大弱点。

新法案总空雷不雨

　　大藏省官僚与金融界勾结，厚生省官僚也跟制药公司狼狈为奸。但厚生省管辖的是医疗设施，左右国民健康的卫生机关，退休厚生省官员管理的制药公司，竟然将未加工消毒的血清销售给医院，医院又将它给血友病病人注射，结果使将近2000名病人无端端染上爱之病。如此荒唐的事情，竟然也发生在号称世界先进国的日本，不单使全体厚生省官僚面目无光，也使日本政府和整个官僚体制因此蒙羞。

　　厚生省"散播"爱之病的事件刚告一段落，前事务次官被令辞职之后，新上任的次官冈光序治又被揭发，不仅包庇下属官员贪污受贿，本身也曾接受属下团体6000万圆（合新币约60万元）的贿赂，日本官僚的清廉神话，到此全面破产。

　　当然，贪污舞弊、玩弄职守的事情也不是大藏省、厚生省的专利，其他政府部门同样是问题丛生，因此，民间响起了"改革"之声，政界就不得不大声附和，结果便催生了"纲纪肃正"的政令。但是，国家公务员原本就有官员守则，有法而不依，再三申五令也将是徒劳，尤其用"纲纪肃正"作招牌，只能够装装门面而已，不是根除官僚贪污舞弊的具体办法。

　　日本舆论界建议，政府应制定更为严格的法律，成立《公务员伦理法》彻底禁止官僚贪污舞弊。各政党也曾表示支持，包括执政的自民党，但法案却一直空雷不雨。但也难怪，日本主要政党的国会议员，特别是执政自民党的大部分成员，原本就是高级官僚出身的过来人，要他们制定条例来束缚自己又谈何容易呢？

《日本再探索》19-1-1997

"冲绳独立论"的背后

第九章 神话破灭

全亚洲都在关注和庆祝97"香港回归"的当儿,东京决定展延1997年"冲绳回归25周年纪念仪式"的举行。

说东京已对"冲绳回归"变得冷淡,毋宁说是冲绳人对日本本土失望和悲愤已经达到极点,他们不仅高喊"冲绳独立",还形成一股强大的舆论压力,既掩盖了"回归"的喜悦,还使东京显得尴尬和无地自容。

60年代,日本人曾对美国喊过"还我冲绳"的口号;90年代,变成冲绳人对日本本土(冲绳人称它为"大和")高喊"还我冲绳"的口号,这种变迁确使东京感到强烈冲击。

冲绳,原本称"琉球"。它从1609年起便受到日本萨摩人的入侵,到1879年正式被明治政府吞并为止,它原本是太平洋上一个独立王国。琉球国中山王,不仅受到中国明朝皇帝的册封,还成为中国对外贸易的特许代理,也就是当时"海上丝绸之路"的重要据点。琉球国贸易船不仅大量往来于中国和琉球之间,也在整个东亚海域非常活跃,北到日本、朝鲜,南到菲律宾、安南、暹罗、马六甲、爪哇,都曾经是琉球贸易船的天下,是当时一个海上贸易王国。

曾经是个独立王国

日本吞并琉球,罢黜其国王、废藩置县,再实施皇民化政策,包括创氏改名、压制方言,消灭传统琉球文化,而使冲绳与日本形成一体。冲绳人虽然已经被改造成为日本人,但日本本土的人却一直不把冲绳人当日本人看待,使他们感受到民族的歧视、地位的差别。事实上,冲绳一直是日本帝国主义对外扩张的牺牲品,甚至在侵略战争失败后,还硬硬把冲绳拖下水,先是在"玉碎"的口号下使近三分之一冲绳人丢失了性命,后又一直让冲绳沦为美国的军事基地,丧失与本土同步经济成长、社会发展的机会。战后50年来,日本本土成了经济大国,冲绳则依然是个靠基地经济维持和国家补助金生存的最贫穷的县。甚至"回归25年"之后,依然是个双重的殖民地,这就难怪冲绳人在积蓄太多不满之后,终于爆发出"冲绳独立"的呐喊。

不过,"冲绳独立论"目前还只是一种情绪不满的反弹,不是诉诸行动的指针,更不是有组织的行动。然而,冰冻三尺非一日之寒,东京当局如果依然忽视冲绳人的不满情绪,不仅会使冲绳与日本本土的距离越拉越远,一天还可能假戏真做,发展成像魁北克要脱离加拿大、巴斯克摆脱西班牙那样的独立运动。

冲绳独立论的系谱,不仅有历史的根源,还有现实的背景,即使不把废藩置县后,保皇派要求让尚王复辟的"顽固党"包括进去,也可上溯到战后初期出现的"琉球人民协会"、"冲绳人联盟",以及1958年成立的"琉球国民党"。日美谈判冲绳回归期间,冲绳再冒出一些极右的组织,比如"琉球议会"、"冲绳人的冲绳促成会"等等。

"冲绳呀,还是独立吧!"

这次,打先锋喊"冲绳独立"的是95岁的前Koza市(冲绳市前身)市长大山朝常。他4月间出版了《冲绳独立宣言》(现代书林出版社)。书中强调,冲绳不论是在战前还是战后,都是一个供大和牺牲的棋子,"如此大和,怎么是冲绳人的祖国!"。接着,1932年在冲绳出生,历任社会党和社民党副党魁,又是资深国会议员的上原康助,又在国会预算委员会上公开主张"冲绳独立"。上原的发言,像在日本政坛投下一棵照明弹,虽无杀伤力,却产生了强烈的照明作用。

新一轮的冲绳独立论,虽然像是秀才造反,缺乏组织和具体行动,但它的影响却是难以估量的。5月14、15两日,有40多名冲绳知识分子在那霸市举行马拉松研讨会,专题就是"冲绳独立的可能性",与会者虽然意见并不一致,总方向却是"冲绳呀,还是独立吧!",也因为这样,东京一份周刊《SPA!》

（6月18日号）就以"冲绳，独立吧！"作特辑题目，把主要与会者的意见再现在纸面上。

日本本土对"冲绳独立"口号的本能反应是，冲绳既然是日本最穷一个县，至今仍无法在经济上自立的地区，还是驻日美军设施和兵员最为集中的区域，单在独立生存问题上已经大有问题，更遑论能在政治上过脱离日本这一关了。不过，也有人指出，经济利益不是维持国家统一的唯一因素，民族歧视，文化差别，包括历史认识，都可能是部分地区寻求分离独立的理由。

琉球遭到三次处分

冲绳诗人高良勉在上述《SPA!》周刊上感叹说，"冲绳人曾努力不懈，使自己成为日本人，然而本土人却从来就没有把冲绳人当日本人、或同一民族的一个部分看待。"

日本人称吞并琉球的过程为"琉球处分"。冲绳人则将"琉球处分"视为，冲绳受蹂躏被牺牲的历史。高良说，冲绳的历史是被蹂躏的历史，曾先后遭到三次"琉球处分"。他说，1609年的日本萨摩军入侵、1879年的明治政府武力侵占，以及后来残酷的同化政策、精神蹂躏，是第一次处分；二次大战后，日美签订和约，冲绳继续被美军占领，那是第二次处分；60年代展开回归运动，人民要求缩小基地规模，检讨回归协定，却全都遭到拒绝，这是第三次处分。

高良说，三次的琉球处分，加上美军强奸少女案发生之后，冲绳美军基地的土地问题，使到冲绳男女老幼不得不重新深思，冲绳在这战后50年间的地位到底是什么？是要继续对日本抱着幻想，还是决心就此各奔前程，是当前"冲绳独立"论争的焦点所在。"这不是明天，也不是十年，可以立竿见影的事。慢慢地，慢慢地，渗透到人们心坎后……"这是95岁的大山朝常在《冲绳独立宣言》中说的话，它反映历尽沧桑的冲绳人的信念和心声吧。

《日本再探索》3-8-1997

日本在亚洲扮演什么角色？

美日双方经过一年半的密商，终于在1997年9月23日签署了新的《美日防卫合作指导方针》。新协议表明，美日两国的军事合作关系，已从"内向型"转变为"外向型"，就是把"协防"的重心，从"日本有事"，扩展到"日本周边有事"；"防卫"的性质，也从日本宣传的"专守防卫"，改变为日本自卫队如何支援美军在"日本周边"作战，显示美日军事同盟关系又有进一步的发展。由于这次的修改防务指针，是由日本主动提出的，今后日本会在亚洲扮演怎样一种角色，也就成为亚洲国家普遍关注的新焦点。

《美日防卫合作指导方针》，是《美日安全保障条约》的具体军事合作指南，也就是军事合作的实施细节。但是，新的"指针"显然已超越安保条约的旧框架，也不再符合日本宪法和自卫队法规的限制，因此，紧接着日本还须修改相关的法令，直接间接又会使日本"和平宪法"进一步"空洞化"。相信这也是日本修改防卫指针的基本目标，因为修订防卫指针只须两国军事当局、官僚的密谋与合作，不须通过国会辩论国民讨论，而且，日美军事一体化一旦成为既成事实，日本的所谓"修宪论争"也就会不了了之。

为历史产物注入新血

众所周知，日美"安保条约"和"防卫指针"，都是历史的产物，冷战的遗产。苏联解体，冷战结束，亚洲又进入相对稳定时代，美日安保条约原本已经完成它的基本历史任务。美日如今却为它"再定义",也就是为它再注入新的生命,等于准备在亚洲制造一个新冷战环境。

从美国的角度来看,一是美国需要在亚洲维持一支强大的军事力量,才能继续发挥其超级大国的影响力;二是美国必需借助日本的力量,特别是日本强大的经济力量,才能维持它在亚洲继续驻军10万的规模。何况,美国的亚洲政策,特别是对华政策,也跟日本基本一致,因此,1996年4月美国总统克林顿访日时,便跟日相桥本龙太郎联合发表了《美日安保联合宣言》,为修改1978年制订的旧防卫合作指导方针达成基本协议。

从日本的角度来看,由于历史的因素,特别是亚洲各国依然对日本的军事侵略记忆犹新,目前还是不能在亚洲直接展现其军事力量,虽然日本已经是个经济大国;其次是,日本对亚洲的复兴,特别是中国和韩国等的崛起,产生既得权益和地位正受威胁的恐惧,也就是"中国威胁论"的根源,因此,要重新成为亚洲盟主的过程中,需要借助美国作挡箭牌或保护伞。

亚洲国家的现实看法

从亚洲一般国家的角度来看,维持亚洲稳定的现状,是珍惜现有机遇,尽量争取时间,发展经济的首要条件,美日维持现有的安保架构,一可以维持现状,二可以防止日本走上更加危险的道路,就是让美国成为所谓防止日本重新走上军国主义道路的"安全阀",也未尝不是一个现实主义的做法。亚洲一般国家,除了直接受到日美新防卫指针影响的国家,居于上述看法,基本上都没有对日美新防卫安排作出强烈的反应。

在日美新防卫安排背后,日本显然有其新军事和政治意图。比如,在日美制订新防卫指针过程中,日本政府和执政自民党上层之间,似乎在规定新防卫对象,就是"假想敌"方面,出现过严重的意见分歧,甚至几乎因此破坏了首相桥本龙太郎的首次官式访问中国计划。虽然,这是以国内论争方式,政府内部意见分歧形态出现,然而论争的后果,已大大加强"中国威胁论"在日本国内的宣传效应,也为日本的战略南移,即对所谓台湾海峡和南沙主权纷争的关注,提供了理论基础。日本打"台湾牌"或"南沙牌",不仅可以有效的牵制中国,还可以为日本今后在亚洲展开外交攻势,建立强而有力的基础,包括把亚洲国家分裂成亲华派或亲日派。

第九章 神话破灭

后来，桥本首相和日本政府虽然一再澄清，日美安保条约不是针对中国，而且宣布"日本周边不是一个地理概念，而是着眼于事态性质"。日美两国官员，事实上就是采取这种模糊战略，签订了新的日美防卫指针。

"日本周边有事"是关键

过去，日美安保条约指定的防卫范围是"远东地区"，而"远东"一词的涵义，不言而喻，是指构成苏联势力南下的远东通道。这个概念，基本上受到亚洲国家，包括中国的默认。如今，日美双方不仅将"日本有事"扩大解释为"日本周边有事"，还通过日本上层所谓"论争"，间接向内外宣布，日美安保的新防卫对象已经南移，一是把台湾列入"日本周边"地区，二是把南沙也列为日美安保防卫涵盖的范围。说来，这跟去年发生台海危机，以及部分东南亚国家宣称拥有部分南沙的主权，有着不可分割的关系。但是，这些被中国看来是属于中国事务的问题，却成了日美军事同盟关注的对象，两国防卫涵盖的范围，显然已经把中国列为他们新"假想敌"了。

日本各界其实都心知肚明，日美修订防卫指针，名义上是针对朝鲜，实际上是要牵制中国。因此，中日关系在短期内不可能改善，亚洲各国的关系便不可能像经济关系一样日益紧密。不过，由于中国已经蜕变为一个新兴的经济成长中心，亚洲、欧洲、美洲国家都设法在向这股经济魅力靠拢，日本便很有可能会最后被自我孤立。因为，美国政府可能又见异思迁，跟中国改善关系，就像当年中美的突然建交一样，再使日本处于尴尬局面。

"周边"观念的无限扩大

中日关系紧张，固然不利亚洲的稳定和发展，而日本的重新走上军事大国和政治大国之路，同样不会是未来亚洲的康庄大道。日本自由派报章《朝日新闻》，就形容新防卫指针"迎来了日本安全保障政策的大转换"。因为，日美安保条约已经从原本的防卫日本，也就是驻日美军的保护日本，蜕变为日本自卫队协助"日本周边"的美军展开军事行动，一般日本人最担忧的事，便是随时都有可能被卷入一场与日本利益无关的战争。

更危险的是，既然日本宣称"日本周边"不是个地理名词，意味着日本以后会把它的所谓"自卫"范围，就像"自卫队"、"和平宪法"等那样作无限扩大解释，以后连派兵东南亚、甚至中东、非洲也称只是在"日本周边"作防卫活动而已。

世界原本就没有一个国家，愿意承认自己是在"侵略"他国，而不是在作"自卫"行动。因此，以后日本要争取亚洲邻国的信赖将更感困难。从这次日美修改防卫协定的过程来看，日本不单是要跟美国加强军事同盟关系，还打算藉美日安保条约作掩护，改变它在亚洲扮演的一贯角色。美国也总有一天会发现，要继续塞紧那个饲养怪物的瓶口，将是个日益困难的差事。

《日本再探索》5-10-1997

第九章　神话破灭

傅高义尴尬谈"日本名列第一"

日本由于从60年代开始便获得高速的经济成长，国民生产总值又迅速超越英、法、德，甚至苏联，跃居为仅次于美国的世界第二大经济体，曾被美欧经济学者称之为"日本的奇迹"。

亚洲一度也掀起看日本，学日本的风潮。在这个人人推崇"资本主义模范生"日本的时代，论述、分析、研究，甚至把日本吹捧为世界其他国家未来发展模式的讲话、文献、著作，可真是汗牛充栋，而其中最著名，影响又最深广的一部著作，便是美国哈佛大学教授傅高义（又译埃兹拉·沃格尔）写的《日本名列第一》。

这本1979年在美国和日本同步发行的著作，曾被一些人视为是经营现代国家必须借鉴的"圣经"，官僚精英主义的典范。

《日本名列第一》的作者傅高义，从哈佛大学的日本问题专家，摇身一变成为美国中央情报局亚洲问题分析员，后来回返大学执掌教鞭，他所研究和分析的对象，一直都未离开过日本和东亚这个范畴。

曾把日本捧上天

傅高义与其说是个典型的学究，毋宁说是当今搞经济最吃香的职业——经济分析师。傅高义不仅因为出版《日本名列第一》而名噪一时，还受到很多日本人的衷心感激，原因是他在日本依然缺乏自信的时代，把日本捧上天，让日本人沾沾自喜之余，更立志要成为一个与美国平起平坐的超级大国。不过，当时就有人冷静地指出，这是美国人的阴谋，目的在使日本人从此变得高傲而迷失方向。

日本虽然没有在各个领域，诚如傅高义所形容，超越美国成为世界真正"名列第一"的国家，但确实也在不少领域中挑战过美国，甚至形成"对美国的教训"，让美国不再自满而决心改革，不然美国就不可能继续拥有今日的繁荣和强盛。傅高义出版《日本名列第一》时曾一再强调，他的目的不在吹捧日本，而在鞭策美国人自己，应抛弃骄傲自满，甚至学习日本优点，急起直追，才能免遭沦亡。

傅高义在《日本名列第一》的书名上，原本就有个副题"对美国的教训"，事实也证明，吹捧日本不是他唯一的目的。但是，日本确实充分利用这本书，以实现其大国梦，甚至因此让人误会，傅高义是在世界范围内替日本打宣传广告，是在制造日本完美无瑕的神话。

但是，自日本泡沫经济破裂之后，不仅很多"名列第一"的记录泡了汤，连日本未来的前途也变得模糊不清，傅高义当时封给日本的"世界名列第一"的称号，反而成为对现今日本的讽刺，也迫使傅高义不得不作不断的自我辩解。

处于政治的过渡期

傅高义最近终于又在日本亮相，而且就他19年前出版《日本名列第一》当时的日本，与今日的日本作了坦率的比较。傅高义强调，当时他称颂的日本优势，比如义务教育的成功、犯罪率的相对低少、对其服务机构的忠诚，以及官僚的素质优秀，至今还是日本突出的条件。问题是，由于80年代以后日本变得骄傲自满，它才陷入长期不景的困境。这就是傅高义接受日本一名华裔新闻工作者，谭璐美访谈时对她透露的心境。有关访谈，已刊登在5月号的日本《现代》月刊内。傅高义给谭璐美这名曾在日本庆应大学和中国中山大学当过讲师的访员的印象是，他依然没有强烈批评日本，不仅如此，还以替日本分忧的心情，准备长期等待日本的复苏。

谭璐美在访谈中，形容日本在这20年间确有隔世之感。傅高义却为他当年写《日本名列第一》时，将日本定位为天字第一号，作某种程度的辩解。他说，他将日本定位为世界第一，并非单指经济大国这一范畴，而是指所有的制度，包括它的社会结构都比人强。这些强势，即使在今天也还依然存在。但是，当时的美国人并没有这个认识。到80年代，当日本的经济有突飞猛进发展时，美国人又惊叹日本过分强大。一旦经济泡沫般破裂，又认为日本已经完蛋。这就是美国人对日本的一般见识。

第九章　神话破灭

傅高义却认为，现今日本正处于政治的过渡期，这使日本在泡沫经济破裂7年之后，还未能解决银行的坏帐问题。日本清楚，它必须作政治改革，但又不能够实际行动。尤其这一两年，更不能不承认，金融界贿赂大藏省的问题已经非常严重。官僚被宴请、受特别接待，如此受贿的情况，过去也不是绝无仅有，却未构成重大问题，原因是当时社会并不追究。傅高义似乎暗示，当时官僚贡献大，因此没有人追究。傅高义又说，过去官僚都有为国家献身的使命感，今天却只要学业成绩好便能够主宰官厅，道德水平的下降也就不言而喻。

骄傲自满遭到报复

那么，日本为何不能继续"名列第一"呢？傅高义强调，80年代以后日本变得傲慢，这是根本的原因。

傅高义说，他当年写《日本名列第一》，目的是要提醒美国人，千万不能骄傲自满，不然会遭到复仇女神涅美西斯（Nemesis）的报复。日本却在80年代后期开始变得傲慢自满，比如在夸下海口要买下纽约和好莱坞的同时，还自夸日本企业已经追赶上了美国，并说美国已经没有东西可供日本学习了。日本就这样成了自满的受害者。

加上大藏省和日本中央银行官僚开始就习惯于保护国内金融业和扶持国内工业，却不擅长分析和监督金融业的合理竞争，结果把日本经济带上了负债累累的泡沫经济道路。

谭璐美问傅高义，今后如果再出版第三本书：《日本名列第一——再再考》，他准备怎样再评价日本？

他的回答是，重建政府体制需要时间，但日本的制造业还是非常健壮，金融业却幼嫩得像个入世不深的青年，缺乏国际竞争力。束缚太多，尤其负责教育的文部省官僚须要自我改革，不然日本将无法赶上世界潮流。

其实，傅高义当年把日本吹捧上天，并把日本的制度形容为完美无瑕，早就把自己塑造成一个日本代言人的形象，如今日本被打回原形，尤其他把日本的精英主义吹捧成官僚万能论，不仅不能解释当今日本面对的问题，而事实上官僚本身就是这些问题的根源，他当然无法为自己找到下台阶，更不能像过去建议美国学习日本那样，建议日本再全面仿效美国。因此《日本名列第一》的作者，现在也只好靠边站了。

《天下事》5-7-1998

日本进入丧失自信时代

日本每月平均有千多家企业倒闭，1997年10月份却增加到1600家以上，而且倒闭的规模、负债的数额都在直线上升，使人有暴风雨前风满楼的窒息感。进入11月以后，连素来有"保证屹立不倒"神话呵护的银行和金融公司，也像滚雪球般接连倒闭，使人产生金融危机或经济危机终于降临的紧迫感。

11月的金融风暴，似乎是由11月3日的三洋证券倒闭事件所引发。三洋证券虽然是日本排名第七的证券行，却是1968年实施证券业特许制以来，倒闭的第一家大证券公司。日本金融机构"保证不倒"，事实证明终归还是个神话。因为，三洋证券倒闭之后，接着便是北海道拓殖银行、山一证券，以及德阳城市银行等大中型金融机构的接连倒闭。这些倒闭的公司，没有业务联系，也没有债务牵连，严格说不算骨牌效应，却使日本的财经气候更加严酷，或者说，使日本金融体系的信心全面动摇，产生另一种骨牌效应。事实上，要追溯这股信心动摇暗流，应该回到4月"日产生命"寿险公司的倒闭事件。换言之，日产生命倒闭事件，才是这阵连锁反应的第一张骨牌。

"生保"曾经是大宠儿

日本的人寿保险公司，称为"生命保险"，简称"生保"。"seiho"这个日文名词，所以跻身进入英语世界，威风一时，原因在日本经济蓬勃发展的阶段，泡沫经济鼎盛的时期，日本人寿保险业累积了巨额的资金，成为世界金融市场争相笼络的对象。保险公司利用手中掌握的大笔资金，一方面借贷生息，另一方面也大规模投资证券和股票市场，它成了国内外金融界的大宠儿。

然而，泡沫经济破裂之后，不仅投保人数急减，投资股市和借贷都成了吃力不讨好的事，因为股市节节败退，不仅投资多铩羽而归，还累积不少不良债券。根据日本行内人士分析，日本股市如果继续下泻，能够在日经指数1万4000点继续生存的主要人寿保险公司，13家中就只有日生、第一、明治、太阳、大同和富国等6家。换言之，日本股市目前徘徊在1万6000点左右，再跌就会把大部分的保险和金融公司拖下水去。

日本政府为了协助国内银行业起死回生，实施破历史记录的"超低利率"政策，不仅严重伤害到日本的存款人利益，特别是退休人士，也威胁到日本保险业的生存。比如，投保的回报率过去多规定为5%，以更高利率借贷出去，便是保险公司的重要财源。如今，借贷利率只有区区2%，实际上是赤字经营，长此下去怎不使保险业陷入生存危机？"日产生命"的倒闭，不仅打破了"保险安全"的神话，还进一步提醒日本民众，金融危机即将到来，因此新的客户望而却步，旧的客户加速解约，间接也就加深了日本金融业的整体危机。

超低利率也不见效

寿险的回报利率，随着政府的超低利率政策，从1993年4月起也往下调，目前平均只剩2.75%。从钱生钱的角度来看，买保险还是比存入负利率的普通银行要好。但是，"日产生命"倒闭，却使人既不能相信"保险"公司，又不能靠存款银行保值，看来要回去把钞票藏在"榻榻米"草席下的时代了。

日产生命的倒闭，使日本人有如惊弓之鸟。一、不再相信政府的"绝对安全"保证；二、也不再听信日本国内金融专家的分析，纷纷转向外国机构探听"真正的消息"。美国的金融评级机构因此身价百倍，向他们"求神问卦"的人越来越多。美国的标准与普尔公司分析说，日本13家主要寿险公司之中，有4家被降为B级，结果提前解约的人激增了40%。东邦、千代田、协荣、日本团体生命等4家寿险公司被降为B级，意味着这些公司的财务内容、经营环境和拥有的资产有了问题。人们的直接反应是，为策安全，不是提前与保险公司解除合约，就是对它敬而远之。这不仅使日本保险业更加萧条，也使日本陷入全体的信用危机之中。

11月，天气转凉，经济状况更是一片凄清。原因是每年9月的结帐期结束，企业不论营业成绩如何，丑媳妇总要见公婆，即使经过一番粉饰打扮，还是极少有能刺激股市好转的利好消息，"日本丸"看来已经驶近经济风暴中心了。传说中的建筑业将大倒闭，虽然还没有成为事实，但是企业倒闭数字的激增，以及像八佰伴那样扬名海外的公司，回到日本却倒地不起，确使日本工商界为之胆战心惊。三洋和山一两大证券公司，拓殖和德阳两中型银行，这些金融机构的接连倒闭，迫使日本开始重写其"经济大国"历史。

　　日本金融危机的根源是累积太多的"不良债权"。桥本内阁前秘书长梶山静六也承认，日本20家大银行的"不良债权"，绝不止今年3月公布的16兆（万亿）日元而已，实际数字估计已超过120兆日元（合新币约1万5000亿元）。梶山不是在夸大其词，而是深感局势严重，才公开呼吁要尽快制订计划，设法拯救目前的日本经济（见《周刊文春》12月4日号）。

信用评级全面下跌

　　其实，在山一证券宣布"自主废业"之前，日本金融界已盛传富士银行岌岌可危。富士银行是日本20家大银行中排名居中的其中一家大银行，是山一证券的主力银行，也是旧安田财阀"芙蓉集团"的核心成员。连这样的银行也摇摇欲坠，倒闭的影响肯定会比北海道拓殖银行更为深远巨大。

　　市场所以出现富士银行垂危的谣言，其背景有二。一是受当前流行的"金融机构倒闭法则论"所影响：人们在政府的"日本大银行屹立不倒"神话破灭之后，开始转而相信"股价跌破50日元＝倒闭"的法则；二是受到在日本的外国专家的分析所支配：人们不再相信日本政府或大藏省没有隐瞒事实，转而相信外国证券行和金融评级机构的分析更客观和权威。

　　日本最近倒闭的三家上市金融公司，三洋证券、拓殖银行、山一证券，股价曾分别跌破56日元、59日元、58日元，应验了"50日元＝倒闭"的法则。（附带说明，这些票面价值50日元的大企业股票，目前重新估值都应在200日元以上，而市价跌破100日元已是价值减半，跌至50日元更等于是贬值到四分之一。）个别企业的股价跌破50日元，意味着信用破产，将借贷无门，按照市场法则便只好关门大吉。连主要企业，股价都跌到危险水平，更意味着整个股市正濒临崩溃边缘。日经指数一旦滑落到1万5000点，日本大部分的银行、保险公司、证券行等金融机构，都将被卷入大风暴中。

英国《金融时报》11月20日刊登其东京特派员哈顿的报道，就引用50日元倒闭法则，说山一证券已经垂危。两天后山一证券果然宣布倒闭。她同篇报道还公然指名道姓说，日本有6家大银行正面临与拓殖银行相同的命运。那就是日本债券信用银行、大和银行、中央信托银行、安田信托银行、三井信托银行、富士银行。这些被列入名单的银行，事后当然极力作出否认，但是，越来越多日本人却相信，目前只有外国传媒会正确报道日本的真相。这不仅是日本金融和经济危机迫近的讯号，更是日本丧失自信，信用评级全体下降的象征。

《日本再探索》7-12-1997

东急关闭 336年老店

第九章 神话破灭

日本东急百货公司把有三百多年历史的分店关闭，清货大减价引起争购的场面，并不是日本经济景气的征兆，恰恰相反，说明经济泡沫破裂后，经济仍一片低迷，百货业经营困难，连名气大的零售业都还劫难难逃。

新年伊始，东急百货公司在其日本桥分店举行为期一个月的"清盘大减价"。顾客从四面八方闻风而至，几乎天天都把该百货大楼挤得水泄不通。据统计，一个月就有超过204万人参与其盛。大减价结束的1月31日，更有16万人蜂拥而来，简直把这家"百年老店"挤得快爆棚了。

从东京人如此疯狂购物的盛况来看，谁还敢说日本在经济萧条，百货零售业市场正陷入危机呢？

再看一些统计数字。东急日本桥分店举行"清盘大减价"，一个月吸引到的204万顾客就比平常人数多出4.4倍；一个月的销售总额就高达165亿日元，相当于去年同期的6.7倍，等于全年营业额的一半。一个月内，销售了2万476件宝石，取得12亿1000万日元的营业成绩；卖出5亿8000万日元的绘画，6万1825支的雨伞。不算批发所得，单这一阵"清盘大减价"所取得的成绩，就已经是日本全国百货公司之冠。可是，东急日本桥分店的生意兴隆景况，并非日本经济复苏的前兆，而其实是日本零售业的"回光返照"，这间老店将关门大吉。

零售业挣扎求存

如果生意兴旺,东急百货公司就没有必要壮士断臂,把它著名的日本桥"百年老店"关门大吉了。

日本百货店协会、日本超级市场协会,刚分别发表1998年两大零售业的营业状况全年统计。日本全国百货店和超级市场,去年的营业状况依然是萎靡不振,销售额还是处于第二年的连续下降过程,前者再下降了5%,后者则再下降了2.7%。日本零售业的现状,其实是日本国内经济情况的温度计,也是至今日本还未脱出泡沫经济破裂后遗症的最典型例证。

日本整个零售业,从1990年开始营业额就一直往下滑落,除了96年稍微有些起色之外,尤其97年的提高消费税,再次在它的伤口上撒盐,而更加一蹶不振。执政自民党要安抚民心,在野公明党要争取选票,这次共同炮制了以公款分发免费"购物券"的天才计划,倡议者称这是"德政",旁观者则说是政客"低能"的表现。但却说明了另一个事实,就是日本消费人信心空前低落,而日本零售业必须绞尽脑汁挣扎求存。

日本零售业已经不再寄望经济能够在短期内复苏,也不敢奢望消费人会像泡沫经济时代那样继续疯狂购物,因此需要自保而作出内部整顿,包括结构重组、裁减员工、缩小规模等救急措施。随着金融业的撤退,今后会有更多日本百货公司从海外撤退回国,国内也会有更多营业情况表现不佳的店铺遭到关闭,甚至撤换公司的最高领导进行人事改组。这显示,日本经济盛宴之后,现在是收拾残局的时候了。除了东急百货公司在上月底关闭其日本桥分店,三越百货公司也将在今年夏天关闭其新宿南店。

中内功辞社长职

日本工商界、流通业界,新年还发生一场大地震,就是日本商界顶尖人物,素来有"流通业之王"称号的大荣集团社长中内功,在1月20日宣布辞去社长职务,从此退居经营第二线。中内功辞职,原因是大荣集团营业情况欠佳,而这些都跟日本零售业为泡沫经济后遗症所困有关。

大荣集团这40多年来,由中内功亲手创立、经营、扩张之下,已经发展成日本规模最大的超级市场集团,流通业界的翘楚,不仅连锁店遍布全国大小城市,也是全国最成功企业集团之一。

中内功的成功秘诀，是他的经营手法能够顺应时势，而且"独揽大权"。现年76岁的中内功，突然宣布权力下放，不明内情的人还以为是他自己承认年事已高，决意退位让贤，而真正原因则是，大荣去年2月结帐首次出现258亿日元的亏损，不仅动摇了大荣在日本商界的地位，也宣告"经营之神"的中内功时代的结束。

日本经济蓬勃发展时期，泡沫经济的形成阶段，日本工商界曾经出现数位闻名世界的"经营之神"。自松下电器创始人松下幸之助去世，中内功便成了硕果仅存的神话性人物。如今，连中内功也从舞台正面消失，说明日本经济确实到了一个转捩点。

百年老店的消失

东急也是日本一庞大商业集团，属下百货公司曾经是日本零售业的十大之一。不过，自70年代它开始被挤出十大之后，业务便显得江河日下，如今更陷入经营危机。面对当前的经济不景、零售业危机，东急不仅决定全面从海外撤退，包括关闭新加坡的分店，也决心在国内进行大刀阔斧改革，整顿其经营体制，而最轰动的决定，便是把历史悠久的东京日本桥分店加以关闭。

东急日本桥分店所在地，一向是东京的商业中心，日本三大百货公司（三越、高岛屋和东急）鼎足而立，日本皇室、贵族、商贾等上流社会，购物社交的著名地区。东急日本桥分店的前身是"白木屋绸缎庄"，从它1662年开始在日本桥开张营业算起，经历了336年的兴革变迁，在日本也算是少数的百年老店之一。

东急在日本桥，与三越、高岛屋三大百货公司鼎足而立，习惯上虽然都不称为"总店"，但是从历史、规模和销售的货品，以及顾客与公司心目中的地位来看，事实上却是各集团的"旗舰"级百货公司。东急关闭日本桥的百年老店，甚至打算变卖这座百货大楼，以改善集团的财政状况，说明日本百货业不仅面对经营危机，还面对一个经济与社会转型的危机。

超过200万人涌去关闭前的东急日本桥分店购物，固然是受到"名牌货大减价"所吸引，对百年老店消失的叹息，对日本昔日好时光的缅怀，希望自己能保留多一些乡愁的心情，也许才是激发这些人疯狂购物，关闭后还有大批人依依不舍在店前流连的主要动力。

《天下事》10-2-1999

"窗际族"演变成"无窗族"

日本大企业有所谓"窗际族"。他们的出现曾令人羡慕,也令人同情;如今更出现"无窗族",不仅令人同情,还使人感到心寒呢。

如果说,"窗际族"显示日本终身雇佣制的"温情","无窗族"的出现却证明,日本终身雇佣制已经陷入危机。

终身雇佣制的贡献

战后日本资本主义发展的一大特征,是实行终身雇佣的劳工政策。

有人说,战后日本经济成长迅速,而且出现持续的高速经济增长,最大原因是日本劳资关系良好。虽然日本劳工运动有所谓"春斗"、"秋斗"等,定期又热闹的劳资纠纷形态,曾吸引世界的好奇和关注,基本上并没有因此影响日本正常的生产活动及正常经济运转,原因是,日本的劳工运动不论多激烈,依然是内部的矛盾,一种条件斗争方式,甚至是一种运动形式而已,对整个资本体系不仅没有构成任何破坏作用,还产生适度调节薪金水平,定期刺激消费市场的正面作用。它就像日本的"国技"相扑,彼此推拉冲撞全是竞技场上必要的动作,下了角力圈彼此还是吃同一大锅饭的同事。

终身雇佣制在战后日本资本主义发展过程中,其实是维持长期低工资成本、稳定劳工市场的犀利武器。换言之,日本的受薪阶层,虽然生活压力大而都渴望加薪,却又不愿意打破终身雇佣的铁饭碗,因此,改善待遇的要求便会很节制,而资方给予的加薪也必然附有条件，就是不同行业会保持一定的加薪比例，不脱离生产力的提升，也不妨碍经济的稳健成长。

"窗际族"的温情时代

但是，泡沫经济冲毁了经济发展的防波堤，国际化又扰乱了日本的传统政经体制，曾经在战后日本经济重建、社会与经济稳健成长过程中作出重大贡献的终身雇佣制度，如今成了日本社会改革、增强经济竞争力的阻碍力量。在终身雇佣制度之下，大企业必须让属下员工，特别是管理级员工享有定期升迁、年功加俸。

当越来越多中级职员往上挤，而高层又职位空缺有限，成为僧多粥少的时刻，过去日本大企业的"温情"处理办法，是让这些冗员靠窗坐，也就是远离企业运作中心的办公桌，任由他们每天凝视窗外的风光，回忆昔日好时光，直到他们退休为止。这类靠边站的职员，日本传媒给他们一个很贴切的称呼，叫"窗际族"。

日本经济连年高速增长，甚至演变成泡沫现象，又加深了终身雇佣制的矛盾，一是劳动力显得更缺乏流动性；二是在经济泡沫现象下，各大企业都为确保本身的劳动力充足而大肆增聘员工，一旦经济出现严重衰退，各企业便会显现冗员过多而无法消化的问题。

日本终身雇佣制还有个特征，就是擢升员工主要是论资排辈，而非完全依据能力表现，在提升职员过程中出现的冗员，让他们当"窗际族"便成为维系终身雇佣制度的一个必要条件。不料，"平成经济萧条"一拖就近10年，显示日本传统的经济结构已经老化僵硬，到了非大刀阔斧改革不可的阶段，而终身雇佣制更是一个关键性因素。

"无窗族"裁员办法

日本一家制造电子游戏机闻名世界的大企业"世嘉"，最近"发明"一套比"窗际族"更有效的，摆脱终身雇佣制束缚，又可避免支付裁员津贴而加重经营成本的办法，那就是把人到中年又无更高职位可升的冗员，安置在一间没有窗口，完全封闭的小房间，让雇员天天面壁思过，最终达到冗员知难而退的效果。这跟传统的"窗际族"安排相比，姑且可名之为"无窗族"处理法。

第九章 神话破灭

这个名为"人事小室",或"自我启发场所"的新发明,却被世嘉雇员形容为"隔离牢房",是对他们抗拒"单独囚禁"能力的考验,因为这间面积只有16张榻榻米(草席)宽的房间,只摆两张长桌、三四张椅子,虽然有架电话却没有外线,除此之外,便是四堵没有任何窗口的墙,不仅是"家徒四壁",还像个隔离牢房。世嘉总共有两间这样的"人事小室"。

　　被令进入"人事小室""办公"的人,不准携带任何私人物件,也不得与外界通电话,更没有任何工作指示,除了午餐外,要在斗室内单独呆上七八个小时,如此天天形同隔离囚禁,又有多少人能够经得起这种精神折磨考验呢?根据《朝日新闻》的报道,记录上有10名职员曾被调配到这种"人事小室",结果七人自动辞职,两人调派到其他部门,一人还在等待分配。其中一名国立大学研究院毕业的35岁雇员,在"人事小室"坚持了71日,最终还是被通知"炒鱿鱼"。

　　世嘉雇员曾发明很多风靡一时的电子游戏软件和硬件,这些发明者竟然又沦为本公司产品——"人事小室"游戏的主角,这肯定不是他们料想到的下场。但是,世嘉当局出此下策却也是情非得已,因为世嘉今年3月结帐,营业额下降了21%,亏损总额超过334亿日元。明年情况虽然会略为好转,赤字估计依然有184亿日元。因此,从今年5月份开始,世嘉将裁减员工1000人,就是把公司目前4000名雇员精简为3000人。在这个过程中,为了达到预期裁员目标,威逼利诱,软硬兼施,在所难免,结果便发明了"无窗族"这一对策,也真不愧是游戏大家了。

《天下事》13-7-1999

日本进入大裁员时代

第九章 神话破灭

失业在日本一向不是大问题，即使十年经济停滞，它也没有构成严重的社会与政治问题。但是，完全失业率现在突破5%，以及大企业纷纷计划裁员的消息，却显示日本经济已经到达临界点，日本的"雇佣神话"已经不能再掩盖事实了。

根据日本政府总务省2001年8月底发表的最新统计数字，7月份的日本完全失业人数已增至330万人，失业率也创立历史新高的5%。虽然，失业率5%这个数字，比诸其他工业先进国，例如比美国的4.5%会略高，比德国（9.3%）、法国（8.7%）情况也并不太糟。

但是，过去日本的失业率一直都维持在1～2%的低水平，即使泡沫经济破裂，94年开始上升到3%，98年以后超过4%，一路上升的发展趋势，还是说明形势不妙。特别是跟十年前相比，当时的完全失业人口只有130万人，现在却增加到330万人，增幅高达约2.5倍，是个重大的变化。

其次，日本失业的定义有别于其他发达国家。比如法国的失业定义是，"每月工作少于七或八小时"，而日本由于在月底最后一周为统计标准，即使只工作过一小时，或在家庭事业中帮忙而不支薪，就不当他是"完全失业"。再有，找不到工作而放弃希望的人，开始就被划分为"非劳动人口"，也不会在失业统计上显现出来。因此，国与国之间直接作数字比较是不准确的。

明治大学经济学教授高木胜便认为,日本实际的失业率应该是它的两倍,就是10%而居发达国家之首。

制造业也丧失竞争力

日本失业率急速上升,一是经济不景严重化;二是产业空洞再激化;三是企业改组或倒闭激增;四便是大裁员时代的到来了。

日本泡沫经济破裂,十年经济无法复苏,虽然不动产、流通业和建筑业首当其冲,正如出口贸易历久不衰所显示,制造业还是健全的。更重要的是,日本的终身雇佣制虽然危在旦夕,基本上还维持着千千万万人的饭碗,所谓"社内失业"人数就超过450万,加上政府庞大的公共建设开支,虽然对经济复苏无效,却在维持雇佣方面产生一定效用,既维持了经济的低空飞行,也避免了失业问题的山洪爆发。

但是,除了景气问题,国际竞争力的衰退,日本企业再不裁员以降低成本,再不转移生产基地寻找新的出路,现在连日本的制造业也面对生死存亡的考验了。是"大竞争时代的到来",也是生死存亡的挣扎,这使日本大企业纷纷裁员瘦身,也就激化了日本的失业问题。但这仅是就业危机的开始,小泉政府号称要加速经济结构改革,处理银行的不良债权,也许就不是小泉政府所说,"忍受两三年痛苦"就能渡过的危机了。官方估计,到时会有39万到60万人失业,民间机构则宣称会有超过100万人丢失工作。

根据日本总务省统计,7月份的完全失业人数比去年同期增加23万人,使它的总数达到330万,其中114万是自动离职的年轻失业者,另99万是企业倒闭或瘦身裁员而失业的中年或高龄员工。

制造业是日本的经济支柱,但制造业也面对"更年期"问题,特别是生产成本高而丧失竞争力,加上中国制造业的崛起,使日本必须面对转移生产地点的选择。有人从产业空洞化的角度,也有人从国际分工的角度来理解这一变化,但无论如何,这是日本必须面对的选择。

日本的制造业就业人口,事实上从92年开始就已经在下降,前后相比实际减少了250万人。其次,建筑业在90至97年增加约100万人,很明显它吸收了相当部分的剩余劳动力,从缓和失业稳定社会的角度,功劳不小,但从政府投下巨资，却不能有效带动经济复苏，甚至拖延经济改革的经验来看，又是日本政府经济无策的证明。

终身雇佣制已经动摇

日本的终身雇佣制确实已经到达历史的分水岭。根据《读卖新闻》8月底的调查，日本31家主要企业就计划裁员6万人，其中日立2万人，东芝1万8800人，富士通1万6400人，松下电器5000人，日本电器（NEC）4000人等等。

值得注意的是，上述裁员企业都是著名的家电和电子制造公司，新的资讯科技（IT）相关行业，显然是受IT在美国泡沫化所波及。与此同时，裁员企业的范围在扩大，从汽车、电机、钢铁等制造业，到流通、金融、运输等行业，几乎全都以万人单位进行裁员瘦身，说明日本企业已经到了非裁员不可的阶段。

日本企业裁员是需要付出一定代价的。东芝为裁员准备付出1200亿日元，富士通为企业重组也准备额外亏损3000亿日元，原因是终身雇佣是企业对雇员的承诺，企业必须提供奖励性措施，包括发放优厚的退职金，才能鼓励雇员"提早退休"，响应"希望退职"。

对一些公司职员来说，与其在公司内得过且过，不如申请提前退休，较年轻的雇员可以转行当"自由工"，不过中老年雇员则有从此长期失业的危险。

摆脱了终身雇佣和年功加俸的沉重劳工成本负担，对企业来说是一笔可观的"开支节省"。根据日本劳工部的调查统计，日本企业2000年付出的工资总额，就比1997年金融危机前减少了2.3%。换言之，日本企业掀起裁员风之后，这三年里，企业一年里所节省的工资总额就高达4万亿日元。

不过，日本企业一时还无法完全摆脱终身雇佣制，遂有越来越多企业采取雇佣临时工或契约工方式。《日本经济新闻》报道，1990年日本企业内有六分之一的临时工，2001年已经上升为四分之一。

日本大裁员时代的到来，倒不一定全是企业倒闭、产业空洞化所造成，其实企业瘦身、成本节省也是重要的原因。

《天下事》6-9-2001

雪印解体：
日本没落现象之一

日本经济已经一蹶不振，加上疯牛病的来袭，对日本国内消费市场确实是雪上加霜。但是，日本国内最大的乳制品企业——雪印乳制品公司不是生意大受打击，而是铤而走险捞旁门失败，正面临解体倒闭的厄运。

这是日本经济没落的现象之一。一叶知秋也。

雪印是日本家喻户晓的企业，它在2002年2月5日公开宣布：由于一系列事件使公司名誉扫地，单靠公司努力已经无法使其起死回生，唯有采取解体、分割、拍卖，或寻找合作伙伴的途径，才有可能劫后余生。

历史悠久，规模庞大，拥有员工一万多人，制造与分销机构遍布全国，单其乳制品的市场占有率就高达65%，如此一个企业巨人，食品工业翘楚，竟然也沦为被分割被拍卖的对象，到底是什么原因造成的呢？

疯牛病诱发新"商机"

雪印近年营业额在下降，亏损数额增加，这是事实。但倒闭基本上与日本经济不景无关，与百货业的萧条、最大超市大荣的"再建"，也有不同的背景。当然，经营不得其法是主因，习惯在温室中被保护也是原因，犯错之后还铤而走险，这才是它的致命伤。因为，雪印先有全国性的牛奶中毒事件，后又有假冒牛肉产地，骗取国家"疯牛病"津贴的丑闻，使其连锁店主、消费人极度愤怒。遂对它进行杯葛，使它生意一落千丈。

雪印倒闭事件，虽然不是日本经济萧条、货币紧缩因素直接造成，却不能否定，严重的社会和经济因素是可以拖垮一个商业集团的。商业道德沦丧，尤其作为日本一家食品工业代表，一个长期受到国策百般呵护的企业，竟然也不遵守卫生安全条规，还乘火打劫企图"发疯牛病财"，使人不得不对日本的经济前景忧心。

日本在2001年9月发现亚洲第一宗疯牛病病例。10月政府宣布严格检查国内屠宰的牛只，同时冻结全国库存国产牛肉不得销售，并保证收购所有国产牛肉加以销毁。

政府实施上述政策，目的是要缓和民众的恐慌，避免消费人从此远离日本的"国产牛肉"。疯牛病在欧洲被发现，虽然当局通知畜牧业界，停止使用肉骨粉制造的饲料，却没有严格执行禁令，而政客还举行牛肉派对，搞吃"国产牛肉"安全的宣传运动。但民众已不再言听计从，使"和牛"餐馆的生意一落千丈。

价格相差一倍的诱惑

在食品安全问题风声鹤唳声中，日本食品市场出现更加惊人消息：1月23日有人向日本关西警方举报，雪印乳制品公司混水摸鱼，将价廉的进口牛肉冒充"国产牛肉"，骗取国家提供的疯牛病国库津贴，使政府陷入非常尴尬的局面。

事情的真相是，雪印乳制品公司的子公司---关西食品中心，曾在2001年10月和11月，将13.8吨进口自澳洲的牛肉，偷偷改装成所谓"国产牛肉"，贴上"国产牛肉"标签，还篡改仓库记录，目的是乘疯牛病之乱骗取国家赔偿。事后还发现，雪印集团曾经掉换"国产牛肉"的产地标签，比如将北海道生产的牛肉，贴上南部九州熊本的产地标签，并以此欺骗商家、消费人。

疯牛病严重威胁食品安全，也响起饮食文化警钟，但是在部分商人看来，它又带来了新的"商机"。即使疯牛病已经传染到日本"国产牛"身上，一般消费人开始闻"国产牛肉"色变，政府还是把准备销毁的"国产牛肉"的收购价订在进口牛肉价的两倍左右，即"国产牛肉"的收购价格定为每公斤1114日元。在疯牛病冲击日本之前，"国产牛肉"的平均价是每公斤1200日元，而进口牛肉则平均只售600日元。疯牛病发，"国产牛"价格一落千丈，一度跌至400日元时，政府的收购价依然是1114日元。由于国产与进口牛肉的价格落差是如此之大，利益的诱惑，致使这些不法商人，想方设法进行狸猫换太子的勾当。

自毁招牌被解体处分

政府坚持其保护"国产牛"政策，即使受到疯牛病打击依然以高价收购。由于价格的差额极大，一促使商人积极将其库存牛肉售卖给政府；二诱使不法商人铤而走险，以廉价的进口牛肉冒充高价的国产牛肉，结果便产生了雪印移花接木的事件。

疯牛病发生之后，政府收购的库存牛肉已多达1万2626吨，投入的国家资金超过293亿日元，其中有多少是骗取纳税人血汗钱的，目前还是个未知数。专家估计，这场疯牛病带给日本的直接经济损失总额将不少过2000亿日元。

雪印集团将13.8吨进口牛肉，冒充国产牛肉让政府收购，就使它获利1460万日元。雪印还有库存进口牛肉约280吨，如果悉数将其伪装，它可获利1亿9600万日元。这是一本万利的生意，却是发国难财。

不过，日本有一股强大势力，在阻止当局进一步调查此骗案。有人认为，国产牛肉的地位已经动摇，食品安全神话正在破灭，更多丑闻的水落石出，会使一些人陷入更加尴尬的局面。

国产牛肉与进口牛肉之分，本身就是个陷阱。一、日本人偏爱遍布脂肪的牛肉，称之为"霜降"，只有日本人懂得欣赏，奇货可居是必然现象。二、国产牛肉名堂多，价格也特高，加上日本人迷信名牌，吹嘘的，冒牌的充斥。三、日本宣传其产品"世界第一"，又是绝对安全，让日本人丧失防范伪造的本能。

雪印几乎垄断了日本的乳制品市场，但2000年6月爆发的牛奶中毒事件，破坏了消费人对日本食品加工工业的长期信赖，以及雪印过去享有的崇高信誉。雪印营业剧减，亏损扩大，遂使它铤而走险，结果成了面临解体倒闭的厄运。

《天下事》27-2-2002

"有你可乐"
与中国制造

第九章 神话破灭

在景气低迷、消费不振、通货紧缩的日本,却有一家公司异军突起,逆流而上,原因是它推出的UNIQLO休闲服装,不仅设计新颖,品质优良,直销价格又只有同类型服装的一半。这家公司名为"第一零售",它推出的品牌是UNIQLO,八成以上在中国缝制。日本《东洋经济》周刊2001年底做过调查,80%的日本人拥有这个牌子的便装,并视它为一种时髦。

"第一零售"成功的秘诀,除了推出绝对价廉物美的商品,就是制造出一个无国籍形象。首先,它非东京亦非大阪的传统商社,而是地方城市广岛的一家公司;其次,商标以罗马字书写,没有使用半个汉字;第三,它的品牌UNIQLO似英文非英文,似乎刻意在营造一股北欧产品风格。

UNIQLO至今没有正式的中文译名,暂且借用旅日经济分析家,香港人关志雄的版本,称它"有你可乐"吧。日本舆论界,就把这家公司制造的流行趋势和骄人的业绩称之为"有你可乐现象",而经济学家们则称它为"有你可乐模式"。

"有你可乐"现象的历史性意义,是它改变了日本人的购物志向,消除了日本人排斥"中国制造"的偏见。从长远来看,它开拓了中日经济合作的新模式和新形态,更为中国产品登上国际市场开辟一条新的道路。

日本技术结合中国劳力

"有你可乐"成功的因素,一是价廉物美;二是品质保证;三是设计精美。唯一缺点,因为是量产,难免有同一个色调,同一个模式的倾向。

从经营的角度来看,日本把中国的低廉生产成本,特别是廉价劳动力和生产设备,与日本的技术、生产体系、销售手法,甚至包装技术相结合。这一成功实验,巩固了中国国际资本心目中最佳"世界工厂"的地位。而一旦成为国际公认的"世界工厂",中国不仅会成为国际资本的大磁场,而且"中国制造"也将成为本世纪的新流行。

有你可乐是日本的先行者,但不是这一模式的发明者。它实际是引进美国GAP公司发明的SAP(制造零售业)模式,即把本国设计的理想商品,委托给他国生产或加工,然后再进口回来,通过连锁店进行直接销售。这种生产经营方式,使时间和成本的节约成为可能,也掌握更多的商机,更能确保经营利润。这使它能获得四倍的利润回报,即使以半价销售也能够与对手竞争。

有你可乐模式跟传统的委托生产(OEM)又有差别,主要是它非简单的委托加工,而是深入生产现场,进行现场指导,确保它的设计和品质完全符合要求。因此,它既不是单纯的委托加工,也不是单纯的进口销售,而是结合商品设计、开发、技术转移,形成所谓的"开发进口"。由于有这些过程,"有你可乐"彻底改变了日本人对中国产品"便宜没好货"的印象。

通过有你可乐模式,中国不仅可以增加就业、吸引内外资本,也能提高生产技术、确保品质第一,彻底改变后进国产品的印象。但是,在现阶段,"中国制造"还不是"中国人创造"的同义词,因为在生产过程中,仍掺有很多"非中国"因素。

"中国制造"的必经过程

在经济无国界的今天,国家或地域概念已经越来越不重要,但是,中国到底还是一个发展中国家,特别在工业化离成熟还有个距离和过程。战后日本就经历过这个过程。20世纪50年代与80年代,"日本货"的含义先后就有天渊之别。现阶段的"中国制造",虽然已跨越50年代"日本货"的水平,但要像现阶段日本货那样享有稳固地位,显然还处在初步阶段。而有你可乐模式,就是必要的过程。

中国的农产品，如大葱、香菇、紫菜等在日本畅销，不只是产品价廉，品质也已经有飞跃的提高。新型农产品之所以崛起，一项重要原因是有日本商人在推动"开发进口"。换言之，这是农业的有你可乐现象发挥了作用。

日本十年的经济不景，最主要原因是消费低迷，通货紧缩，使日本零售业几乎全面陷入困境。而拥有有你可乐的第一零售公司，竟然生意兴隆，直营连锁店增加到近500家，甚至在英国伦敦也开设分店。根据去年8月结算，它的销售额比前年增长了83%，经常利润增长71%。虽然，2000年8月与前一年相比增长速度明显下降，但增长的势头还是存在，而且已把日本其他同行远远抛在后头。

也许是有你可乐的发展太突出、太迅速、太惊人了，日本的危机论者开始散布它已经到达发展瓶颈和前途不妙的传言。但是，客观的分析家则认为，它今年的业绩即使增长只有20%，它依然是日本零售业的佼佼者。

其实，第一零售公司从高速成长进入稳定发展的阶段，是正常的。故意散布有你可乐"神话破灭"的言论，与其说是轻率，毋宁说是接受不了这种发展模式。因为，日本技术结合中国劳动力的生产体系，是一些人不愿见到的事态发展。

《天下事》26-7-2002

（编者注：UNIQLO的连锁店现已开设到了中国和美国。它上海北京的店铺已挂起正式中文店名："优衣库"，颇有古典中国味道，也是一种创新。）

中国带动日本经济复苏

日本政府最近公布的一系列数据显示,随着国内外经济环境的改善,日本经济呈现出更加明显的复苏迹象。

经济情况好转主要得益于出口和投资增加。换言之,是因为传统经济发展良好,与小泉政府的所谓改革无关。

英国《金融时报》的马丁·沃尔夫经过考察,于2003年12月发表分析文章指出,日本出现经济复苏的近因是传统经济发挥了重大作用,即2002年出口增长了8.1%,从而抵销了国内投资的下滑,拉动了经济增长。

进入2003年之后,私人非住宅投资开始激增,预期全年增长率为10.3%,再加上相当于0.5% GDP的净出口增量,2003年的日本经济就实现了令人满意的总体增长。

对华贸易大幅度增加

根据上述《金融时报》的分析,日本经济之所以出现复苏现象,是因为日本连续18个月取得12%的出口增长率,而其中有三分之一涉及对中国和其他亚洲市场的出口。

2004年1月20日,日本经济财政大臣竹中平藏向内阁提交月度经济报告时指出:"受设备投资和出口增加的支撑,日本经济确实出现恢复势头。"《日本经济新闻》当时的反应,一是喜悦,一是担忧,因为改革还未到位,不具备全面复苏的条件。

很明显，这次经济情况好转主要是出口增加带动的，而出口增加是因为中国的和平崛起。这一事实与部分日本人担忧或大肆宣扬的"中国威胁论"恰恰相反。

日本官方的经济产业研究所高级研究员津上俊哉指出，日本对中国的看法已发生变化，"中国经济威胁论"至少在大企业中已经销声匿迹。日本对"日中经济相互补充"的说法，也有了切身体会，应该说日本现在正处于"中国特需"、"托中国的福"的状态。

日本报章很少报道"中日友好"新闻，但最近却不得不报道中国作为"世界工厂"或"世界大市场"给日本带来的影响。

《读卖新闻》2004年1月27日报道，去年中日本贸易总额增加了15万3000亿日元，其中出口额和进口额分别比上一年增长33.2%和13%，这无疑给出口导向型的日本经济注入了新的活力。该报说，在过去一年中，尽管日本对美国出口下降了9.8%，但由于对中国及其他亚洲国家的出口出现强劲增长，所以，2003年日本的出口总额依然高达54万5589亿日元，贸易顺差也超过10万亿日元。

《朝日新闻》也发表评论说，"中国已经成为世界的大市场"。评论说，去年日本多个行业对华出口都呈两位数或三位数的高增长，其中，汽车及其零部件出口分别增长20%和90%。日本三大汽车制造厂都在扩大中国的生产和销售，汽车零部件对华出口还将继续大幅度增长。

此外，2003年1月至11月的日本对中国出口统计显示，机床出口增加70%以上，钢铁、轮胎、化工产品增长20%到80%、数码家电、离子和晶液电视机等的出口甚至增长了230%。北京奥运、上海世博会的大型活动，又给日本企业带来更多商机，也将促进日本企业增加在中国的投资。

中国的崛起不仅带动了日本经济的复苏，而且还改变了日本经济一贯仰赖美国的状态。日本的统计数字显示，2003年日本对美国的出口增长4%至6%，而对亚洲的增长则超过了10%，其中对中国的出口增长率竟然高达20%至30%。

贸易双赤问题

《每日新闻》1月4日的社论还说，2002年日中贸易总额为1015亿美元，迫近了日美贸易的1761亿美元规模。日中贸易估计到2005年将扩展到1300亿美元，10年后则会与现在美国的1800亿美元并驾齐驱。事实上，日中贸易在2003年已经达到了1300亿美元，甚至已经超越2003年的日美贸易规模。

不过，必须注意的是，中日之间有不同的统计方法。

日本的对华贸易统计不把香港划为中国范畴之内，虽然香港从日本进口的大部分产品后来又转口到中国大陆。从日本发表的统计数字看来，中日贸易从1988年开始便一直是"中国出超"。1月4日的《每日新闻》社论就说，根据2002年的日本贸易统计，在日中贸易中，日方背负210亿美元的赤字。其实，如果把香港的数字包括在内，日本实际享有21亿美元的贸易盈余。

由于采用不同的统计分类，两国都称自己有贸易赤字。但是，日本对华出口贸易出现强劲增长却是毋庸置疑的事实。中国带动了日本的经济复苏，也左右着日本经济的动向。不少经济学家甚至主张，今后观察日本经济走向时，必须参考中国市场动向。

中国成为日本最大贸易伙伴

根据中国海关的统计，中日双边贸易总额在2003年11月已经超过2002年全年的份额，达到1199亿美元，增长率为30.6%，占中国对外贸易总值的15.8%。其中，中国对日出口532亿5000万美元，比上年同期增长22.1%；从日本进口666亿5000万美元，增幅是38.3%，中方逆差为134亿美元，比上年同期增加了88亿2000万美元。

中国海关统计数字显示，中国2003年全年贸易总额是8512亿1000万美元，其中日中贸易就高达1335亿8000万美元，说明两国贸易取得突飞猛进的发展。中国首次超越美国，成为日本最大的贸易伙伴。日本连续11年来一直是中国最大的贸易伙伴。

过去，日本可以用"中国威胁论"或"中国崩溃论"的目光来看待中国，现在两国经济不仅显示了互补互利的现实，而且还逐步走上"经济共同体"的道路。

《天下事》17-2-2004

摸索中的日本年金制度改革

第九章 神话破灭

日本的公共养老保险制度简称"年金制度"。依据受保对象，可分为"国民年金"、"厚生年金"和"共济年金"三大类。

日本不是采用中央公积金制度，而像公共医疗保险一样，实行的是保险福利制。它的特征是"全民皆保"，而且以"世代相扶"为原则。

在亚洲，日本曾经是社会福利制度最先进，最完备的国家。但随着时间的推移，人口构造的变化，特别是经济情况的急速改变，这个一度颇富盛名的年金制度，目前也陷入了危机边缘。

年金制度所以面临危机：一表现为入不敷出；二为负担过重；三就是制度维持已经处于困难状态。一个明显的证据是，近年有近40%国民年金成员没有定期缴纳保金，尤其是有众多中央和地方政府首长、国会议员也未依法缴纳，使人对政府大力宣传的，所谓"百年稳定"年金制度改革计划，不得不抱持强烈怀疑的态度。

日本的养老保险制度历史悠久，即从战前为军人和公职人员提供养老保险，演变成今天全民皆保，而且是强制性的养老保险制度。它经过多次改革，已经发展成为完整的体系，但与此同时，又越来越显得叠床架屋，繁琐而又杂乱，因此才会产生连政治精英都搞不清楚的混乱状态。

从2000年开始，日本便对其制度进行全面检讨，并进行大规模改革。但是积重难返，不仅制度本身破绽百出，也威胁到年轻一代的经济负担，年老退休者未来能否安享晚年的现实问题。

虽然，日本国会参众两院已经在2004年5月和6月，分别匆促通过所谓《年金制度改革关联法案》，但国民依然对制度本身缺乏信心，也对为政者揭示的所谓改革方向感到迷惑。

三大种类叠床架屋

日本的社会保障福利制度，为何会从亚洲最先进，而沦为破绽百出的制度之一呢？最主要是当初它把制度建立于经济长期高速增长的基础上，经济增长一旦像泡沫般破裂，又十年无法获得复苏，加上人口构造的老化，结果就像河堤处处有缺口，变成现在一发不可收拾的局面。

日本大企业和公职人员，除了日常有公共医疗福利照顾，退休后还能领取一份颇为丰厚的退休金，再加一份终生领取的养老金。后来，官方建立了全民为对象的"国民年金"制度，而且规定从1986年4月开始，所有在日本获得居留权的人，不分国籍，从20岁到60岁都必须加入，日本的社会福利制度从此也就趋于完备。

日本的公共养老保险，又分为"基础保险"（国民年金）和"被用者年金保险"两部分。简单说，是所有人都被强制加入基础保险（国民年金），并在这基础上，还要企业职工加入"厚生年金"，公务员（包括教师）则加入相应的"共济年金"保险。换言之，不仅全民皆保，还获得"两层楼式"双重保障。

缴纳和领取养老保险金也是多层次的。除此之外，国会议员也有他们第二重的"议员年金"。因此也产生所谓"不公平"问题。

由于年金分三类，保险金的缴纳也分三种。如自营业主、自由职业、学生等属一类；企业职员、公务员等第二类；20岁至60岁的被保者配偶属第三类。

制度也规定，有困难的投保者得申请减免；残疾者和接受生活保护者等也可获"法定免除"。

老化使人口结构改变

但是，社会的发展，特别是人口构造的改变，不仅冲击日本的经济结构，也使社会福利保障制度，特别是公共养老保险制度面临崩溃的威胁。

上世纪50年代、60年代，日本的人口结构还比较年轻，因而能实现高速的经济增长。过后，人口老化现象出现，经济高速增长时代也宣告结束。目前，日本的老龄化率已接近20%，相当于每五个日本人中就有一个老年人。

到了2020年，每四个日本人中会有一个65岁以上的老人。到2040年，更增加到三个人中有一个。

所谓"人口老化"，在日本的实际情况是出生率低，而成年人寿命长。人口老化对日本经济可能带来的负面影响：首先是劳动人口的减少，总生产力的下降；其次是社会吸收新知识、新观念和技术创新能力的下降；再有便是国民收入的分配将从生产性，偏重于非生产性开支，比如养老、医疗、老人护理等等，使经济增长速度下降。

经济衰退加重打击

人口老化的实际影响是，从20世纪80年代末开始，日本经济的增长速度不断下滑。到了90年代，依然处于持续低迷的状态，后果包括：

一、养老金征收基础不断弱化。首先，持续经济衰退迫使大批中小型企业破产和倒闭，随着失业人数增加，拖欠或不缴养老保险的人数也激增。

其次，劳动力与总人口比例下降，缴费的基数便不断缩小。再次，年轻人、农民和工商业者对年金的管理尽失信心，使拒缴纳国民年金的人数激增。

二、养老金支出不断扩大。目前日本的人均预期寿命是82岁，到了2050年将提高到88岁。整个人口老化不仅使支出规模不断扩大，而且人口高龄化进一步扩大了护理和医疗的社会支出需求。

养老支出已经占日本社会保障财政支出比例的50%以上，这迫使日本政府采取提高缴纳比例等措施来转嫁财政负担。如果日本的养老保险制度不即时作出改革，到2015年日本养老金帐户将出现严重的收不抵支现象。

三、养老基金运营收益率低。缴纳国民年金累积的基金，由厚生劳动省交由"年金资金运用基金"负责管理，在资本市场上投资运作，用其所获利润支付已经开始领取养老保险金的投保者。但日本自泡沫经济破灭，又连续十年经济萎靡不振，加上通货紧缩，日本绝大部分的基金投资都处于亏损状态，这也就加深了日本养老保险制度的危机。

改革缺乏有效方案

针对养老金制度面临的巨大支付危机，日本政府从去年开始就进行了多项改革，重点号称是"开源"和"节流"。但也有人认为，基本是增加受保人的负担，削减受保人应有的回报。

比如：将按月薪抽取厚生年金的惯例，改变为按年薪抽取，收入因此增加。因为日本企业有半年发一次花红的习惯，花红也就不能因此逃避课"税"。

其次是设立青年学生保险费补交制度，让目前无能力缴交的年轻人可以永远逃避。再有是，延长缴纳和支付养老金的年龄期限，即从60岁延迟到65岁。

日本的执政联盟曾把年金改革当政治王牌大事宣传，而最大反对党民主党，也曾一度要与执政党携手合作，建立改革功勋。不料，朝野政党高层没有缴纳年金的丑闻又被揭发，年金问题反而成了各党政治上的旋回飞镖。

但是，各政党都提不出一个具体而又有效的改革方案，这也是日本人对他们丧失信心的主要原因。

日本国会虽然通过了《国民年金改革关联法案》，国民就是对它缺乏信心。因为，改革法案还只是突出一个点，就是从国民身上"开源节流"。

这里的做法，包括将保金缴交和支付的年限延迟到65岁。又将个人负担的基础年金每月缴交金额，从目前的1万3300日元提升为1万6800日元；企业和个人共同负担的厚生年金，也从目前的13.58%提高到18.3%。

还有一个重大决定，就是日本人今后能获得的厚生或共济年金份额，将不再是59%，而只是50%。

虽然各政党都承诺，政府将承担更高的养老保险份额，即将从目前负担基础养老金的三分之一，提高到二分之一以上。但是，财源如何解决？是将消费税全额投入，还是有其他办法，至今都还没有确实的答案。因此，改革实际上依然还在摸索的阶段。

《天下事》16-6-2004

日本金融界
再掀合并风潮

第九章 神话破灭

日本金融业一再重组,从多数合并成为少数,如今已经形成四大巨无霸,但合并风潮仍未止息。

日本排名第四的日本联合金融控股集团(UFJ)近日宣布,它将与排名第二的三菱东京金融集团(MTFG)合并。但合并将分阶段进行,最终会在2005年10月之前组成"三菱联合金融控股集团"。

两大金融集团如果合并成功,将出现一个总资产高达190万亿日元(约1.7万亿美元),日本第一,也是世界最大的金融霸主。因为,目前世界坐第一把交椅的美国花旗集团(总资产1.3万亿美元)将要让位。但是,世界金融业地图一直在更新,加上日本的金融业重组总是徒具规模,虚有其表而已,将来能否名副其实成为全球巨无霸却还有待观察。

成为世界巨无霸

这轮金融界大合并,外表是三菱东京金融集团与日本联合金融集团在合组更大规模的金融集团,实际上却是一宗强者与弱者的合并。当然,强者会更强,三菱集团乘势再扩张。

依据双方达成的协议,新集团虽然将取名"三菱联合金融控股集团",但三菱东京金融将是存续公司,总部也将设在现三菱东京总部的所在地;下辖三大主力金融机构,分别是三菱东京日联银行、三菱日联信托银行、三菱联合证券公司，全都是以三菱东京为主体，名为联合，实际是三和集团的日联从此完全并入三菱集团。

上一轮金融大合并结束才三年，第二位的三菱东京又再吞并第四位的日联金融，直接起因是后者深陷经营困境，不得不通过合并来谋求生存。这也说明，合并本身不是治疗日本金融业的灵丹妙药，即使日本从此拥有全球规模最大的金融机构，世界也不认为日本经济将会再度称雄。

但日本却乐此不疲，原因是，日本企业还无法进入纯资本主义的经营氛围，像这次合并就是日联金融经营不善，又欺上瞒下，东窗事发后唯有通过合并，将后果敷衍塞责过去。因为这样，监管机关不必负责，公司本身也不必清盘，员工更不会即刻失业。在其他国家，企业合并是竞争的结果，也是业界自我更新的表现，但在日本却经常是救援经营失败，甚至是解决违法或违规企业"后事"的措施。

陷入了经营困境

日联金融集团于2001年4月由三和银行、东海银行和东洋信托银行等金融机构重组而成。截至2004年3月底它的总资产是80多万亿日元。尽管日本经济已经有好转的迹象，其他金融机构也多有转亏为盈的捷报，唯独日联集团还是连年亏损。日联银行2003会计年度的亏损是4088亿日元；不良债权却高达3万5563亿日元，不良债权率是8.40%，与日本金融厅4%不良债权率标准相差甚远；自有资本率只有8.36%，迫近国际清算银行的8%的最低标准。

更严重的是，日联集团的经营状况还在恶化，2004年第二季度的经营亏损便高达915亿日元。与3月底相比，6月底的不良债权率又提高了1.74个百分点，自有资本率则又下降了0.23个百分点。

日联金融领导层曾誓言，要改善集团的资产结构，包括把属下的信托银行业务以3000亿日元，卖断给竞争对手的住友信托银行，但是，即使日联变卖更多资产也无法根本解决其经营困境。因为日联的主要客户，如著名大型连锁超市集团大荣、日本最大公寓发展商大京建设，目前都是遥遥欲坠的公司。

其次，日联集团曾经接受日本金融再生委员会1万5000亿日元的注资，依据金融大臣竹中平藏的"反通货紧缩综合对策"规定，接受注资银行到期不能偿还公共资金，政府就要参与银行的管理经营，等同于有被国有化。

更严重的是，日联集团曾逃避金融当局的定期检查，它不仅拒绝金融厅去年的秋季检查，还隐藏有关客户资料，删除部分调查记录、篡改有关数据等等，甚至根据这些数据提供虚假的客户公司状况报告。金融厅现在已经以刑事罪提控日联旧领导层。

日联集团经此严重打击，除了寻求更大靠山，进行联姻合并之外，已经一筹莫展。日联寻求援助的对象，是总资产超过100万亿日元，经营状态相对稳定，又属于三菱财阀集团的三菱东京金融集团。建立"日本的旗舰银行"，原本是三菱集团的夙愿，现在有人前来投怀送抱，当然是求之不得。

何况，国际金融业竞争激烈，通过合并壮大自己，是达成急速发展的必经之道；加上，日本产业体制发生变化，系列关系趋于解体，金融机构间的跨集团、跨系列合并也不再成为禁忌，而三菱与日联的合并，正可以彻底打破三菱集团与三和集团之间不可逾越的系列界线，在日本财阀发展史上又添一新篇章。

十年停滞带来"变"

三菱集团并购日联金融成功，等同三菱与三和两大旧财阀集团的结合，而这一联姻关系，其波及效应将超出三菱称霸日本金融业的范围。其次，三菱金融主要客户是三菱集团的大企业，而日联则主要服务大阪、名古屋以及东海等地区的中小企业和个人，两相结合正好弥补三菱金融的不足。

但是，日联金融原本承诺将信托金融业务出售给三井住友集团，三菱不能完整接管日联所有业务，特别是银行信托业务，其合并的吸引力将大减。相反，日联撕毁与三井住友的事前协议，言而无信是商界的最大忌讳，会对日本商界全体造成负面效应。现在，三井住友集团已将此事上告法庭，还公开表示愿伸出援手与日联合并，同样可以组成日本最大的金融集团。日本企业一向视合并犹如两家缔结姻缘，不仅是两相情愿，还是受众人祝福的喜事，如今闹成双包，还寻求法庭干预，在标榜和谐的日本社会，这是很罕见的纷争，也是一种社会变化的象征。

日本金融界再掀并购风潮，说明日本还在经济复苏的道路上继续挣扎。但是，超越财阀集团，打破系列关系，这种合并在日本是个崭新的发展；其次，敌对收购在日本原本就绝无仅有，两大集团争夺一个合并对象，甚至动用法庭左右局面，这在日本也是破天荒的事情；再有，企业欺上瞒下，甚至在企业与企业之间也言而无信，这些现象正好说明日本确实在"变"。而变的最大动力就是"十年的停滞"。

《天下事》21-9-2004

日本人感受不到经济增长实惠

日本经济自2002年2月走出长达10年的衰退后,复苏的势头不断,截至2006年11月,通算已持续增长了58个月,超过了战后成长周期持续最长的"伊奘诺景气"。但这不意味着日本经济发展不存在隐忧,一是经济成长缓慢,二是人民感受不到成长的实惠,没有形成"平成景气",也没有人说已进入"平成繁荣"期。

三次景气助长发展

战后日本经济成长过程中,曾出现三次持续的经济繁荣景气期。第一次是1952年12月至1957年6月,有长达31个月的"神武景气"。第二次则是1958年7月至1961年12月,有41个月的"岩户景气"。第三次则是1965年11月到1970年7月,有前后持续57个月的"伊奘诺景气"。伊奘诺是日本神话里开天辟地之祖,是日本神话中天照大神等众神之父。"伊奘诺景气"曾经是日本战后最长的一次经济景气周期,年平均增长率为11.8%,经济规模因此扩大了一倍。

短短不到20年期间,由于三次景气周期,使日本一跃成为世界第二大经济大国,从而创造了举世瞩目的经济高速发展奇迹。过去的经济增长期,总是在经济快速增长之后便转为下降局面。但这次则不同,自2004年下半年经济增长速度加快,此后虽有所放慢,却一直保持增长态势,只是年增长率只有2.4%,远不如"伊奘诺景气"时的平均两位数。

这次经济持续增长有两大原因，一是企业努力消除设备、雇用和债务的"三大过剩"。既严格控制了成本中的员工开支，又应付了经济紧缩与石油等原材料价格普遍上涨的压力。二是受惠于经济全球化，特别是"中国市场"的不断扩大。除此之外，早期日本制造业的外移，形成企业区域分工和利润弥补的三角关系，对日本经济增长有一定贡献。

出口强劲带动投资

过去日本的经济增长，很大程度上仰赖公共开支的灌注，也就是凯恩斯经济理论的应用，特别是公共基础建设的投入。但这次增长的主力则是民间企业，呈现民间主导的"自律性复苏"特征。但国内消费成长缓慢，它未能形成经济增长的主要动力，所幸是出口强劲，不仅日本企业的海外利润直线上升，还带动日本国内设备投资的恢复。近年来，旺盛的出口开始刺激企业再投资，使投资增长率始终保持两位数，投资又促进出口，形成出口和投资的良性循环。

所谓海外市场旺盛，主要是中国市场的扩展。换言之，是中国市场驱动了日本的经济复苏。有人称，这是战后日本经济复苏过程中出现的第三次特需——"中国特需"。

上世纪50年代的韩战，产生了24亿美元的"韩战特需"，给日本带来意想不到的经济繁荣，从而给"神武景气"打下了基础。上世纪60年代，美国扩大越南战争，从1965到69年的五年期间，日本提供的军用物资就高达25亿美元，再度给日本经济带来另一阵繁荣。

统计显示，日本出口贸易最近五年扩张超过30%，其中40%来自日中贸易的扩展。由于是两位数的增长，日中贸易不仅规模已增长一倍，还从2004年起超越日美贸易规模，使中国跃升为日本的第一大贸易对象国。日本对华出口的90%为生产设备、零部件和材料，不仅带动了日本的经济复苏，也直接带动了国内的设备投资扩张。

对日本企业来说，中国的市场规模几乎比日本要大上九倍。更重要的是，日本很多"夕阳产业"，如一般机械、电动机械、钢铁、化工、造船等等，不仅找到了再生的市场，还因此呈现异常繁荣的景象。所有这些表明，中国不仅是日本企业首选的投资场所，而中国特需又延长了日本这一轮的经济景气。

统计显示，2005年日本对华贸易出口中，外国企业所占份额是65.3%；日本对华进口中，外国企业占71.6%。这里的"外国企业"，应该理解为大部分是日本企业。换言之，中日贸易的扩大，利益大部分属于日本企业的囊中物。

民众感受不到景气

日本经历了经济泡沫化的沉重打击，接着便是陷入了增长的"十年停滞"状态，改革与调整在所难免。其中一项显著变化，是中小企业的外移和制造业的普遍在海外设厂。日本企业经过这一变身，加上贸易自由化的浪潮洗礼，开始形成日本企业独特的海外－国内－海外三角贸易结构。即日本通过国内和早年对亚洲四小龙（韩国、台湾、香港和新加坡）投资建立的企业生产的中间产品、材料向中国和亚细安其他国家出口，在中国和亚细安再加工组装成最终产品，再出口到欧美等国家的贸易形态。

根据野村金融研究所的测算，2003年日本与四小龙对中国和亚细安出口的中间产品、材料为1820亿美元，加工组装后再输出到欧美的制成品，其金额便增加到3480亿美元。

这次经济增长周期已持续近五年，而且有继续伸延的态势。这显示，经济复苏的步伐稳健，但它由于过度仰赖出口带动，有受外界经济波动影响的危险。美国和中国的经济动向，就对日本的复苏构成重大影响。日本的国内结构调整，不仅影响经济增长形态，也对未来发展构成不安。由于企业纷纷放弃传统的终身雇用制，改而大量雇用契约工、临时工，甚至是派遣员工等等，这固然有利企业削减成本，提高利润的目标，却因此影响到经济全体的健全增长。

2006年前10个月的统计显示，日本个人消费与上年相比皆为负增长，使今年第二和第三季度的经济增长都不得不往下调。虽然，本周期的个人消费年增长率平均是1.5%，与过去"伊奘诺景气"的11.5%相比，显然有天渊之别。而个人消费占日本经济增长的60%，它对日本经济健全发展的影响可以想象。难怪日本人感受不到经济增长的真实性，更由于他们对经济前景普遍不敢抱任何期望，唯有继续压抑日常消费，使这次经济增长终不能转化为"平成景气"。

《天下事》19-12-2006

第十章 富士山下

日本有349座富士山

富士山在我们印象中是一座典型的、光秃秃的休止火山，形状很工整，线条很单纯，适合任何人作画，特别是从南麓静冈县的东海道望过去，前景是一片绿油油的稻田，远景便是像一顶笠帽的富士山，加上子弹火车在中央呼啸而过，简直就是一幅标准的现代日本明信片宣传画。

江户时代版画家，浮世绘风景画的创始人葛饰北斋（1760~1849），他一生的不朽之作，除了《东海道五十三》，便是《富岳三十六景》。后者46幅画作，主题全是从不同地点、不同角度，把富士山描绘成千姿百态。北斋不仅把富士描绘成日本最美的山，它还随伴浮世绘的风靡世界画坛而名扬四海。

但是，富士山在日本人内心深处，它不仅是最凄美的一座山，还是全国最神圣的一座山。有人曾经称，富士山是日本象征，是日本国的"三种神器"，以FUJI-YAMA（富士山），GEISHA（艺伎），和SUKIYAKI（鸡素烧），向全世界广为宣传。

不过，富士山的日文正确读音应该是FUJI-SAN，但以这种洋泾浜日语来宣传日本三宝，反而让人感到鸡皮疙瘩。

原本是一座活火山

富士山海拔3776公尺，是日本最高的山。由于是一座火山爆发后形成的圆锥形休止火山，有拔地而起的雄伟感，从半山腰到山顶又经常覆盖着纯白的积雪，更添几分俊秀和美感。富士山在1000至3000年前是座活跃的火山,最后一次喷火是在1707年,已经有近300年处于静止状态了。

富士山横跨山梨县和静冈县,山顶建有两座神社和一座气象观察站,每年来这里登山的人络绎不绝。每年7月1日又称为富士开山日,登山不仅仅是一项体育活动,也是一种信仰的表现。

在江户时代(1603-1867),以崇拜富士山为信仰中心的宗教团体"富士讲",曾经盛极一时。因为在日本人心目中,富士山不仅仅是一座山,而且是大自然的象征,人类憧憬的仙境,人生的理想。日本人很重视新年发的第一个梦,如果"初梦"是:一富士、二老鹰、三茄子,表示今年很吉祥,小孩将顺利成长,事业将一帆风顺。

富士与不死同音

日本著名古典小说《竹取物语》,就是以富士山为背景,说一个砍竹老翁,在竹丛中发现一个小女孩,长大后成为非常美丽的佳久矢(Kaku-ya)姬。先后有五个贵公子向她求婚,但都被拒绝,连天皇要娶她也遭婉拒。一个夜晚,佳久矢姬奔上月球,不过她留给天皇长生不老之药。但天皇没有私自服用,还登上富士山顶,将这不死之药燃烧,富士山顶从此便喷烟不绝,富士山也就成了日本人崇拜的灵峰。

诗歌《万叶集》中,也有传颂这一"物语"的长歌。

富士山的名称由来,一说是从不死药的"不死"而来,因为FU-SHI与FU-JI的音接近;另一说是,日本土著阿伊努人称火为"FU-CHI",因此得名。富士的另一个同音词是"不二",同样有不少事物取名"不二",如战前有取名"不二"的香烟,有著名的食品店"不二家"。

由于日本人崇拜富士山,不仅以富士山作素材的文学作品,由古至今不胜枚举,以富士山为题材的绘画、摄影作品,甚至邮票图案也数不胜数。人名、地名、商店和商品名称,带富士的更有无穷的多。人名如著名的相扑手千代富士,地名如富士五湖、富士市、富士村、富士见町,商号和商品如富士银行、富士通、富士软片、富士苹果等等。富士山既然是日本的象征,富士也成了日本的代名词。

乡土富士遍布全国

在一般外国人印象中,世界上不仅只有日本有富士山,而且是日本独一无二的著名山峰。但是,对全国不同地方的日本人来说,他们心中却有不止一座富士山。那些居住在距离富士山比较遥远的人,就像他们心中各有自己的故乡一样,除了中央的富士山,还有地方各自的富士山。

比如,在日本最北的北海道,人们会说,他们家乡也有一座"虾夷富士"(羊蹄山);在东北青森县的人,会说他们的"轻津富士"(岩木山)可以媲美关东的富士;关西京都一带的人,也把著名的比睿山称之为"都富士";甚至远在南部鹿儿岛的人,也把当地的开闻岳称之为"萨摩富士"。日本人几乎把他们心中最美丽、最重要、最故乡的山,或者所有进入眼帘的圆锥形山峰,统统都给它冠上"XX富士"的称号,可见他们对富士山的崇拜程度了。

从东京远眺富士山

也许你不会相信,日本全国竟然有349座山峰被称之为"XX富士",包括全国最高、最真的富士山。日本全国47个县,每个县至少都有一座自己的富士山,多者如冈山县有19座,北海道有18座,因此人们说日本有几百座"富士"。1996年出版的《乡土富士百座名山》就有个具体数字,称日本全国总共有349座富士山。

除了山峰,日本很多地名也跟富士山沾上边。在富士山四周有五个湖泊,就叫富士五湖。很多城镇,也叫富士市或富士町。著名的旅游区箱根,正式名称是富士箱根国立公园。远在东京、静冈、山梨、千叶,甚至爱知,这些周围城市、县区的一些地方,只要能远眺到富士山顶,就有人取名"富士见市"、"富士见町"、"富士见台"、"富士见村"等地名。情况跟富士山遍布全国一样,人们就不怕带富士的地名重复,也不嫌它多。过去日本高楼少,空气清新,这些地方确实是可以遥望到富士山。不过,如今要从东京的文京区富士见町,或新宿新都厅顶楼了望台望见富士山,一年只剩三几天而已了。

副刊《别有天地》2-6-1998

来到川越市
· 走进古东京

川越距离东京约一小时电车车程，实际地理位置是在东京西北30公里处。有三条铁路直通东京市中心，实际上是现在东京的一个卫星镇，但过去则是东京的北大门。一小时车程，对东京一般上班族来说是理想的居住地点，房租也较东京便宜，又没有远离东京的感觉，因此居民人数年年都在增加，目前人口已经膨胀到接近32万人，事实上已经成了大东京的一部分。

古代军事战略要地

川越虽然是东京一个卫星镇，行政上却不属于大东京管辖范围，而是邻县埼玉最大的一个城市。由于川越地处江户城西北，南北交通要道之上，遂成为历史上的一个军事战略要地。自德川家康1590年进驻江户，1603年在江户建立江户幕府，为了巩固江户政权，德川家族总派亲信率领重兵驻扎该地，担负起防卫江户北大门的重任。因此，川越也就跟随江户的成长而发展成为一个城下町。

笔者两次走访川越，一次有任务在身，就是在日本一次大选期间，随外国记者团到川越去采访当时海部俊树首相替埼玉县自民党作竞选宣传活动的实况；另一次是告老还乡之后，到日本旧地重游，特地到川越旧城区去体验一下小江户的风韵。川越既是一个新兴的住宅区，又是一个历史保留区，新旧并存确实给人深刻印象。

第十章 富士山下

传统库房完整保留

　　古色古香的川越旧城区,算保留得非常完整。区内有一条500米长的大街,除了川越的地标:那座高耸的四方形钟楼外,其他尽是日本独特的库房式建筑。还有一座仿欧西式建筑,于1918年落成,至今还当银行使用的建筑物。给人印象最深刻的历史证物,还是为数不少的、外表显现灰黑重厚的两层楼砖瓦民房。这种日本传统库房式建筑,在东京和其他大城市可说都已绝迹,而在这里不仅保留良好,商人还经营仿古生意,从而保留了这条历史街道的风貌。大街小巷,尽是售卖传统糕点的店铺,展示仿古纪念品的商店,也有售卖陶瓷、蓝染,以及各种民艺品的商店,不仅可让游客目睹当时小江户的盛况,还让游客可以带一些历史实物回去品尝或摆设,增添漫步小江户川越的情趣。

　　根据记载,早期川越房屋原本都是木质建筑,1893年一场大火几乎把川越房屋三分之一都化为灰烬之后,才改建成现存的砖瓦建筑。当时的大火,据说从西北的养寿院寺庙烧起,赶上刮大风,即刻化为一片火海,所有木质建筑顿时便被夷为平地。火灾过后,人们吸取了教训,开始改用砖瓦之类的耐火建材,墙壁涂上黑或灰色,屋顶盖上波形瓦的库房建筑,便成了川越建筑的特征。即使百多年过去了,还保留着一批完整的库房式建筑群,既吸引游客远道前来发思古之幽情,也保留了历史让后人回味,这便是小江户川越的历史贡献。

浓郁古风与乡土味

漫步在这个历史街道上，发现店铺所卖传统日本糕点，很多是就地取材，比如使用当地生产的小麦，再以手工制成各种传统糕点，便是一例。制糖果工匠，还在现场表演手工制作麦芽糖"玉力制果"的特技。糖浆被拉成条状，再用特制的刀，熟练地切成小长块，切面即刻显现奇妙的花纹，这是它的特点。麦芽糖含在口中，除了有小麦的芳香，还有乡土的味道，是一般现代糖果没有的风味。

川越还有一种"土产"吸引游客，那就是"山芋糕点"。所谓"山芋"，其实是一般的番薯。不过川越出产，取名"红赤"的番薯，体形丰满色泽红彤，商家把它用绳高挂门口，便已产生令人垂涎的效果，再制成精致的糕点，更加令人无法抗拒。日本人都有偷偷摸摸吃"烧芋"的记忆，川越番薯不论是炸成金黄的圆饼，或是用大瓮直接烘烤成"烧芋"，既香甜又刺激人们的回忆，因此它也是最佳的川越"土产"（手信）。

日本近年重视发展乡土文化，不单保护古迹，重视传统文物，还结合一定程度的"一村一品"运动，把日本的"乡镇商业"也带动起来，而川越在这方面也是成功的。

副刊《别有天地》 3-9-1998

从称呼看中日文化差异

日本的八卦周刊，最近又常出现"爱人问题"大字标题的报道。最显著的例子是，《文春周刊》一再详尽报道，日本政坛现代红人，屡次被舆论调查推崇为，当前最理想的日本首相人选的民主党党魁菅直人，在高级旅店与年轻貌美的女电视广播员私会的揭秘新闻。菅直人与女广播员户野本友子都是有家室之人，而且又都是社会的闻人，他们也演出《失乐园》的流行剧，当然轰动日本。这分明是"不伦之恋"，为何日本报刊却说是"爱人问题"呢？

最大差别之处

现代中国人称自己的合法夫妻为"爱人"，日本人则称非法的伴侣为"爱人"，这是中日文化最大的差别之处。爱人者，应该是"心爱之人"或"所爱之人"的简称，但是在中国和日本却是南辕北辙的称呼，似乎是各走极端。其实，从重感情轻礼俗的角度来看，两者实际上是殊途同归，同样是在宣扬爱情至上主义呢！

"爱人"的中文原本定义，是"指恋爱中男女的一方"，也就是恋爱对象。中国的传统字典《辞渊》的解释，便是"男女相爱时互称所爱的人"。但是在中国破旧立新的毛泽东时代，也许要强调爱情永不褪色，结婚注册前的对象是"爱人"，婚礼举行过后的夫妻依然是"爱人"，甚至庆祝银婚金婚时还是互称对方为"爱人"，真是天长地久，爱情永固。

然而，这类毛时代的新鲜事，在中国大陆以外的华人世界，却行不通，也不受感染。即使在改革开放后的中国，赶潮流的年轻人，已经感觉这称呼有些老土，有极浓的极左味道，不符合世界的潮流，也不符合法制化的概念，因此又出现了回潮的现象，流行复古，干脆叫对方老公或老婆了。当然，上年纪的中国人也总觉得，老夫老妻还叫对方为"爱人"，越听越别扭，因此也参加了回返传统的行列。

"爱人"变成"姘头"？

中国人把白头偕老的夫妻称为"爱人"，碰上汉字文化圈的日本人，误会就更大，笑话也就更多。因为，"爱人"这个辞，在日本意思是"老相好"、"姘头"、"情夫"、"情妇"。也许确实是你"心爱的人"，可惜不是你合法的伴侣。因此，在社交场所，在公开的场合，中国人可以落落大方向对方介绍自己身旁的伴侣："这是我的爱人"。日本人则绝对不敢公然说，自己身旁的女友或男士，是自己的"爱人"。虽然婚外情在日本，不是什么大逆不道，伤风败俗的大事，从古到今，人们甚至把"不伦之恋"当人间佳话，文学作品中最浪漫，最永不褪色的题材，《失乐园》中寻觅的天堂。但是要日本人公然带"爱人"上街，却谁都没有这个胆量。未来的首相菅直人，更不愿就"爱人问题"毁了自己的政治前途。

这就是同样的汉字，同样的称呼，在中日两国却经常出现南辕北辙的释义，甚至引起误会的例子。"大丈夫"这个词，又是另一个现实的例子。日本人小声说"大丈夫"，跟中国人拍胸口大声说"大丈夫"，完全是两回事。一个日本女人被汽车撞倒，或被人重重推了一把，当事人或旁观者都会心焦地询问那女人："大丈夫？"这不是很滑稽吗？如果她回答说："大丈夫！"绝对不是要冒充男人在逞强，而是跟中国人习惯说"问题不大"的口头禅一样，意思就是说："没关系啦"。

原来，在日本写"大丈夫"三个汉字，可念成 daijobu，也可念成 daijofu，前者的意思是安全、牢固、没问题；后者跟中文一样，意思是男子汉大丈夫。

因此，千万不要望文生义，不然误会可能不小。

"学长"是指"大学校长"

我们一般称学校中年纪比自己大,班级比自己高的同学,或尊称较年长的校友为学长。日本则称一般大学校长为"学长"。

中国人重视年龄的长幼。日本人则重视地位的高低,而且把年资看得比学历还重要,即使对方年纪比自己小,先入行就是自己的前辈。日本人称对方一声"先辈"(前辈),效果远比中国人称呼对方为学长要强上百倍。因为,"先辈"不仅年资比自己高,还有照顾后辈不可推卸的义务,就像尊称武馆的师兄师姐一样,可以期待对方会讲义气,重感情,给后辈特别的照顾。而前辈后辈关系,就是日本社会人际关系的主要特征。换言之,华人社会的"学长"没有什么特殊地位,日本人社会的"先辈"却是个很风光的称呼。

不过,日本大学的校长不称"校长"而称"学长",理由很简单,因为他是"大学之长",而非"学校之长",简称便成了"学长"。原因是日本人不像中国人,把所有的教育机关,从幼儿园、小学、中学、高中、大学、专门学府,一律都称之为"学校"。

按照日本人的细腻划分,幼儿园是非正规学校,"园长"便成为幼儿园校长的称号。只有小学、中学和高中,才是正规学校,因此,它们的一校之长全都称为"校长"。大学是研究机关,是大专学府,已经不再是一般的学校,而是"大学之长",所以称为"学长"。

一般大学与综合大学又有区别,既然前者的校长称"学长",后者则称之为"总长"了。大学难抽象分其地位高低,却可从其规模再细分是"学长"还是"总长"。

细致区分反易混淆

从华人的角度来看,日本的汉字是从中国传过去的,汉字名词的意义应该跟中国一样。其实是适得其反。中国很多现代化名词,特别是教育名词,比如"学府"、"学会"、"学历"、"学位"、"演出"、"演习"、"演说"、"演奏"等现代中文名词,还是日本人创造出来的。上海辞书出版社出版的《汉语外来词词典》(1984年初版),就注明这些词原本来自日本。不过,中国人的包容性和日本人的民族细致性格,在这里也显现无遗。

由于中国人习惯把所有的学习场所统称为学校，一校之长，当然便一律称之为"校长"，结果省却了很多区分的麻烦。日本人硬要严格划分等级，结果便必须区分"学校"和"大学"，还得把"校长"和"学长"分门别类。因此不称后者为"学长"，便有故意贬低对方身分之嫌了。

　　日本所有的大学，像著名的国立东京大学、京都大学，私立的早稻田大学、法政大学等等，由于开设的学科文理工商全都具备，可说包罗万象，是个名副其实的综合大学（日文称"总合大学"），它的校长便有资格自称为"总长"。其他学科较少、较专门性的大学，如在经济与经营学科方面几乎坐第一把交椅的一桥大学，教外语和训练外交官的东京和大阪外国语大学，它的校长就只能称"学长"。唯一的例外是，著名的庆应大学，由于它的全名是"庆应义塾大学"，它的校长也就称为"塾长"。日本人重礼仪，重等级，不入乡随俗，跟日本人打交道确实会寸步难行。

　　　　　　　　　　　　　　　　副刊《别有天地》12–12–1998

日本人使筷子变小巧玲珑

中国人的筷子长，日本人的筷子短。长的筷子头粗，短的筷子头尖，处处都形成强烈的对比。其实，筷子原本是中国人的发明，就像中国人先创造了汉字，然后被近邻国家借去使用那样，虽然在东亚形成"汉字文化圈"和"筷子文化圈"，但是汉字和筷子却在中国之外，经历了一个被改造的过程。

有人说，从筷子的长和短，具体反映出大陆人不拘小节，粗枝大叶的豪放性格，而日本人的谨慎细致，也反映出岛国民族的小家子气，只会在细节上打主意。也有人说，这就是日本人的改造习性，总要把别人大的东西变成小的，粗的变成细的，甚至是"缩龙成寸"的民族性格。这是事实，任何事物到了日本人手上，总要经过被改头换面的"三部曲"，就是先模仿，后改造，再创新的过程。汉字是如此，筷子是这样，很多中国传统事物，像算盘、毛笔、豆腐、面条……都曾经过这样被改造的过程。

受中国文化影响

筷子是在什么时候、经过什么途径传到日本去的呢？至今没有确实的文献可查。中国文献《三国志／魏志》中有说，倭人用手吃饭。说明中国筷子传去之前，日本确实还没有类似筷子的食具，甚至连原始的筷子也还没有。而奈良时代，日本出现的餐桌文化，特别是在不同场合使用不同素质的筷子，如此严格的社交礼仪，肯定是受到中国文化强烈影响的结果。

中国人长而粗的筷子，到了日本所以变得又短又尖，主要原因是，日本人用餐，一般都把饭菜汤碗全放在一个托盘上，不然也是吃各人面前的一份，筷子再短也无妨。中国人则围着一个大桌子吃饭，又是用大盘子盛菜，筷子不够长不够粗，鞭长莫及的话，便会挟不到肉，吃不到菜。

日本人没有围着大圆桌吃饭的习惯，日本的"中华料理"店，大圆桌上加个能转动的小台面，据说也是日本人的小发明。不过，日本的高级"中华料理"店，还是流行分菜给客人吃，甚至世界华人高级餐饮业也正朝这个方向进行改革。虽然传统中国人觉得，这样吃中餐很别扭，简直丝毫没有吃中国菜的味道，其他民族却认为这样才符合卫生原则，才能让"中华料理"真正在世界餐饮业坐上第一把交椅。

日本筷子短而尖

日本筷子短而尖，一是他们常吃鱼介；二是他们吃鱼总是用筷子剥开鱼肉来吃，不像中国人能连肉带刺，放进口中用舌头来剔，用气来吸。日本人不吃鱼头，也许不是他们不喜欢，而是不像中国人具有吃鱼头的特别耐性和功夫。因此，除了日本人分菜吃，用不上长筷子在桌面上施展功夫之外，鱼是日本人的主食，更是促使好改造的日本人，非把又粗又长的筷子改造成尖而短不可，变得小巧玲珑的主要原因。

中国人与日本人的筷子，除了外形大小不同，连摆放筷子的规矩也不一样。中国人将筷子竖摆，就是跟主人成个九十度，那是大桌子吃饭，必须随时都作好攻城掠地的准备，而所有的挟菜动作又都是呈现直线型所使然。由于日本人吃饭，跟西洋人进餐一样，连在家里也是人各一份，势力范围已经确立清楚，不需要靠长的筷子，眼明手快，娴熟技术而取胜。加上，饭菜都在自己鼻子尖下，严格来说，只有横向动作，因此筷子横摆，便是吃日本餐的最佳战略部署。

筷子禁忌也不同

筷子的禁忌中日也不尽相同。中国人忌用长短不一的筷子，因为这预兆主人或宾客中，有对夫妇会有人早逝；使用一双颜色不同的筷子，则是家庭不和之兆。日本人则忌用筷子插着芋头或番薯等送进口来吃，也不能用筷子拖拉盘碟。

第十章 富士山下

在家吃饭,把筷子折断是凶祸之兆;郊游野餐又非将筷子折断扔掉不可,不然,筷子一旦被妖魔捡到,筷子主人的灵魂是会被摄走的。

如今,又短又尖的日本筷子已经被"筷子文化圈"越来越多人普遍使用,以"卫生筷子"的姿态风行华人世界,甚至侵入筷子的本家中国去了。短筷子取代长筷子,或者说,长短筷子平分世界的趋势,似乎又引起一些人的不安。

卫生筷子即用即丢,确实符合卫生原则,不过却有人担忧,会造成天然资源的浪费,特别是从减少砍伐树木,保护自然环境的立场来看,提倡使用卫生筷子,显然又跟现代环保概念背道而驰。其实,制造卫生筷子使用的木材,大部分是素质较差的角材,实际消耗数量也是很有限,情况的严重并不能与制纸工业的消耗木材相提并论。何况一个民族的饮食卫生观念不改,是很难期待它能迅速进步的。

副刊《别有天地》29-12-1998

外国人到日本当"就学生"

日本近年创造了一个新词"就学生"。近3万名年轻外国人,绝大部分是中国人,目前在日本当"就学生"。

"就学生"有别于留学生。而"留学生"这个词,原本也是日本人创造的。现在,中日两国、整个汉字文化圈,都已经习以为常,也理所当然地,把所有到外国,或从国外前来学习的大学学生、研究生,统称之为"留学生"。"就学生"则是80年代后期,日本才产生的新鲜名词。

什么是"就学生"?

到底,什么是"就学生"?

凡是到日本大学留学的人,一必须通过日文资格考试,二必须通过大学入学考试。那些尚未参加入学考试,目前仍在日语专门学校,半工半读的外国学生,日本政府给他们取了个新名称,就叫他们"就学生"。

留学生与就学生的主要身分差别:一、前者是正规大学的外国学生,后者则是非正规的、在日语专门学校就学的外国学生;二、前者获法务省入国管理局(移民厅)颁发一年的留学签证,后者只获半年的临时居留签证。

"就学生"这个词,严格说,还是个法律用语,日本法务省官僚发明的新词。

汉字原本有很强的构词力。既然出国留学的人称为"留学生",到日语专门学校就学的人,同理也可以称为"就学生"。日本人对汉字的认识和应用,便是采用这个实用逻辑,因此他们曾经创造了不少这类新词。不过,中国人却会说,到学校就读的人,汉语和日语不是一贯都统称他们为"学生"的吗?何必又再细分是什么学生呢?明显,这是日本人凡事都分等级,学生也不例外的证明。

凡事都分等级

日文确实也有"学生"这个词,而且是个天天使用的常用词。

不过,依据日本人细致分类,凡事分等级的逻辑,他们就不像中国人,把所有在学校中,从小学、中学、大学中就读的学徒,通通都称之为"学生"。日本人固然也泛指所有在学校中就读的人为"学生",不过从小学到高中,日本又称他们为"生徒"。只有大学到博士研究班生,才一律称为"学生"。换言之,"学生"是统称,又可以根据年龄,分别称"生徒"或"学生"。

过去,日本还称学生为"学徒"。中国人是把拜师学艺,学习非学术性工艺的年轻人,才称之为"学徒";日本人则称所有在学校求学的学子为"学徒"。比如,日本战时的"学徒兵",不是指军队中的新兵,而是指在学中被征召入伍充当炮灰的学生军。其实,在日文中有很多词,虽然同样是汉字,跟中国人原本使用和理解,却有不小的分歧。

很多华人还不愿意承认,说"留学生"这个词是日本人所创造。因为,汉字是中国人发明的,日本人还是到中国留学,把中国的汉字、隋唐的文化,搬回日本去之后,才成为一个文明国家的。怎么能说,日本是这类汉字现代用语的发明者呢?历史的恩怨不说,"留学生"这个词确实是日本人的杰作,而且是他们继承中华文明之后,给"汉字文化"作出的反馈贡献。

吸取中华文明

中国是世界文明主要的发源地。与古代辉煌的中华文明相比,隋唐时的日本,还是个未开化的民族。当时日本还没有自己的文字,朝廷也还未建立起整套的政治典章制度。日本派遣杰出的官员、学者、僧人,组成庞大的代表团,名义上是到中国去朝贡,实质上是去考察、学习,并把当时世界最高文明的中华文化吸收带回日本。这就是中日文化交流史上著名的"遣隋使/遣唐使",也是为日本历史上第一次的"维新",即"大化改新"铺平道路,彻底改变日本落后面貌的重大历史取向。

日本从7世纪初到9世纪末，前后任命了5批"遣隋使"、16批"遣唐使"，前往中国取经。当时，日本把中国看成是知识的宝库，智慧的源泉，特别是盛唐的中国，社会发达，文化辉煌。然而，遣唐使到底是外交使节，不能专心，也不能长期留在中国学习，为此，便派遣留学生、留学僧随团前往中国。这批从事学问、技术、艺能学习和研究的成员，就称为"留学生"；专门从事佛教学习和研究的，就称为"留学僧"。"留学生"这个词，就这样被中日两国同等接纳，一直沿用至今的汉字词。

留学生计划副产物

日本通过明治维新而现代化成功，这次轮到中国人东渡扶桑去取经。中国人心目中的"留学"，意义也从接受外国人前来留学，改变到海外去学习。因此，留学与留洋，后来几乎成了同义词。

战后日本经济重建成功，自认已经是个"经济大国"，又开始要跻身世界大国之林。尤其，野心勃勃的中曾根康弘首相上台，打出日本也应该像法国那样，拥有"留学生10万人"的旗号。1983年中曾根宣布这个计划时，日本全国只有1万名外国留学生，按计划到公元2000年要扩大为10万人，短期内要增加10倍，显示中曾根好大喜功，也暴露日本的留学生政策，曾经如何粗制滥造。

到现在，留学生的总人数只增加到5万余人，一是日本的"吸引力"没有增大，二是日本政府有心无策，结果使拥有"留学生10万人"的梦破灭了。由于日本政府的无策，现有的外国留学生已经对现状不满，甚至出现怨声载道，加上日本神话逐个破灭，留学日本的留学生人数也开始在下降，今后还会有更多人远离日本。中曾根的"留学生10万人"计划，事实上已经破产。

廉价劳工的代名词

"就学生"问题却是日本"留学生10万人"计划的副产品。

日本的大学当然是用日文教学。但日文在当今世界还不是个强势语言，懂日文而到日本留学的人是凤毛麟角，绝大部分学生还是抵达日本之后，才开始"一所悬命"（拼命）念日文的，因此，日语专门学校便成为不可或缺的招收留学生的基础设施。

日本政府提出留学生倍增计划，日本的文化商人最为雀跃，头脑灵敏的商人，把开设专供外国学生入学的日语学校当"特需"看待，日本国内这类学校在短短几年间曾增加到500余间。这类特殊学校不仅像雨后春笋出现，还派人到中国和东南亚等地区大规模招生，结果便产生滥竽充数的留学生激增，其次便是借口留学，实际上目的仅是到日本打工的外国人数目也激增。

外国人报了名，缴了费，便能取得日文专门学校的入学许可，接着便能申请办理入国签证。以后在日本，可以一边点名上课，一边打工赚钱。当然，也有一心一意，在学好日文之后，准备投考正规大学的青年，但是更多的"就学生"始终是日本商人心目中的廉价劳工，日本社会歧视的非法居留、非法"就劳"（就业）外国人的代名词。

把旁听生当研究生

留学生10万人计划还有个副产物，是外国人"研究生"的突增。日本的"研究生"，跟外国，特别是中国人传统观念中的"研究生"，也有天渊之别。

日本大学大都设有研究院，称为"大学院"，它的学生即使是就读博士班，也还是一名"学生"。因此，正式称呼是"大学院学生"，而没有人自称是"博士研究生"。

外国人未经过正规的入学考试，不论是大学本科，还是研究院硕士、博士课程，都只能当"研究生"，也就是旁听生暂时寄读。旁听生上课不用点名，学期结束也不必参加考试，因此也没有任何文凭或学位。不过，这类学生在日本大学的身分，确确实实称为"研究生"或"听讲生"。

日本大学的"研究生"近年为何突增？拥有大学文凭，涌到日本报读"大学院"（研究院）的外国学生，特别是中国学生大增是主要原因。念研究院也要通过日文资格鉴定和入学考试两关，不然便要以"研究生"（旁听生）身分暂时取得居留签证，或等待第二学年再参加入学考试。

来自汉字文化圈的人，似乎对"研究生"这个称呼特别好感，情有独钟，还大派自己为某某大学"研究生"的名片。外国人申请在日本大学当"研究生"，原本是不得已的权宜之计，就是找个护身符。但是，有了它既方便在日本居留，又不觉得身分太尴尬，也就乐得一石二鸟，将错就错了。即使有人误把他们当某某大学研究院或研究所的"研究员"，也不是当事人主动招摇撞骗，欺世盗名的结果，而是别人一厢情愿，把日文当中文来理解，而作出错误的判断。或者说，这充其量只是个美丽的误会、文化的差异而已。

副刊《别有天地》5-2-1999

拇指文化崛起

这是哑巴都可以用电话的时代，也是电话升级为手机的时代。

在日本街头，随时可以看见这种景象：年轻人边走路边全神贯注其手机，还不断用大拇指按键盘，但很少自言自语。日本称这类人为"拇指族"，是新新人类的一种。

日本人称手机为"携带"，是"携带电话"的简称，也就是"随身电话"或"流动电话"。日式简称，也是另类文化，不知其原文或全名，经常会摸不着头脑，"携带"就是一例。

中文把行动电话，称之为"手机"，是翻译的一绝。日本电电公社解体之后，先后成立了"移动"（IDo）和"多科莫"（DoCoMo）等多家公司，其实也就是电话过渡到手机的过程。"移动"顾名思义，是可移动的电话；"多科莫"则是日文"到处可"的意思。"多科莫"现在已经成了日本手机的代名词。

时尚潮流的象征

手机成了日本人的最爱。2001年3月为止的统计，日本有6528万人拥有手机，相当于全人口的46.85%，年轻人的拥有率更高达90%，真是到了人手一机的地步。显然，这是随身听之后，日本最热的消费现象。

小巧轻便，机能还可以媲美掌上电脑，这是手机流行的最主要原因。年轻人趋之若鹜，更因为它是时尚潮流象征。日本流行文化、消费文化，大都是年轻人发明、领导、推动的，特别是豆蔻年华的高初中女生，更是潮流的缔造者，追随者。原宿文化是如此，漫画、金发、松跤鞋的流行，全都是这样，手机也不例外。

手机出现的初期，它依然还是人们一般的对话工具。时间是金钱，情报是先机，因此商人、执行人员，都视它为方便的联络工具。但是，新人类却把它当交友、娱乐，甚至是治疗孤独的工具。现在，年轻人已经到达手上不能片刻没有它的上瘾状态。日本环境的特殊，又加速了手机的多用途发展。

日本人重礼仪，外表不爱管闲事，却对周遭环境异常敏感，任何额外声响动作，都被视为是破坏氛围的举动，虽然他们都不凝视他人，却关注别人的举手投足，虽然都像在闭目养神，却都在凝神聆听任何声响，在客厅或车厢内对着电话高谈阔论，固然被认为是没有教养的行为；"自言自语"，同样被认为是难以忍受的骚扰。行动电话出现的同时，东京等大城市的电铁车辆，车厢内便出现劝阻乘客勿使用手机的告示。它说，"请勿使用手机，避免骚扰旁人"。

打发时间消除寂寞

新人类虽然不很介意别人的白眼，经常会有越轨行为，但是无声电话的诞生，却缓和了新旧人类的紧张关系。新型手机不仅可以通话，还有传递文字的功能，收发电邮的方便，新人类能够在"严肃的"场所，包括在学校课室埋头打手机，既不必破坏环境安宁，又不必严守清规戒律，手机当然成了年轻人的新宠。

现代日本学生，在教室内悄悄打手机，已经算是好学生了。不捣蛋，不起哄，老师更要对他们感恩。思春期的男女，怕人耻笑自己没有朋友没有恋爱对象，而频繁使用手机更成了他或她广受欢迎的象征。学生上课时也利用手机，打几个字问候对方，开一个小玩笑，甚至传一封情书，既可打发时间，也可消除孤独。

上年纪的人，就是不能理解这种现象。去年成人节，有关当局邀请市长等大人物上台演讲，年轻人把它当普通毕业典礼一样，照样在台下大玩手机，市长一时气愤拂袖而去，结果成了报章花边新闻。

对拇指要刮目相看

年轻人使用手机，其实已经不只是利用它来通话，而是享受一种史无前例的、以手代口，无声胜有声的特殊情趣。由于他们是玩电玩成长的世代，不发一言按动键盘，已经获得最大乐趣，于是"拇指族"诞生了。

手机设计人猛然发现，年轻人喜爱的手机，是能使手掌舒适，拇指活动自由的设计。人类学者也发现，过去被人认为又粗又短，缺乏创造力的拇指，在这个电玩时代，竟然变得粗壮有力，反应神速的多面手。如果说，是拇指开创了电玩时代，手机也开拓了崭新的拇指文化。发明用十根指头打键盘的西方人，不得不承认，过去他们是低估了拇指的能耐。

拇指文化出现之后，人们开始改变过去对拇指的偏见。比如，英文的 thumb，原本是说它"笨拙"，因此有 all thumbs（笨手笨脚）这个词，现在却不得不对它刮目相看了，因为它协助人们可以一手拿手机，同时又只利用其中一根拇指，就可以拨号码、发信息。由于拇指的快而有力，使他按键盘的速度几乎可媲美用口说话。

手机现在有三种功能，可通话、可传讯、还可摄影。

有专家作过试验，日本的新人类，用拇指10分钟便可轻易输入350次键，这正是日本文字键盘输入三级考试的合格标准。由于拇指文化的崛起，就有很多年轻人，情愿舍弃嘴巴，而普遍用拇指来"讲"电话了。奇怪的是，亚洲人已普遍进化到"拇指讲电话"的时代，欧美人却还停留在嘴巴讲电话的阶段。

早报副刊《缤纷》26-7-2001

第十一章 冲绳去来

冲绳位置图

古琉球·今冲绳 1

不沉航母·基地之岛

冲绳至今不仅是日本最穷的县，也是遭到最长久遗弃的县。日本政府"50年不变"让冲绳沦为美国的基地之岛，使冲绳分辨不出是"基地中的冲绳，还是冲绳中的基地"。

冲绳，古代曾经是"守礼之邦"、不武装的国家，现代则是以军事基地闻名世界的地方。了解冲绳，访问过冲绳的人并不太多。本土日本人也一直把它当化外之地，是个充满悲情的地方。直到近年，日本旅行社掀起一股旅游冲绳热，它才不再是日本人的偏远西域。

以地理位置而论，冲绳跟台湾是毗邻，远比日本本土更贴近东南亚。从台北乘飞机20分钟可抵达冲绳首府那霸，从东京则需要1小时又20分钟。不过，东南亚没有班机直飞冲绳，因此对东南亚人来说，冲绳是个距离近而不易前往的地方。虽然说，本地已经开始有包机旅游服务，也仅是个开端。从东京或大阪飞冲绳，至今还是最方便的旅行路线。

我这次到冲绳去，就是把东京当起点和终点。虽然说，这样有违地理常规，好处是可以在东京计划行程、选择旅行社，而且可以跟一般日本人同住、同吃、同行，可以冷眼旁观，体验日本人旅游冲绳的感情，享受日本国内高素质的旅游服务。

属于"琉球文化圈"

导游比嘉小姐讲一口标准的东京话,来自大阪的领队却不会讲琉球话,虽然她已经在冲绳住上好多年了。比嘉小姐说,她下班后跟家人朋友,日常会话还是讲自己的琉球话。冲绳有自己的历史,有自己的语言,连风俗、习惯、信仰、思想,都跟日本本土有很大差别。虽说,琉球经历日本的入侵、"琉球王国"的灭亡,又被废藩置县的政策同化,"琉球文化圈"的特质依然到处显现,说明它仍有强韧的生命力。

日本人说,琉球语是日本的方言、日语的一个主要构成部分。但是,琉球人则不认为,他们的语言与日语有什么直接关联。换言之,不论你的琉球语造诣有多深,都无助于你学好日语,讲好日语。同样的情况是,冲绳以外的日本人,根本就不会听、不会讲琉球语。事实上,所谓日本"本土方言"与"琉球方言",是构成日本语的两大方言群的论法,本身就说明,日本语与琉球语,原本就是并驾齐驱的语言,只是一个是被亡国的语言,当然沦为日本方言了。比嘉小姐举例说,一个不懂琉球语的本土日本人,单凭语音腔调,尤其是听广播,常会误会琉球语是中国某地方的方言。

大和人与琉球人

冲绳人很少称自己是"日本人",不过却称本土的日本人为"Yamato",就是"大和人",说明他们在文化认知上依然有距离,感情有隔阂。东京一位"大和"朋友曾坦言相告,他个人关心冲绳,也为冲绳做了不少事情,认识不少冲绳朋友,就是至今还不被他们接纳为"仲间"(同志)。他说,日本武力吞并琉球,已经是个不能改变的历史。但是,日本在二次大战末期,让冲绳沦为日本国内唯一的战场,当时有20万人丧生,其中16万就是琉球人,而且有一半是奉日本军方命令,被迫集体跳崖自尽牺牲的冲绳平民百姓。冲绳很多人至今还对"大和"怨气未消,日本政府又"50年不变"让冲绳沦为美国的基地之岛,使冲绳分辨不出是"基地中的冲绳,还是冲绳中的基地"。这当然不能期待冲绳人心中信任日本了。

导游比嘉小姐说,日本本土的人来冲绳,为的是冲绳有:一、晴朗的天空;二、碧蓝的大海;三、战争的遗迹。冲绳虽然有可媲美夏威夷或关岛的海滩,却多了令人窒息的军事基地，多少又削减了日本本土人来冲绳旅游的兴致。当然，也有一批人是专为体验基地之岛而来的。冲绳有所谓"基地留学"这回事，尤其是一些年轻少女，说明一种米可以养百种人。而日本人旅游冲绳，似乎有到殖民地一游的优越感，不过却又总分不清，到底这是日本还是美国的殖民地？

希望知道更多

日本本土出发的冲绳旅行团，一般是三天两夜。我渴望了解冲绳的一切，因此选择了四天三晚，集中冲绳本岛，以"希望知道得更多"取名的行程。旅程从首府那霸市开始，乘车北上又南下，浏览自然风景，参观古迹名胜，还有文化表演，多少可以体会琉球人是怎么生活的，包括看看安室奈美惠的家乡小镇。其中，隔着篱笆观看庞然大物的美国空军基地、打理得像度假村的美军宿舍，别有一番滋味，也有万千的感触。

导游比嘉小姐像是作报告，又像是向养尊处优惯的本土"大和人"，讲述他们的抱怨：冲绳回归日本已经27个年头，但是，冲绳全县还有11%的土地，或者冲绳本岛20%土地，依然被美国当军事基地或设施而占据。

现在贯通南北的第58号公路，部分道路就建设在基地范围之内，与其说美国慷慨让公路穿过其基地，毋宁说基地已经淹没了冲绳，没有公路能避开基地而建了。第58号公路两旁，很多地方即使看上去是树丛、是山坡、是草地，下面可能是储油库，也可能是弹药库，如此绿化不单要掩敌人耳目，也不要让冲绳人了解基地真相。运输弹药、原油的车辆，可通过地下隧道穿越公路。这条绕着嘉手纳基地而建的公路，又名"山中道路"，据说是纪念拨款建路的中央政治家，前冲绳开发厅长官（部长）山中贞则。这似乎提醒冲绳人，建这条公路不易，因为头顶有两个主人。

导游请大家仰看公路上一座"保护森严"的行人天桥。它通向空军基地与美军宿舍之间。天桥有非常细密的铁丝网保护，不是怕行走在天桥上的美军眷属会遭不测，而是美军少年经常把天桥当游乐场，往公路掷石块，险象环生，威胁驾车人安全，而不得不用铁丝网把它密封起来。冲绳少女遭美军调戏、强奸的消息时有所闻，美军少年仗势欺人的事，倒还是第一次听闻。

与东南亚的姻缘

显然不是旅游景点太少,比嘉小姐须要把基地天桥也滥竽充数。她是要让日本本土的"大和人"体会一下,琉球人寄人篱下的悲哀。冲绳至今不仅是日本最穷的县,也是遭到最长久遗弃的县。如今冲绳成了基地之岛,对美国是"不沉的航空母舰",对冲绳人则是火药库活火山,生命安全最没有保障的生存空间。

冲绳的土地面积虽然只有日本全国的0.6%,却要承担美国驻军日本75%的责任,成为美国陆海空三军的半永久军事基地。难怪冲绳人至今还抬不起头,至今还是日本一个经济发展最落后的地区。笔者回到东京,跟朋友谈起旅游冲绳的经验,提起冲绳的过去、现在、未来,他们总是摇头,说明他们内心也深感内疚。

其实,琉球与东南亚曾经有过特殊的紧密关系。就是在琉球王国的黄金时代,琉球通过与中国进行"朝贡"贸易,一度成为东亚海洋的贸易王国,当时琉球贸易船队曾与东南亚建立起紧密的关系。琉球贸易船在琉球、中国、日本列岛、朝鲜半岛与南洋群岛之间,进行物物交换贸易。它的踪迹曾遍布当时的安南、暹罗、马六甲和爪哇等地。历史上琉球与东南亚的关系,甚至比现代更加紧密。在那霸跟当地报界朋友谈起这段历史"姻缘",大家都不得不感叹世事多变。特别是冲绳地位今非昔比,更令人叹息。

副刊《别有天地》9-7-1999

古琉球・今冲绳 2

古代琉球传统
尤见中国情

冲绳的蓝天碧水最能吸引年轻日本人。但是较上年纪的人，包括我则对冲绳的多元情调，古代的、现代的、中国的、日本的、美国的，似乎更有吸引力。

中国典籍中有许多关于琉球的记载。因为这样，中国人也许对"冲绳"感觉生疏，如果说冲绳就是古代的"琉球"，很多人便会有似曾相识的感情。台湾居民至今还称冲绳为"琉球"，正好说明，这地区在历史、文化、思想、感情等方面，彼此有着非常密切的关系。

历史文化迥异

现在的日本冲绳县，是由冲绳、宫古、八重山三个群岛为中心，总共140多个大小岛屿组成的。目前只有40个岛屿有人居住，总人口约120万。原本的"琉球王国"，或地理概念的"琉球弧"、"琉球文化圈"地区，远比现在的冲绳范围还大。而且"琉球弧"的岛屿，从南到北散布于1000公里海面，覆盖的面积甚至比日本的本州还大。而从冲绳最西端的岛屿与那国岛，晴天可以望得见台湾。最南端的岛屿波照间岛，它的纬度比台北还南。

冲绳不仅土地远离日本本土，历史、文化、风土也与日本本土迥然有异。最大原因，琉球原本是一个独立存在的国家，由于地理位置使然，使它跟隔海的两个强邻，即泱泱的文化大国中国、推行武家政治的封建国家日本，不得不经常打交道。

深受中国影响

琉球历代国王就通过与中国"朝贡"与"册封"的关系,与当时的中国建立起紧密的外交与贸易关系,也从频繁的贸易往来过程中,受到中国文化,特别是福州人的风俗习惯强烈影响。而日本早期给琉球的主要影响,一是海盗"倭寇"的骚扰,二是强邻"萨摩"的武力支配。由于有这些历史背景,使琉球人至今还跟日本本土人,显得气质不同,甚至有些格格不入。

旅游冲绳的最深刻印象是,到处可见古琉球的传统、中国文化的痕迹,包括中国饮食文化,令人自然产生思古之幽情。

琉球未统一之前,也有过三国鼎立的时代,即以冲绳岛为中心,从北到南,划分为北山、中山、南山三个国家。三山的"世主",都曾主动向中国明朝皇帝"进贡",而明朝也来者不拒,分别给他们"册封"承认。

"琉球王国"的开始

公元1429年,中山王尚巴志统一琉球,定都首里城,是为"琉球王国"的开始。不过,首里城的创建则始於1930年代。今天重建的那霸市首里城公园,就是当年琉球王朝宫殿的所在。

  中山王擦度王1930年代创建首里城，经过后来的第二代尚氏王朝的经营，它成为一个颇具规模的、仿效中国的宫殿建筑群。当然，它不能跟中国的宫殿规模相比，却有中国宫殿模型、精巧复制品的实感。

  首里城在二次大战时，受到严重破坏。1992年开始复修。修复后的首里城，依然金碧辉煌，正殿的穹形设计是典型的唐式大门，配以金黄屋顶，朱红支柱，金龙雕梁，朱狮画栋，非常耀目。

  资料记载，琉球被日本吞并之前，正殿二楼曾挂有九面中国皇帝赐给琉球王的御笔匾额，几经战火，现在已经不知去向。现在大殿悬挂的"中山世土"匾额，为康熙22年（1683年）册封尚真王时所赐，也是一件复制品。御椅也不知去向，现在摆设的也是复制品，还是现代台湾师傅的杰作。除了接待萨摩人的南风殿，全是中国风格的建筑，尤其连接正殿的北殿，专门建来招待远来的册封使，更不用说全是中国宫殿的翻版了。

琉球国宝"守礼门"

  琉球的"国宝"，象征琉球的建筑，是一座悬挂"守礼之邦"匾额的牌坊，称"守礼门"。它就耸立在首里城公园的大门外，也就是宫殿的入口处。我们游首里城公园当天，牌坊刚好在翻修，因而与那著名的"守礼之邦"四个大字无缘一睹其真面目。事后，导游比嘉小姐要我们猜：何处是日本名声最大，看后却又感觉大失所望的著名旅游景点？揭开谜底，原来就是指那霸的守礼门。

守礼门的原型是中国的牌坊，挂上"守礼之邦"汉字匾额，确实很能代表琉球。唯一的美中不足，是它染上日本缩龙成寸的习气，显得气派不足。难怪，有人说"百闻不如一见"，还劳导游小姐出哑谜来安慰我们，不须为失之交臂而顿足。其实，很多东西有时真的是，未见面反而能保留心中的美好形象。

从首里城的规模，特别是它浓厚的中国色彩，谁都可以想象得出，当时琉球王国与明清中国的关系，确实是非比寻常的。根据历史记载，琉球王国通过与明清的往来，获得大量商品赏赐，有部分就转售给日本萨摩商人，后来还引发日本对琉球的觊觎。同时，琉球又将日本的铜和其他商品，充作琉球商品"进贡"中国，以换取中国更多高度发达的商品。历代琉球国王都向中国朝贡，尤其新王即位，必定要求中国派遣使臣到来为新王举行"册封"仪式。描绘中国册封使，其壮观的队伍，严肃场面的卷轴《中国册封使行列图》，如今还收藏在那霸的冲绳县立博物馆。

一度是海上贸易王国

琉球王国虽然换了几个王朝，它向中国"进贡"，而中国则给它"册封"，这种关系前后维持了500年，直到琉球完全被日本吞并为止。

琉球就通过这种关系，不仅从中国获得大量的物资供应，还发展成为当时锁国中国的海上对外贸易"总代理"。琉球的船只，不仅往来那霸与福州之间，还北上日本、朝鲜，又南下安南（越南）、吕宋（菲律宾）、暹罗（泰国）、亚齐、爪哇（印尼）、马六甲等，遍布整个南洋群岛。琉球从这样的"转口贸易"中富裕起来。

明治维新与琉球处分

日本明治维新，推行中央集权的天皇制，实行废藩置县，琉球王国也从琉球藩，再降级为冲绳县，从此正式为日本所吞并。

日本为了切断琉球与中国，维系超过500年的关系，便利用发生在明治4年(1871)，台风将宫古岛船只吹到台湾，54人被台湾土人杀害的事件，出兵台湾。日本强逼中国清朝政府，公开承认冲绳属于日本、琉球人为日本属民。昏庸的满清当然不是日本的对手，而且，日本早有野心勃勃的南进计划，琉球从此也就正式沦为日本的属土，改称"冲绳县"。日本现代史，称这段史实为"琉球处分"。

副刊《别有天地》16-7-1999

古琉球・今冲绳 3

琉球狮子千姿百态

中国有句歇后语:"卢沟桥的狮子……数不清"。到过卢沟桥的人,确实会为桥两旁,栏杆上有着多到数不清的石狮子,而留下深刻印象。我看,卢沟桥的石狮子,不仅数量多,而且几乎都是一个模样,这才是造成人们眼花缭乱,要数也"数不清"的主要原因。

冲绳也是以"狮子"多闻名。不过,冲绳狮子却不是一个模样,有不同形态、样貌、表情,有喜怒哀乐,也有拟人化动作,或站、或坐、或蹲、或卧,真是千姿百态,简直可说是集世界狮子之大全。

飘洋过海来到琉球

这里的所谓"狮子",当然不是有血有肉,威武勇猛的动物狮子,而是虚拟的造型。困难是不能一概以"石狮子"称之,原因冲绳有用各种素材,如花岗石、木块、陶土,或雕塑、或塑造,而成大小不一的"狮子"模样。它是琉球人心目中能驱邪的吉祥物,外来访客留作纪念的琉球特产。特别是日本本土没有把狮子当吉祥物的传统,本土人来到冲绳就倍感新鲜。

琉球与中国一样,甚至朝鲜半岛、日本列岛,整个东亚大地原本就没有狮子生息过的痕迹,是中国人像"发明"祥龙、麒麟、凤凰那样,把狮子当另一种吉祥物,加以塑造、普及化的。据说,中国狮子是在14世纪,跟随中国文化、佛教信仰,飘洋过海到达琉球的。

拟人化与神怪化

中国狮子渡海到达琉球之后，人们发现，它的形态和模样都起了一定变化。

中国"狮子"几乎都是一个模样，就是都雕塑成雄狮踩绣球，母狮逗小狮，雌雄一对的组合。而狮子在琉球，多数是独来独往，没有带小狮，也没有绣球之类的附带道具。还有更大的不同，是它更远离非洲和印度狮子的原型，更加拟人化，更加神怪化，显得风趣、幽默、甚至像妖魔鬼怪，似乎更有驱邪的能耐。它不单被琉球人，放置在大门口，在屋顶上，在桥头，在马路，在阳台上避邪，也在室内当装饰品。琉球人爱狮子，似乎已经超越中国人，甚至整个筷子文化圈的人了。

中国有句成语"橘化为枳"，强调环境对事物的影响巨大。中国狮子与琉球狮子的变异，大概也是同一道理。琉球人比中国人更没有机会接触真正的狮子，这似乎给琉球人更大的想象空间，更大的创作自由，而把中国狮子变得更可爱近人。画是另一种画风，雕塑是另一种风格，使它更抽象，更写意、更艺术。

传统建筑日渐减少

值得一提的是，上屋顶的琉球狮子，并不固定站立在屋脊上，也不在翘起的屋檐部分，而是安装在整片屋瓦之间。传统的琉球民家建筑，用石灰岩围成一道矮墙，屋顶则铺一层朱红的雌雄瓦，一般是前后左右四大片，斜度小略呈平放状，就在这些瓦片之间蹲着一头狮子，像踏着千层浪，像守着千亩田，很有琉球的地方色彩。不论是远看还是近看，都十分鲜艳，非常有特色。有民俗学者、诗人墨客，就赞颂它为冲绳的杰作、南国的风物诗。

然而，冲绳岛已经有越来越多的建筑，不再按民族风格设计建筑，改用钢筋水泥，顶上也不再盖朱红的屋瓦。琉球狮子、琉球的美，也随传统琉球建筑的减少，逐渐从屋顶消失，从琉球天空失踪。

副刊《别有天地》6-8-1999

古琉球·今冲绳 4

随处可见
大陆文化踪迹

冲绳各地有个奇特景观，就是到处可见建筑如同民居的墓群。不分偏僻的村镇还是热闹的城市，凡是面海的丘陵地带，都能看到这些像村落的墓群。不过，跟菲律宾的华人富豪坟墓又有差别。

考古发现，贝冢也证明，古代琉球人，全聚居在沿海较平坦的地区，水源较充足的地带。

琉球列岛海水清澄，珊瑚茂盛。珊瑚礁又形成浅滩，成为盛产鱼贝、海苔等的天然粮仓，给古代琉球居民提供了丰富的生活资源。众多坟墓的存在也说明，附近曾经是人们营生的场所。琉球坟墓靠海还有个解释，就是琉球人重视婚冠礼葬，特别是祖先崇拜，因此都把坟墓建在与他们生活密切的靠海小丘上。

从前，琉球人死后都土葬，遗骨7年后需要挖出来清洗，再葬入较大的墓室。琉球人的墓，有所谓村墓（村人共同使用）、模合墓（知人好友共用）、门中墓（父系血缘共用）、兄弟墓等等。墓的形状也跟日本本土截然不同，部分利用海边洞穴，利用岩石洞穴，更特别的是琉球特有形状的"龟甲墓"、"家形墓"。

民俗学家说，坟墓建在海岸边，主要是方便洗骨，也跟祖先崇拜有关。

男性中心祖先信仰

民俗学家说，古代琉球人并不认为，人一死他的社会责任也就完毕，相反

的是,他会继续与家人同在,唯一区别是,需要从另一个世界默默地庇佑其现世子孙。

因此,人死后的礼节,有初七、有三三回忌,还有旧历的初一、十五、清明等,甚至人间的消灾、丰年、大鱼等年中节日,人们也不会忘记前往拜祭,与祖先同庆。冲绳虽然也受佛教文化的渗透,但琉球人的生活方式,民间习俗却证明,佛教思想并没有在民众生活中扎根。

祖先信仰一直是琉球人的行为准则,他们坚信只有祖先才会保佑他们,因此,琉球人的生死观跟日本人不同。他们扫墓时,饮酒欢歌,为的是继续与死者对话,与死者分享现世生活的欢乐。

琉球人相信,血缘与生命都是延续的,因此,他们重视崇拜祖先,也强调以男性为中心的家庭结构。

琉球人的坟墓显示,一是使用共同墓的观念,二是男性为尊的思想。比如,女性结婚后,如果生下男孩,她的社会地位便告完全确立。以后她即使离婚改嫁,死后她还能葬在前夫,即男孩家的坟墓中。

如果没有生下半个男丁而离婚，或者云英未嫁而去世，死后只能把牌位摆放在生家的小佛坛，即男性牌位之下一格。这是典型的男性中心社会，母凭子贵的社会。

大陆型饮食文化

琉球人的男性为尊，男性中心社会，是否受到中国儒家思想所感染，笔者没有研究，不过琉球人的饮食文化深受中国影响，则是至今有迹可寻的事。

冲绳是南国岛屿，饮食文化照理也是海洋型的。然而，地可种香蕉、黄梨、甘蔗，海可捞鱼贝、珊瑚海草的琉球，岛民的日常生活却没有一般的南国风味，反而出人意表地显现出大陆风格来。或者说，跟海洋民族的日本人，竟然有重大的差异。日本人堪称为"吃鱼民族"的话，琉球人则是"吃猪肉民族"。

笔者在"琉球村"观赏"蝮蛇战猫鼬"表演，过后在它的大众食堂，叫几碗道地的琉球面食当午餐。粗而圆的黄色面条，加上大块的猪肉，还有猪肚等内脏。这简直就是普通的福建面嘛，而猪肉吃法也非常福建方式。日本人说，这是琉球料理，我心里却想，这大概就是当年福州人给琉球留下的饮食文化吧。

在琉球王国的大贸易时代，琉球的贸易船不仅往来那霸与福州之间，琉球王还雇用一批中国人，大部分为福州人，当师爷、当翻译、当造船、修船技工、航海指导等等，而在首里城形成一个华人村镇"久米村"。中国的饮食文化就这样改变了当地人吃海产的习惯吧。大陆文化当时应该是社会地位、文化修养的表征，琉球人追崇的对象吧。

冲绳人连皮带肉地吃猪肉，把猪头、猪脚、猪内脏，统统照吃不误的吃法，在日本本土是无法看到的。日本人旅游冲绳，常把逛市场时目睹的，相机拍摄到的，猪头当食品售卖的镜头，当"最恐怖"的经验向人炫耀。因为，这种镜头，在日本本土是拍不到的。就跟到过非洲野生动物园的照片一样，值得珍藏纪念。

副刊《别有天地》23-8-1999

后记

我比香港早半年"回归",而且以此为荣。

久违的朋友问我,十年退休生活过得如何?我说,看云卷看云舒,虽然不是闲云野鹤,却也是天马行空,几乎忘了自己已过古稀之年。

虽然没有惊涛骇浪的日子,到底是一辆30年代出厂的奥斯汀,要维修要翻新在所难免。心脏第一次加支架,第二次加导管,也算是个人历史上重大事件。事后能够照常穿街走巷,确实要感谢所有关心的人,特别是亲自替我执刀的陈经卓医生。我们不单是医生与病人的关系,还是语言与现实中肝胆相照的友人。我们半个世纪前在横滨码头邂逅,至今还是"仲间"(NAKAMA,即哥儿们),人生确不孤单和寂寞。

凡在国外长期生活过的人,总会受异邦文化的影响。我们就被日本人的团队精神,终身学习风气,一生专注某一事物而终生不渝的习性所感染。从"日本时代"开始,我们就已经是"仲间",过了半个世纪还是"仲间",这应该是留日精神。有好奇心,有求知欲,也许因为这样,我们一直保持著精神上年轻状态。

留日同学内聚力强,从日本时代到回国后都是如此。老同学相聚,除了喜庆哀伤,也笑谈天下。在最近一次内部座谈会上,还谈了日本"变与不变"的话题。主持人给笔者定下的题目,就是"重新认识日本"。我把谈话大纲重新整理一番，赶上这次出版计划，临时添加在"日本研究"章节的一篇便是"重新认识日本"。

本集子取名《认识日本·认识东北亚》，一是受到座谈会主题"重新认识日本"的启发；二是笔者十年如一日追踪日本问题，观察日本，通过日本又认识了韩国，并因此有机会重新整理自己有限的中华文化知识。我因此相信，既然我们有中华文化基础，要认识整个东北亚并不困难。

笔者没有能力指导别人如何认识日本，但根据自己的经验，只要了解事情的来龙去脉，参考一下历史经验教训，是能够勾画出一个轮廓，并因此作出符合逻辑的结论的。至少，我是以这种方式学习日本问题，追踪日本问题的。当然也需要时间来累积经验。

笔者幸运，就在日本复兴、中国崛起、韩国独立的过程中，能身临其境，目睹各种变化，因此把当时的文字记录再整理，汇集成册，也许有助有心人以后翻阅会较方便。

最后，一些技术问题必需在此交待。本集子收集的文稿，绝大部分都曾在《联合早报》发表，主要在《天下事》，部分在副刊版。稿末注明的是发表的日期和版面。

第二章第3篇"提防日本保护主义抬头"是个例外。曾发表于日本岩波书店出版的《世界》（日文）月刊。

附带一提。第二章第7篇的"日本人暧昧的笑"和第十章第5篇的"外国人到日本当'就学生'"，前者曾被编入中国山东画报出版社的《东方人性格地图》系列丛书，后者曾出现于武汉长江文艺出版社的《我与日本有个约会》。因书上刊有"版权所有，盗版必究"字样，有必要在此声明：作者从未授权以上出版社使用拙稿。偶然在东京神保町的内山书店购得上述两书，既然发现自己流浪在外的小孩，当然要特别照顾。现在宣布"收回版权"，不应与版权问题有任何抵触吧。

集子的前半段，算是论述性较强的部分，中间是记述朝鲜半岛和日本政坛的变迁，后半部则是风土民情的记录。由于都是过去的文稿，也许有些已经事过境迁，但脉搏仍在，而且现在发生的事情不就是过去的延伸，未来历史的构成部分吗？何况这些都是我们曾经目睹或曾经体验的事，当作回忆也还有一定的价值。

因为这样,尽量减少改动内容,而且注明发表年月,希望有助大家用"现代史的眼光"再审视这些国家和地区。

我们一直以为东北亚很遥远,其实我们的根源就在东北亚。再有是,东北亚与东南亚似乎原本就观念对立,但今后两个区域必然会更加接近,甚至统合为一更大板块,也有必要提早认识东北亚。

本书能够出版,首先要感谢时事漫画家王锦松。从我在日本出版《从亚洲凝视日本》一书开始,他就一直给予拔刀相助,提供宝贵作品使我书增添光彩。再有是早报一些旧同事,包括过去和现在的《天下事》主编方思涌、杜平,这次推荐本书出版的《言论组》主任吴俊刚,以及一直帮我填补资料的黄佩卿。早报评论员杜平兄的序文,相信可以成为本书最佳的导读指南。

没有世界科技出版公司潘国驹教授的鼎力支持,八方文化编辑何华和冯婉明的全力协助,本书也不可能顺利出版。

最后,必须感谢新加坡华文新闻业基金赞助出版经费,新加坡留日大学毕业生协会、新加坡日本文化协会给予热心支持。

作者　黄彬华 记
2008年3月于丽晶峰

延伸阅读

阅览八方 共享文化

香港、台湾、马来西亚读者可以该地货币购书，我们的书籍也以美元定价。请参考本公司网上书店。

《中国崛起
和谐世界与大国竞争》
郑永年著　杨丽君编
ISBN 981-4139-81-5

《荡起命运的双桨：
徐伏钢新闻特写选》
徐伏钢著
ISBN 978-981-4139-94-6

繁体版
《曙光集》
杨振宁著　翁帆编译
ISBN 981-4139-89-2

推荐网站：全球华人专业人士网络
www.networkchinese.com

《东盟、日本与中国人
地区经贸合作》
林华生　饶美蛟　主编
ISBN 981-238-743-9

欢迎浏览本公司网上书店查阅其他书刊及优惠配套

www.globalpublishing.com.sg

认识日本
· 认识东北亚

阅览八方 共享文化
八方文化创作室

作　者	黄彬华
漫画作者	王锦松
企划编辑	潘国驹
责任编辑	冯婉明
封面/内页设计	李丽芳
排　版	李丽芳
出　版	八方文化创作室 5 Toh Tuck Link, Singapore 596224 www.globalpublishing.com.sg
联　络	65-64665775 支线 424 chpub@wspc.com
印　刷	World Scientific Printers
初　版	2008年5月
国际书号	978-981-4139-98-4
版权所有	©2008八方文化创作室

版权所有　翻印必究

八方文化创作室，简称八方文化，以世界科技出版公司为后盾，致力于推动新加坡的中文出版，并且放眼全球华裔的人文舞台。我们的重心在于介绍世界各地华人学者及作家的言论与著作，同时也积极推动各类艺术与文化活动。八方文化期望以出版良心作信念，以高素质为诉求，为各地中文读者开启多一扇东西文化的窗户，共同努力营造一个富有质感和充满活力的人文空间。

世界科技出版公司总部及海外分公司

总部 (新加坡)
World Scientific Publishing Co. Pte. Ltd
5 Toh Tuck Link
SINGAPORE 596224

新泽西
27 Warren Street
Suite 401–402, Hackensack
NJ 07601, USA

伦敦
57 Shelton Street
Covent Garden, London
WC2H 9HE, ENGLAND

北京
中国北京大学数学科学学院
理科2号楼2526W室
邮编100871

上海
中国上海滩国际大厦
黄浦路99号2003室
邮编200080

香港
九龙中央邮箱72482
香港

台北
台湾省台北市10091
罗斯福路四段
162号8楼

真奈
No. 16, South West Boag Road
T. Nagar, Chennai 600 017
INDIA